20
23

CHRISTIANO
CASSETTARI
COORDENAÇÃO

ARTHUR **DEL GUÉRCIO NETO**
LUCAS BARELLI **DEL GUÉRCIO**
AUTORES

TEORIA GERAL DO DIREITO NOTARIAL E REGISTRAL

2023 © Editora Foco
Coordenador: Christiano Cassettari
Autores: Arthur Del Guércio Neto e Lucas Barelli Del Guércio
Diretor Acadêmico: Leonardo Pereira
Editor: Roberta Densa
Assistente Editorial: Paula Morishita
Revisora Sênior: Georgia Renata Dias
Capa Criação: Leonardo Hermano
Diagramação: Ladislau Lima
Impressão miolo e capa: FORMA CERTA

Dados Internacionais de Catalogação na Publicação (CIP) de acordo com ISBD

G929t Guércio Neto, Arthur Del
Teoria Geral do Direito Notarial e Registral / Arthur Del Guércio Neto, Lucas Barelli Del Guércio ; coordenado por Christiano Cassettari. - Indaiatuba : Editora Foco, 2023.

192 p. ; 17cm x 24cm. – (Coleção Cartórios)

Inclui bibliografia e índice.

ISBN: 978-65-5515-796-3

1. Direito. 2. Direito notarial e registral. I. Guércio, Lucas Barelli Del. II. Cassettari, Christiano. III. Título. IV. Série.

2023-132 CDD 341.411 CDU 347.961

Elaborado por Vagner Rodolfo da Silva - CRB-8/9410

Índices para Catálogo Sistemático:

1. Direito notarial e registral 341.411 2. Direito notarial e registral 347.961

NOTAS DA EDITORA:

Atualizações e erratas: A presente obra é vendida como está, atualizada até a data do seu fechamento, informação que consta na página II do livro. Havendo a publicação de legislação de suma relevância, a editora, de forma discricionária, se empenhará em disponibilizar atualização futura.

Erratas: A Editora se compromete a disponibilizar no site www.editorafoco.com.br, na seção Atualizações, eventuais erratas por razões de erros técnicos ou de conteúdo. Solicitamos, outrossim, que o leitor faça a gentileza de colaborar com a perfeição da obra, comunicando eventual erro encontrado por meio de mensagem para contato@editorafoco.com.br. O acesso será disponibilizado durante a vigência da edição da obra.

Impresso no Brasil (06.2023) – Data de Fechamento (06.2023)

2023

Editora Foco Jurídico Ltda.
Rua Antonio Brunetti, 593 – Jd. Morada do Sol
CEP 13348-533 – Indaiatuba – SP

E-mail: contato@editorafoco.com.br
www.editorafoco.com.br

APRESENTAÇÃO DA COLEÇÃO

A Coleção Cartórios foi criada com o objetivo de permitir aos concurseiros , tabeliães, registradores, escreventes, juízes, promotores, advogados, defensores públicos, procuradores, analistas, assessores, bem como todos os profissionais do Direito ou não, mas que trabalhem com a temática, acesso a estudo completo, profundo, atual e didático de todas as matérias que compõem o Direito Notarial e Registral.

A coleção é composta de um volume para cada especialidade de notas e registro, bem como um livro que aborda a parte geral, comum a ambos os temas, mais um que trata das peças práticas que são feitas em todas as serventias, que ajuda, não apenas os escreventes, mas também quem se prepara para a 2ª fase do concurso de cartório, que nunca teve contato com tal conteúdo prático.

A obra sobre o Registro de Imóveis contém, dentre outros temas, a parte geral do registro imobiliário, os atos ordinários e os procedimentos especiais que tramitam no ofício imobiliário. O livro de Tabelionato de Notas trata da teoria geral do Direito Notarial e dos atos praticados neste cartório, como as escrituras, os reconhecimentos de firma e a autenticação dos documentos. A parte de Registro Civil se divide em dois livros, que tratam de assuntos antagônicos, um dedicado à pessoa natural e outro à pessoa jurídica. O volume que aborda o Registro Civil das Pessoas Naturais, trata da parte geral dessa especialidade, bem como a especial, onde temos o registro de nascimento, a habilitação e o registro de casamento, o óbito e o Livro "E", dentre outros temas. Já o volume que se refere ao Registro Civil de Pessoas Jurídicas, trata dos atos em que se registram as pessoas jurídicas que não são de competência das juntas comerciais estaduais.

No livro sobre o Tabelionato de Protestos encontram-se todas as questões referentes ao protesto de títulos e documentos da dívida, estabelecidas nas leis extravagantes, dentre elas a de protesto. O livro sobre Registro de Títulos e Documentos, reúne e explica todas as atribuições desse importante cartório e, ainda, analisa outros pontos importantes para serem estudados.

Há, ainda, um volume dedicado a quem se prepara para a 2ª fase do Concurso de Cartório, contendo os modelos dos atos praticados em todas as especialidades, de maneira comentada.

A coleção ganhou esse ano o tão esperado volume sobre Teoria Geral do Direito Notarial e Registral, que aborda os aspectos da Lei dos Notários e Registradores (Lei 8.935/94).

Escolhemos um seleto grupo de autores, reconhecidos no cenário jurídico nacional, palestrantes no Brasil e no exterior, que possuem vasta experiência e vivência na área cartorial, aliando teoria e prática, bem como possuem titulação acadêmica que atesta a preocupação em estudar cada vez mais os temas dos quais escrevem.

Em todos os livros houve a preocupação em trazer ao leitor informações sobre a SERP, criada pela Lei 14.382/2022, que trouxe grandes inovações à atividade, colocando-a, definitivamente, no mundo virtual da prática de atos eletrônicos.

Outra inovação desse ano foi a inclusão de um selo dentro da coleção chamado "Prática Notarial e Registral", que levará ao público livros excepcionais de temas relevantes, objetivando aprofundar certos temas que precisam ser estudados mais a fundo, bem como os que possam ter correlação com os cartórios, ainda que de outras disciplinas, com o pensamento de trazer praticidade ao mesmo. Esse selo é inaugurado com o livro sobre "Procedimento de Dúvida no Registro de Imóveis", de autoria de Lamana Paiva, um dos mais festejados registrador imobiliário do país.

Por tais motivos esperamos que esta Coleção possa ser referência a todos que necessitam estudar os temas nela abordados. Preocupamo-nos em manter uma linguagem simples e acessível, para permitir a compreensão daqueles que nunca tiveram contato com esse ramo do Direito, reproduzindo todo o conteúdo exigido seja no dia a dia do exercício das profissões que já citei, bem como nos concursos públicos e cursos de especialização em Direito Notarial e Registral, além de exemplificar os assuntos sob a ótica das leis federais e com as posições dominantes das diversas Corregedorias-Gerais de Justiça dos Estados e dos Tribunais Superiores.

Minhas homenagens aos autores dos livros desta Coleção, que se empenharam ao máximo para que seus livros trouxessem o que de mais novo e importante existe no Direito Notarial e Registral, pela dedicação na divulgação da Coleção em suas aulas, palestras, sites, mídias sociais, *blogs*, jornais e diversas entidades que congregam, o que permitiu que ela se tornasse um sucesso absoluto em todo o país, logo em suas primeiras edições. Gostaria de registrar os meus mais sinceros agradecimentos a todas as instituições que nos ajudaram de alguma forma, especialmente a ANOREG BR, ENNOR, ARPEN BR, COLÉGIO NOTARIAL DO BRASIL, IRIB, IEPTB e IRTDPJ, na figura de seus presidentes e diretores, pelo apoio irrestrito que nos deram, para que esta Coleção pudesse se tornar um grande sucesso. Qualquer crítica ou sugestão será bem-vinda e pode ser enviada para o meu direct no Instagram @profcassettari.

Salvador, abril de 2023.

Christiano Cassettari

Coordenador e autor da Coleção Instagram: @profcassettari.

AGRADECIMENTOS

Deem graças ao Senhor, porque ele é bom. O seu amor dura para sempre! (Salmos 136:1)

Poder escrever um livro na mais aclamada coleção de materiais notariais e registrais do Brasil, a *Coleção Cartórios*, é uma honra indescritível, um sonho se transformando em realidade.

Sou grato a Deus por ter a oportunidade de propagar o meu trabalho, ajudando as pessoas a compreenderem o Direito Notarial e Registral e a realizarem os seus objetivos.

A meus pais, Arthur e Cristina, gratidão pelo dom da vida e pelo amor e carinho. Eu honro vocês.

Nada disso seria possível sem o apoio incondicional da minha Família, por isso deixo a minha gratidão à Rose, ao Francisco e à Maria Teresa. Eu amo vocês!

O Coordenador Christiano Cassettari, meu Querido Amigo, merece a nossa menção e agradecimento, pois aguardou pacientemente o término da obra. Foram alguns anos trabalhando no livro, com percalços e imprevistos no meio do caminho, mas, em momentos nos quais pensamos em desistir, ele sempre foi firme, dizendo que esse volume da *Coleção Cartórios* seria meu e do Lucas. Generosidade e compreensão que somente os verdadeiros amigos são capazes de ofertar.

Lucas, meu Irmão, mais um livro que chega na nossa farta e sólida produção, esse especial, único, por ser algo diferente de tudo que já havíamos escrito. É uma honra poder trilhar essa jornada ao seu lado, com tantos projetos e realizações.

Alguns amigos merecem citação nominal e especial, por terem dado valiosas considerações ao trabalho: Anderson Herance, Antonio Herance Filho, Assuero Rodrigues Neto, Bruno De Luca, Carolina Baracat Mokarzel De Luca, Carolina Edith Mosmann dos Santos, Elói Alves, Fabio Ribeiro dos Santos, Graciano Pinheiro de Siqueira, Gustavo Dal Molin de Oliveira, João Francisco Massoneto Junior, José Carlos Alves, Leandro Bertolaccini, Marco Antônio Ribeiro Tura, Milton Fernando Lamanauskas, Paulo Roberto Gaiger Ferreira, Thales Ferri Schoedl e Vitor Frederico Kümpel. Em meu nome e do Lucas, gratidão!

Vocês leitores merecem o meu agradecimento eterno, pois tudo que construí ao longo da jornada acadêmica que trilho foi para vocês, e sempre fui recebido e acolhido com ternura e afeto. Torço para que gostem do livro e aproveitem a leitura!

Arthur Del Guércio Neto

Especialista em Direito Notarial e Registral. Especialista em Formação de Professores para a Educação Superior Jurídica. Professor em diversas instituições, tratando de temas voltados ao Direito Notarial e Registral. Tabelião de Notas e Protestos em Itaquaquecetuba. Escritor e Autor de Livros. Palestrante e Coordenador do Blog do DG (www.blogdodg.com.br).

AGRADECIMENTOS

Dedico esta obra a duas pessoas: em primeiro lugar à minha amada esposa, por anos de companheirismo e incentivo para que nunca deixasse de lado o crescimento profissional, sendo este livro um bom exemplo de que, quando temos boas pessoas ao nosso lado, não há nada impossível de ser realizado. Em segundo lugar, à minha amada filha, que empresta todo dia um pouco do olhar mágico que as crianças possuem, possibilitando um desenvolvimento criativo que nunca achei que teria dentro de mim. Para vocês eu continuo, dia após a dia, sendo um bom marido e pai e, quem sabe, orgulhando-as com livros como esse.

Lucas Barelli Del Guércio

Especialista em Direito Notarial e Registral. Especialista em Formação de Professores para a Educação Superior Jurídica. Professor e autor de textos e obras, tratando de temas voltados ao Direito Notarial e Registral. Substituto do Tabelião de Notas e Protestos de Itaquaquecetuba e Ex- Oficial de Registro Civil e Tabelião de Notas do Município de Santo Antônio do Pinhal, Estado de São Paulo.

PREFÁCIO

"Nesta cidade todo mundo é d'Oxum
Homem, menino, menina, mulher
Toda essa gente irradia magia
Presente na água doce
Presente n'água salgada
E toda a cidade brilha
(...)
Seja tenente ou filho de pescador, eh
Ou importante desembargador
Se der presente é tudo uma coisa só
A força que mora n'água
Não faz distinção de cor
E toda a cidade é d'Oxum."[1]

Foi com enorme alegria que recebi o convite para prefaciar esta belíssima obra dos competentes tabeliães de notas e protesto, meus queridos amigos Arthur Del Guércio Neto e Lucas Barelli Del Guércio, que farei seguindo o significado da palavra "prefácio", que permite ao prefaciador falar sobre a pessoa do autor e da obra em si. Pela amizade que nos une, e quem já me conhece, sabe que alguns registros não poderão deixar de ser contados, pois a nossa história nunca poderá ser esquecida, ainda mais quando possui capítulos fantásticos.

Conheci o Arthur quando nem sonhava ainda em ser titular de um cartório extrajudicial, pois nem concurso tinha feito, sendo, naquela época, além de professor, advogado de notários e registradores.

Isso se deu pouco tempo depois de ele ter assumido o Tabelionato de Notas e Protesto da cidade de Itaquaquecetuba, na região metropolitana da capital paulista, em 03.10.2011. Antes ele era Tabelião na aprazível cidade de Campos do Jordão, na região montanhosa do Vale do Paraíba, no interior de São Paulo, conhecida como a "Suíça Brasileira", pelo seu clima predominantemente frio, úmido, que exige lareira e calefação no período rigoroso do inverno nas casas, e muito *fondue* e vinho para esquentar o corpo, além das tradicionais roupas de lá, com direito a luva, touca e cachecol no kit completo, para desfrutar do famoso "Festival de Inverno".

1. Letra da música *É D'Oxum, composta por* Gerônimo e Vevé Calazans, e imortalizada na voz da saudosa soteropolitana Gal Costa, que nos deixou há pouco tempo, uma das canções que mais representam a cidade de Salvador, que faz 474 anos no dia que escrevi esse prefácio. Uma singela homenagem e minha gratidão pela forma como essa maravilhosa cidade acolheu a mim e minha família.

De quando o conheci até hoje, fui testemunha de todo seu esforço e dedicação para dignificar a profissão de tabelião, prestando um serviço de altíssima qualidade. Conheci o prédio que sedia o tabelionato onde ele atua, que é maravilhoso, tendo, inclusive, um auditório, cuja palestra inaugural tive a honra de proferir, mostrando a preocupação dele com a qualificação permanente de sua equipe.

Participei de muitos momentos importantes da vida dele, sendo prazeroso demais lembrar de alguns, motivo pelo qual citarei cinco.

Em primeiro lugar, seu belíssimo casamento em 28.02.2015, realizado em um mosteiro em Campos do Jordão, e com uma festa inesquecível, onde tive a oportunidade de conhecer sua esposa Rose, uma das mulheres mais alto astral, doce e simpática desse mundo, proveniente de uma família encantadora, que, depois dessa data, pude conhecê-los melhor num jantar fantástico nesta mesma cidade, no Restaurante Pennacchi, localizado dentro do Hotel Toriba. O entrosamento de todos foi tão grande, que lembro com muito carinho ela e sua irmã brincando de subir e descer em um escorregador, com minha filha.

Esse lado criança da Rose fez com que abraçasse a maternidade rapidamente, e me permitiu participar do segundo momento importante da vida do Arthur, que foi o nascimento do Francisco, primogênito do casal, em junho de 2017, que nasceu um menino ruivo tão lindo, que seu único defeito eram as roupas de um time de futebol da capital paulista, que sonha ter a mesma quantidade de títulos mundiais do meu, mas não consegue, e que acabava contrastando com a beleza do garoto. Tudo bem, nada é perfeito.

Vi o Francisco crescer, e alguns anos depois, presenciar o terceiro momento importante que foi a chegada ao mundo da lindíssima Maria Teresa, em dezembro de 2019, que abrilhantou, ainda mais, essa maravilhosa família.

Arthur sempre foi uma pessoa inquieta, não só pela sua personalidade, mas também por sua inteligência, e por esse motivo, muitos foram os convites que fiz a ele para lecionar nos meus cursos de pós-graduação pelo Brasil e nos de atualização e prática, que coordenei. Suas aulas eram festejadíssimas pelos alunos, reconhecimento esse que o levou a criar o Blog do DG, que vi nascer (quarto momento importante que pude presenciar), com quadrinhos, aulas, cursos, livros, e hoje se tornou um sucesso absoluto, aclamado por todos.

Para finalizar os cinco momentos importantes da vida do Arthur que presenciei, lembro do mês de abril de 2019, no mesmo ano da chegada da sua caçulinha, cuja gravidez já existia, mas não tinha sido anunciada ainda, quando tive a oportunidade de estar presente na comemoração dos seus 40 anos de vida. Uma linda festa, de novo em Campos do Jordão/SP, num lugar lindo e maravilhoso, que estará para sempre na minha memória e da minha família, que também estava presente.

Quando nasceu o meu curso preparatório para cartório, não tinha como não pensar ao montar o corpo docente no Arthur. Como seu filho tinha nascido há pouco tempo ele me pediu para dividir o programa com seu irmão Lucas Barelli Del Guércio.

Já conhecia o Lucas do casamento do Arthur e das minhas aulas no cartório, onde ele é seu substituto legal, mas não conhecia sua "veia" docente, e quando ele começou a lecionar no nosso curso, foi aclamado pelos alunos mais do que seu irmão (sem ciúmes Arthur – risos).

Assim, não tive como não chamar ambos para serem os autores desse livro prefaciado, que já era para ter sido publicado com os demais da coleção, mas, infelizmente, não deu certo.

Combinamos que eles iriam escrever os comentários de notas e de protesto do livro "Questões Comentadas" da primeira fase do concurso de cartório, que foi lançado em 2018 pela Editora Saraiva, e que na sequência eles já começariam a produção da atual obra.

Tudo bem que os autores ajudaram nesse atraso, pois o convite foi feito e aceito em fevereiro de 2016, acreditam? Mas muitas coisas aconteceram, na vida de ambos, principalmente a paternidade, o que atrasou a conclusão, mas, com isso, e o detalhismo dos dois, apresenta-se agora, depois de 07 (sete) anos, um livro primoroso sobre a Teoria Geral do Direito Notarial e Registral.

A base do livro foi a Lei Federal 8.935/94, responsável por normatizar a atividade notarial e registral, mas tem também outras normas que afetam a Teoria Geral do Direito Notarial e Registral, e que se tornará um *best seller*, e o mais lembrado sobre o assunto, tenho certeza disso.

O leitor terá contato com uma abordagem principiológica muito completa, para depois entrar no estudo do funcionamento dos cartórios extrajudiciais, e quais são as funções de seus oficiais, passando pelo ingresso na atividade, gestão das serventias, responsabilidade civil, incompatibilidades, impedimentos, direitos e deveres dos oficiais, infrações disciplinares e extinção da delegação.

É uma obra completa, a qual recomendo, pela qualidade dos autores e do seu conteúdo, que terá que ser livro de cabeceira, de todos os que desejam conhecer as minúcias da profissão.

Oxalá, que todos vocês apreciem, como eu adorei.

Obrigado Arthur e Lucas por terem aceito esse desafio e nos presenteado com essa maravilhosa obra, que somará, e muito, a nossa querida e festejada Coleção Cartórios.

Bahia de Todos os Santos, cidade do Salvador (como a chamava Tomé de Souza), também conhecida como Cidade da Bahia, denominação criada à capital soteropolitana pelo brilhante Jorge Amado, aniversariante do dia, fazendo 474 anos em 29 de março de 2023, um dia após o meu aniversário e dez antes do Arthur Del Guércio Neto, o que faz a todos estarmos ligados pelo mesmo signo de Áries.

Christiano Cassettari

Pós Doutor e Doutor em Direito Civil pela USP. Mestre em Direito Civil pela PUC-SP. Registrador Civil das Pessoas Naturais em Salvador/BA. Coordenador da Coleção Cartórios e autor de vários livros.
Instagram @profcassettari

APRESENTAÇÃO

O presente volume da *Coleção Cartórios* é destinado ao estudo da Teoria Geral do Direito Notarial e Registral.

Intencionalmente, utilizamos como base da obra a Lei Federal 8.935/94, a famosa Lei dos Notários e Registradores, por acreditarmos que ela é uma bússola segura para a abordagem do tema. Além da relevante lei, tratamos de inúmeros outros diplomas legais, princípios, decisões, classificações, tudo com foco na temática do volume ora apresentado da *Coleção Cartórios*.

Uma informação importante: estudar o Direito Notarial e Registral sem tangenciar as normatizações estaduais seria impossível. Por essa razão, utilizamos exemplos de boa parte dos Estados do Brasil, e optamos pelo uso da expressão universal *Código de Normas* para fazer menção às regulamentações feitas pelos Tribunais de Justiça.

Cientes de que a *Coleção Cartórios* possui volumes de todas as especialidades notariais e registrais, a nossa tratativa de cada uma delas foi realizada num contexto mais amplo, encaixado na temática e visão do volume.

O livro foi preparado com muito zelo, carinho e dedicação. Esperamos que gostem e tenham uma excelente leitura!

Outono de 2023.

Arthur Del Guércio Neto

Lucas Barelli Del Guércio

SUMÁRIO

Capítulo I
INTRODUÇÃO E PRINCÍPIOS (ARTIGOS 1º E 3º)

1. INTRODUÇÃO

Até o advento da Constituição Federal de 1988, muito pouco se debatia sobre a importância das serventias extrajudiciais na sociedade brasileira. Tabelião ou oficial de registro era aquele membro da sociedade, que se destacava, na maioria das vezes, por sua fama e riqueza e não pela maneira como poderia contribuir para garantir a higidez e segurança das relações jurídicas dos cidadãos que necessitavam de sua atuação. Felizmente isso mudou, fruto de um contínuo processo de melhorias da atividade extrajudicial.

Processo esse que teve início em um período distante, mas que influenciou e influencia até hoje a forma como a atividade extrajudicial é exercida Brasil afora. Para demarcar a origem das leis que trataram da atividade extrajudicial em nosso país, é necessário entender o momento anterior à edição da Lei Federal 8.935 de 1994.

Paulo Roberto de Carvalho Rêgo[1] delimitou temporalmente a evolução no Direito Português, das leis que trataram da atividade extrajudicial, caminhando pelo Reinado de Afonso III, período no qual os tabeliães de notas adquiriram seu caráter oficial e tornaram-se funcionários com fé pública. Passou também pelas Ordenações de Dom Diniz, quando o Primeiro Regimento dos Tabeliães foi criado, em 1305, e Ordenações Afonsinas, com importante relevância na distinção dos Tabeliães e Escrivães. Foi neste período (1447) que também teve início a exigência das escrituras para prova de contrato, cuja evolução encontra guarida no artigo 108 do Código Civil Brasileiro.

Seguiu com as Ordenações Manuelinas, que revogaram todas as ordenações anteriores ao ano de 1521. É dela o mérito de atribuir aos tabeliães a obrigação de praticar atos pessoalmente, vedando contratação de prepostos para execução dos seus serviços, o que se mostrou incompatível no decorrer dos séculos, além de ter diferenciado os tabeliães de notas dos escrivães do judicial.

As Ordenações Filipinas foram editadas em 1604 e continuaram em vigor até o final do ano de 1916. Por tal legislação, os tabeliães passaram a ser nomeados pelo Poder Real, detendo propriedade sobre o serviço, sendo extinta a distinção dos tabeliães gerais, que deixaram de existir, dos tabeliães territoriais. Como as Ordenações tiveram duração prolongada, influenciaram muito na atividade extrajudicial, em especial na edição do

---

1. RÊGO, Paulo Roberto de Carvalho. *Registros públicos e notas*: natureza jurídica do vínculo laboral de prepostos e responsabilidade de notários e registradores. Porto Alegre: IRIB: S. A. Fabris, 2004.

decreto imperial, datado de 16 de janeiro de 1819, que possibilitou a contratação de ajudantes para prestação do serviço realizado pelos tabeliães.

Quando a Constituição Política do Império do Brasil foi promulgada, em 25 de março de 1824, concentrou poderes ao imperador, podendo este nomear os titulares de serviços públicos e em 1827 foi editada a lei que alterou a natureza dessa outorga, passando estes a não ter direito de propriedade sobre o serviço que prestavam, mas sim, titularidade.

Indo um pouco mais além, tivemos a edição da Lei 1.237, de 24 de setembro de 1864, que, para a maioria da doutrina, foi o ponto de partida para a criação dos Registros Imobiliários. Como bem explica Marcelo Augusto Santana de Melo:[2]

> No regime das Ordenações Filipinas, assim como nas Ordenações Manuelinas (1521-1603), a transferência também não ocorria pelo contrato, mas pela tradição, não sendo exigida nenhuma formalidade ou solenidade especial, sendo os autos de posse geralmente lavrados por um tabelião. Com relação à compra e venda, constava das ordenações que, concluído o contrato e entregue a coisa, o comprador se tornava senhor dela (IV, 5, §1º).

E complementou, explicando a substituição do sistema da tradição pelo da transcrição, até hoje vigente[3]:

> A referida lei, embora tivesse por finalidade regular o sistema hipotecário, na verdade, não se restringiu como a Lei de 1843, às hipotecas; estendendo-se ao registro geral dos imóveis. O artigo 7º declarou que o registro geral compreendia a transcrição dos títulos de transmissão dos imóveis suscetíveis de hipotecas e a instituição dos ônus reais (...).

Em 1916 foi editado o Código Civil Brasileiro, sob a égide da Constituição da República dos Estados Unidos do Brasil de 1891. A importância desse fato histórico para o crescimento da atividade extrajudicial é gigantesca. Com caracteres do sistema germânico, o sistema da transcrição do direito registral brasileiro foi inserido no artigo 859, cuja redação é a seguinte: "*Presume-se pertencer o direito real à pessoa, em cujo nome se inscreveu, ou transcreveu*".

Tal artigo começou a fomentar nos juristas brasileiros a necessidade de aprofundar seus conhecimentos de matérias relacionadas ao sistema extrajudicial, incentivando algumas discussões que permanecem atuais, em especial, qual tipo de presunção é estabelecida a partir do registro de título que envolve alienação de bens imóveis, relativa ou absoluta; foi também responsável pela introdução do princípio da fé pública no registro imobiliário; e introduziu uma das mais importantes discussões travadas na história do direito imobiliário brasileiro, a qual se refere a se o sistema brasileiro de registro se contrapõe ao sistema alemão ou não.

Nesse período, outra importante regra relacionada ao registro imobiliário foi introduzida pelo Decreto 4.827, 07 de fevereiro de 1924 e seu Decreto Regulamentador 18.542, datado de 1928: o princípio da continuidade registral. Depois, mesmo com a

2. MELO, Marcelo Augusto Santana de. *Teoria Geral do registro de imóveis*: estrutura e função. Porto Alegre: Sergio Antonio Fabris Ed., 2016.
3. Ibidem.

promulgação de diversos outros tipos de diplomas legais, pouco se alterou em relação ao desenvolvimento da atividade extrajudicial no país.

Em 31 de dezembro de 1973, houve a edição da Lei Federal 6.015/73, que entrou em vigor em 1º de janeiro de 1976, e tratou de forma ampla sobre regras afetas aos Cartórios de Registro Civil, Civil de Pessoas Jurídicas, Títulos e Documentos e Imóveis, deixando de lado o Tabelionato de Notas e Protesto. Mesmo com a edição dessa lei, algumas questões de extrema relevância para a prestação dos serviços extrajudiciais ainda continuavam sem resposta, por exemplo, se são os titulares das serventias extrajudiciais funcionários públicos ou de que forma é feito o ingresso deles na atividade.

Em 1988, após anos de debate sobre sua redação final, foi promulgada a Constituição Federal da República Brasileira. Esta, dentre algumas classificações, foi considerada prolixa, por tratar de diversos temas que deveriam, na opinião de consagrados autores, ser tratados em normas infraconstitucionais.

Dispôs o constituinte, de forma breve, no artigo 236, considerado como norma de eficácia limitada, da Constituição Federal de 1988:

> Art. 236. Os serviços notariais e de registro são exercidos em caráter privado, por delegação do Poder Público.
>
> § 1º Lei regulará as atividades, disciplinará a responsabilidade civil e criminal dos notários, dos oficiais de registro e de seus prepostos, e definirá a fiscalização de seus atos pelo Poder Judiciário.
>
> § 2º Lei federal estabelecerá normas gerais para fixação de emolumentos relativos aos atos praticados pelos serviços notariais e de registro.
>
> § 3º O ingresso na atividade notarial e de registro depende de concurso público de provas e títulos, não se permitindo que qualquer serventia fique vaga, sem abertura de concurso de provimento ou de remoção, por mais de seis meses.

Apesar da Constituição ser considerada prolixa por alguns, ela ocasionou uma profunda transformação do regime jurídico da atividade extrajudicial no Brasil. O artigo 236, da Constituição Federal de 1988, erigiu o microssistema de notas e registro a cargo de delegatários de relevante função pública, que a exercem em caráter privado, mediante concurso de provas e títulos.

Essa profunda modificação possibilitou o desenvolvimento das instituições notariais e registrais, já que o tabelião e o registrador passaram a exercer a função com independência, rigor técnico e qualificação profissional, o que resultou em celeridade e segurança na elaboração, lavratura e registro dos atos.

Em cumprimento ao mencionado preceito constitucional, houve, então, a necessidade de editar uma lei que regrasse o artigo 236 da Constituição Federal, o que ocorreu, em 1994, com a Lei Federal 8.935. Conhecer, ainda que brevemente, a origem das regras que serão trabalhadas é de grande valia.

Posteriormente à edição da Lei Federal 8.935/94, houve ampla produção legislativa, doutrinária, jurisprudencial e de Provimentos acerca do Direito Notarial e Registral, capitaneada pelo amplo acesso à informação, gerando um movimento transformador da atividade extrajudicial, para atender a novos anseios da sociedade brasileira. Um desses anseios, é a resolução de problemas de forma rápida e desburocratizada, sem necessidade de movimentar o Poder Judiciário, processo conhecido como desjudicialização.

Como exemplo disso, pode-se citar:

a) Lei Federal 11.441/07, que autorizou a lavratura de inventários, separação e divórcios extrajudiciais;
b) novo Código de Processo Civil, que privilegiou formas de autocomposição de conflitos;
c) edição da Lei de Mediação, a qual, em seu artigo 42 autorizou serventias extrajudiciais a praticar mediação; e que foi disciplinada no âmbito extrajudicial pelo Provimento 67/2018 do Conselho Nacional de Justiça;
d) inclusão do artigo 216-A na Lei de Registros Públicos, trazendo ao ordenamento jurídico brasileiro a figura da usucapião extrajudicial;
e) Provimento 63 do Conselho Nacional de Justiça, que dispõe sobre o reconhecimento voluntário e a averbação da paternidade e da maternidade socioafetivas e sobre o registro de nascimento e emissão da respectiva certidão dos filhos havidos por reprodução assistida, salientando-se que ele foi alterado pelo Provimento 83; e,
f) inclusão do artigo 216-B, na Lei de Registros Públicos, inserindo no ordenamento jurídico brasileiro a figura da adjudicação compulsória extrajudicial.

Isso ajuda a evolução dos institutos notariais e registrais, mas ainda há campo para crescimento. O alargamento das funções notariais e registrais beneficia a sociedade, que clama por celeridade, confiança e segurança, devendo ser reconhecida de uma vez por todas a grande contribuição que pode ser dada pela atividade extrajudicial.

Vale reforçar que em passado recente, com todas as atividades no país praticamente suspensas em decorrência da pandemia do vírus causador da COVID-19, e vários locais fechados, tiveram as serventias extrajudiciais, respeitados os Provimentos que regraram o tema, que manter suas portas abertas para atendimento da população, reforçando toda a confiança que detêm, ajudando o nosso país.

2. PRINCÍPIOS APLICADOS À MATÉRIA

O sistema extrajudicial brasileiro tem diversos princípios, atípicos ou típicos, sendo necessário, ainda que brevemente, tratar daqueles atinentes a nossa matéria, não sendo a intenção dos autores esgotá-los.

Vamos tratar dos princípios atípicos administrativos e civis, além dos típicos notariais e registrais.

Seja qual for o motivo de escolha na sistematização dos princípios, deve-se aprender a distinguir regras de princípios. Para tanto, importante lição é extraída da obra de Robert Alexy:[4]

4. Apud GAGLIANO, Pablo Stolze; PAMPLONA FILHO, Rodolfo. *Novo curso de direito civil*. 4. ed. rev. e atual. São Paulo: Saraiva, 2014. v. 6: *Direito de Família*: as famílias em perspectiva constitucional.

O ponto decisivo na distinção entre regras e princípios é que *princípios* são normas que ordenam que algo seja realizado na maior medida possível dentro das possibilidades jurídicas e fáticas existentes. Princípios são, por conseguinte, mandamentos de otimização, que são caracterizados por poderem ser satisfeitos em graus variados e pelo fato de que a medida devida de sua satisfação não depende somente das possibilidades fáticas, mas também das possibilidades jurídicas. O âmbito das possibilidades jurídicas é determinado pelos princípios e regras colidentes. Já as regras são normas que são sempre ou satisfeitas ou não satisfeitas. Se uma regra vale, então, deve se fazer exatamente aquilo que ela exige; nem mais, nem menos. Regras contêm, portanto, determinações no âmbito daquilo que é fática e juridicamente possível. Isso significa que a distinção entre regras e princípios é uma distinção qualitativa, e não uma distinção de grau. Toda norma é ou uma regra ou um princípio.

2.1 Princípios atípicos de Direito Notarial e Registral

2.1.1 Princípios Administrativos

Da leitura do artigo 37, *caput*,[5] da Constituição Federal, depreende-se a existência de cinco princípios afetos à toda Administração Pública, incluindo serventias extrajudiciais. São eles: legalidade, impessoalidade, moralidade, publicidade e eficiência. Estes serão estudados com duplo viés, analisando-se sua perspectiva constitucional-administrativa e notarial-registral.

2.1.1.1 Princípio da Legalidade

Sob a perspectiva constitucional-administrativa, é conceituado, segundo Celso Antônio Bandeira de Mello,[6] como:

> O princípio da legalidade, no Brasil, significa que a Administração nada pode fazer senão o que a lei determina. Ao contrário dos particulares, os quais podem fazer tudo o que a lei não proíbe, a Administração só pode fazer o que a lei antecipadamente autorize.

Já sob a perspectiva notarial registral, pode-se determinar que só serão instrumentalizados e formalizados atos que estejam de acordo com o ordenamento jurídico, ou seja, tudo o que for praticado deve ter embasamento legal. Neste sentido, o Código de Normas do Estado de São Paulo (Capítulo XVI, item 1.3), deixa claro que é dever do tabelião recusar, motivadamente, por escrito, a prática de atos contrários ao ordenamento jurídico e sempre que presentes fundados indícios de fraude à lei, de prejuízos às partes ou dúvidas sobre as manifestações de vontade. Pode-se elencar alguns artigos principais, balizadores da atividade extrajudicial:

i) para os tabeliães de notas, o artigo 108 do Código Civil é de suma importância, ao determinar: *Não dispondo a lei em contrário, a escritura pública é essencial à validade dos negócios jurídicos que visem à constituição, transferência, modifi-*

5. Art. 37. A administração pública direta e indireta de qualquer dos Poderes da União, dos Estados, do Distrito Federal e dos Municípios obedecerá aos princípios de legalidade, impessoalidade, moralidade, publicidade e eficiência e, também, ao seguinte:
6. MELLO, Celso Antônio Bandeira de. *Curso de Direito Administrativo*. 26. ed. São Paulo: Malheiros Editores, 2008.

cação ou renúncia de direitos reais sobre imóveis de valor superior a trinta vezes o maior salário mínimo vigente no País. Da leitura do artigo depreende-se que a lei pode determinar outros casos de obrigatoriedade da escritura pública, mas não o fazendo, será ela essencial quando visar o disposto no *caput*.

No Estado de São Paulo, existe uma importante regra prática. Nos termos do item 1.4, do Capítulo XVI, do Código de Normas, sempre que for solicitado ao tabelião de notas a prática de um ato notarial no qual não é obrigatória a forma pública, é seu dever orientar as partes acerca de tal fato.

Além do artigo 108, do Código Civil, também devem ser citados os artigos 6º e 7º, da Lei dos Notários e Registradores (Lei Federal 8.935/94), que determinam os atos praticados pelos tabeliães.

ii) para os registradores, a Lei de Registros Públicos é quem baliza toda a atividade. Para o registro civil, o artigo 29 traz quais atos são passíveis de registro; para o registro imobiliário, o artigo 167 prevê, nos seus incisos I e II, quais são os atos passíveis de registro e averbação no fólio real; para os registradores civis de pessoas jurídicas, os atos inscritos devem ser os previstos nos artigos 114 e 122; e, por fim, para os registradores de títulos e documentos, os atos ali inscritos são os previstos nos artigos 127 e 129.

iii) por fim, uma das mais intrigantes tarefas da atividade extrajudicial é determinar se os Códigos de Normas Estaduais e Provimentos do Conselho Nacional de Justiça podem ser equiparados à legislação para fins de aplicação do princípio da legalidade. Isso porque, muitas vezes, argumenta-se na doutrina dizendo que os Códigos e Provimentos seriam mandamentos direcionados única e tão somente aos titulares das serventias extrajudiciais e seus funcionários, não podendo ser opostos contra terceiros.

Com todo o respeito que merecem, há de ser feita uma separação nas previsões dos Códigos e Provimentos sobre o que é aplicado entre titular e funcionário e o que é aplicado entre titular e usuário da serventia extrajudicial.

Dessa forma, mesmo não sendo o mais correto juridicamente, para fins de aplicação do princípio da legalidade, devem os Códigos de Normas Estaduais e Provimentos do Conselho Nacional de Justiça ser equiparados a lei por tabeliães e registradores.

2.1.1.2 Princípio da Impessoalidade

Utilizando a mesma sistemática, sob o viés constitucional administrativo, Alexandre Mazza o conceitua como:[7]

> O princípio da impessoalidade estabelece um dever de imparcialidade na defesa do interesse público, impedindo discriminações (perseguições) e privilégios (favoritismo) indevidamente dispensados a particulares no exercício da função administrativa. Segundo a excelente conceituação prevista na Lei do

7. MAZZA, Alexandre. Manual de *Direito Administrativo*. 4. ed. São Paulo: Saraiva, 2014.

Processo Administrativo, trata-se de uma obrigatória "objetividade no atendimento do interesse público, vedada a promoção pessoal de agentes ou autoridades" (art. 2º, parágrafo único, III, da Lei 9.784/99).

Os titulares das serventias extrajudiciais não poderão prestar, com base nesse princípio, atendimentos diferenciados, a não ser aqueles previstos legalmente. Além disso, não poderão praticar atos que envolvam interesse pessoal do titular ou de certos parentes, como será visto posteriormente.[8]

A ideia principal que deve ser entendida quando tratamos desse princípio aplicado à matéria em estudo é que tanto os tabeliães quanto os registradores devem ter como norte na sua atividade o dever de imparcialidade, ou seja, tratar todos de forma semelhante, independentemente da complexidade e retorno financeiro do ato que praticam.

A imparcialidade do notário e do registrador reza que devem eles conduzir suas atividades com igualdade e equidistância no tratamento com as partes envolvidas no ato jurídico: devem ser imparciais e tratar a todos com igualdade.

Algumas situações irão ocorrer, no entanto, as quais demandam o bom senso e a atenção do notário e do registrador, especialmente quando estão diante de partes vulneráveis (pessoas menos esclarecidas que estão fazendo contratações com empresas que possam se valer de sua ignorância, idosos, vulneráveis digitais, entre outros).

Nadridejos Sarasola, Martinez Radio e Simo Santoja, ao falar sobre a imparcialidade do notário, defendem que ela

> não deve ser uma imparcialidade formal ou ascética – que ante uma acentuada desigualdade das partes poderia significar, no fundo, uma verdadeira parcialidade. Tem que ser uma imparcialidade substantiva, tendente a corrigir a inferioridade do chamado contratante fraco (fraco em meios econômicos, em experiência, em conhecimento e assessoramento jurídico), porém não para que prevaleçam seus interesses – que seria de novo parcialidade – senão para situá-lo em condições de defendê-lo.[9]

Nesse sentido, leciona Leonardo Brandelli que

> a imparcialidade notarial não significa apenas tratar a todos igualmente, mas, sim, tratar igualmente os iguais e desigualmente os desiguais, buscando equiparar de alguma forma a relação jurídica. Assim, se houver uma parte hipossuficiente na relação, deve o notário dispensar uma maior preocupação com esta, orientando-a e atendendo-a com muito mais afinco, a fim de tentar tornar a relação jurídica mais equânime possível.[10]

Importante destacar o artigo 182, da Lei Federal 6.015/73, que dispõe para os registros imobiliários:

---

8. Comentários ao artigo 27, da Lei Federal 8.935/94: *No serviço de que é titular, o notário e o registrador não poderão praticar, pessoalmente, qualquer ato de seu interesse, ou de interesse de seu cônjuge ou de parentes, na linha reta, ou na colateral, consanguíneos ou afins, até o terceiro grau.*
9. SARASOLA, Nadridejos; RADIO, Martinez; SANTOJA, Simo. Apud KIEJZMAN, Elsa. *Alcance social da função notarial.* Trabalho apresentado pela autora, Notária na República Argentina. V Jornada Notarial do Cone Sul, realizada de 19 a 23 de outubro de 1987, na cidade de Gramado/RS. Publicação patrocinada pelo Conselho Federal e pela Seção de São Paulo do Colégio Notarial do Brasil, 1987. p. 18.
10. BRANDELLI, Leonardo. Atuação Notarial em uma economia de mercado – a tutela do hipossuficiente. *Revista de Direito Imobiliário*, n. 52, p. 195. São Paulo: Instituto do Registro Imobiliário do Brasil – IRIB, jan.-jun. 2002.

Art. 182. Todos os títulos tomarão, no Protocolo, o número de ordem que lhes competir em razão da sequência rigorosa de sua apresentação.

Isso porque o item 80, "b", do Capítulo XIII, do Código de Normas de São Paulo, determina:

80. Na prestação dos serviços, os notários e registradores devem: b) atender por ordem de chegada, assegurada prioridade às pessoas com deficiência, aos idosos com idade igual ou superior a 60 (sessenta) anos, com prioridade especial aos maiores de 80 (oitenta) anos, às gestantes, às lactantes, às pessoas com crianças de colo e aos obesos, exceto no que se refere à prioridade de registro prevista em lei;

Ainda que alguém se encaixe nas situações do item 80, "b", não poderá se valer de qualquer tipo de benefício no tocante ao registro imobiliário. Afasta-se dessa forma qualquer tipo de confusão entre atendimento prioritário, no balcão da serventia, com prioridade no momento do ato de registro, o que ofende o princípio da impessoalidade.

2.1.1.3 Princípio da Moralidade

A doutrina que trata do tema costuma diferenciar os conceitos de moral comum e moral administrativa. Isso é o que se depreende da seguinte leitura:

A moralidade administrativa difere da moral comum. O princípio jurídico da moralidade administrativa não impõe o dever de atendimento à moral comum vigente na sociedade, mas exige respeito a padrões éticos, de boa-fé, decoro, lealdade, honestidade e probidade incorporados pela prática diária ao conceito de boa administração. Certas formas de ação e modos de tratar com a coisa pública, ainda que não impostos diretamente pela lei, passam a fazer parte dos comportamentos socialmente esperados de um bom administrador público, incorporando-se gradativamente ao conjunto de condutas que o Direito torna exigíveis.[11]

Hodiernamente, o Conselho Nacional de Justiça, tendo como base, dentre outros princípios, o da moralidade administrativa, editou regras acerca da vedação de nepotismo dentro das serventias extrajudiciais. O Provimento 77, de 2018, trata da nomeação de interinos e em seu artigo 2º dispõe que:

Art. 2º Declarada a vacância de serventia extrajudicial, as corregedorias de justiça dos Estados e do Distrito Federal designarão o substituto mais antigo para responder interinamente pelo expediente.

§1º A designação deverá recair no substituto mais antigo que exerça a substituição no momento da declaração da vacância.

§ 2º A designação de substituto para responder interinamente pelo expediente não poderá recair sobre cônjuge, companheiro ou parente em linha reta, colateral ou por afinidade, até o terceiro grau do antigo delegatário ou de magistrados do tribunal local.

O que parece uma medida moral, não se coaduna com a realidade prática das serventias extrajudiciais. Todo o trabalho de uma serventia extrajudicial é pautado na confiança depositada pelo tabelião ou registrador em seus colaboradores.

Dentre esses, o que detém a sua maior confiança é o substituto previsto no § 5º, do artigo 20, da Lei Federal 8.935/94. Aqui se faz necessário lembrar que a regra de

11. MAZZA, Alexandre. *Manual de Direito Administrativo*. 4. ed. São Paulo: Saraiva, 2014.

serventias extrajudiciais serem transmitidas por herança foi afastada há muitos anos e longe de querer ser amoral, afrontando princípios do ordenamento pátrio, o tabelião ou registrador prefere contratar parente próximo para o auxiliar na gestão do cartório pelo sentimento de confiança que possui.

O que deveria ser coibido pelo princípio da moralidade são contratações de parentes que não detenham o conhecimento específico para trabalhar na serventia, pouco acrescentando com as suas atitudes.

2.1.1.4 Princípio da Publicidade

A publicidade administrativa é muito diferente da publicidade dos atos notariais e registrais. Isso porque aquela traduz, primordialmente, duas ideias: a de que a administração deve ser transparente na execução dos seus atos e que os atos administrativos, como regra, devem ser publicados na imprensa oficial para atingirem seus efeitos perante terceiros.

Já a publicidade das serventias extrajudiciais significa que uma vez praticado um ato, ele se torna socialmente público, pois na maioria dos casos, quem quiser, independentemente de motivos, poderá solicitar, via certidão, informações dele.

Discussão que se torna cada vez mais relevante é a de atrelar o estudo desse princípio, em seu viés notarial e registral, com a Lei Geral de Proteção de Dados, o que será feito mais adiante.

2.1.1.5 Princípio da Eficiência

Este princípio administrativo se aplica intensamente às serventias extrajudiciais. É cada vez mais frequente que regras sejam inseridas nos Códigos de Normas Estaduais, exigindo que o serviço prestado seja eficiente.

Pode-se citar o item 2, do Capítulo XIII, do Código de Normas de São Paulo:

> Item 2. A fiscalização será exercida de ofício ou mediante representação de qualquer interessado para a observância da continuidade, celeridade, qualidade, *eficiência* (grifo nosso), regularidade e urbanidade na prestação dos serviços notariais e de registro, assegurados o acesso direto ao notário ou registrador pelo usuário e o atendimento específico das pessoas consideradas por lei vulneráveis ou hipossuficientes.

Alexandre Mazza[12] o explica:

> Acrescentado no art. 37, *caput*, da Constituição Federal pela Emenda n. 19/98, o princípio da eficiência foi um dos pilares da Reforma Administrativa que procurou implementar o modelo de *administração pública gerencial* voltada para um controle de *resultados* na atuação estatal. *Economicidade, redução de desperdícios, qualidade, rapidez, produtividade e rendimento funcional* são valores encarecidos pelo princípio da *eficiência* (grifos do autor).

---

12. MAZZA, Alexandre. *Manual de Direito Administrativo*. 4. ed. São Paulo: Saraiva, 2014.

O princípio da eficiência está presente de forma muito robusta dentro das serventias extrajudiciais, tendo em vista, como dito anteriormente, que o gerenciamento de tudo o que acontece é do tabelião ou oficial de registro, desde a contratação de um escrevente, até o pagamento, por exemplo, de um copo de água fornecido para o usuário. Cumpre observar que, com exceção dos oficiais de registro civil, nenhuma ajuda é destinada aos titulares de serventias extrajudiciais.

Mais do que isso, como arca com esses custos, deverá também implementar técnicas que possibilitem a prestação do serviço de forma a gerar maior rentabilidade e, consequentemente, mais recursos para aplicar em sua serventia. Hoje, o titular de uma serventia extrajudicial, além de todo o conhecimento técnico jurídico que deve possuir, também deve ser ótimo administrador de empresa.

Para os tabeliães de notas, interessante leitura do Provimento 100, do Conselho Nacional de Justiça, em conjunto com o princípio da eficiência pode ser feita, pois uma vez respeitadas as regras de competência do Provimento, abre-se um leque enorme de serviços para o tabelião eficiente. Explica-se: o § 2º do artigo 19 do Provimento, possibilitou que uma vez situado o bem imóvel em determinado Estado e tendo o adquirente domicílio nesse mesmo Estado, qualquer tabelião de notas do Estado em questão é competente para a prática desse ato. Tudo isso é muito bem sintetizado na decisão a seguir exposta, da Corregedoria Geral de Justiça do Estado do Mato Grosso, processo 0046347-79.2021.8.11.0000, no qual foi solicitada interpretação restritiva ao aludido § 2º:

> A interpretação do Cartório do 6º Ofício da Comarca de Cuiabá/MT está equivocada, na medida em que distingue a competência de forma ilegal e desprestigia as excepcionalidades e os fundamentos trazidos pelo inovador Provimento 100/2020-CNJ. Assim, é importante entender o propósito do Provimento ao delimitar a territorialidade como parâmetro para estabelecimento da competência, o aludido Provimento objetiva essencialmente, coibir a concorrência predatória entre notários. O parágrafo 2º do artigo 19 reforça tal objetivo, visto que, dentro da mesma unidade federativa, os emolumentos são idênticos não havendo, portanto, nenhum óbice, tampouco qualquer prejuízo quando da livre escolha do Tabelião. Nesse diapasão, registra-se que, embora em um primeiro momento pareçam antagônicos os artigos 6º e 19 do Provimento e o 8º da Lei 8.935/94, em verdade, a ideia posta tem como finalidade apenas evitar a concorrência predatória em serviços prestados remotamente, não desprestigiando, por outro lado, a livre escolha do tabelião dentro do território estadual, quando for a hipótese de escritura de imóvel no mesmo domicílio do adquirente. (...) Dessa forma, em homenagem à segurança jurídica que norteia a atividade notarial, a qual deve ser prestada do forma contínua, eficiente e uniforme à sociedade, entendo que a norma é cristalina, não havendo margem a outro entendimento e, portanto, determino aos Registradores de Imóveis deste Estado que observem as regras contidas no artigo 19, especialmente, a que está prevista no § 2º, a qual prestigia a livre escolha do usuário, no sentido de que o imóvel localizado no mesmo Estado da Federação do domicílio do Adquirente, autoriza que a escritura eletrônica seja realizada por meio do e-notariado, podendo ser lavrada em quaisquer Tabelionatos de Notas do Estado de Mato Grosso.

2.1.2 *Princípios de Direito Civil*

O Direito Civil é um dos principais ramos atrelados ao Direito Notarial e Registral, sendo necessário apresentar conceitos de alguns princípios que devem ser aplicados diariamente nas serventias extrajudiciais. Pode-se dizer que o Direito Notarial e Registral serve para dar efetividade para muitos institutos do Direito Civil, o que iremos ver na sequência.

2.1.2.1 *Princípios de Direito Contratual (voltados em grande parte aos tabeliães de notas, registradores imobiliários, títulos e documentos e civil das pessoas jurídicas)*

2.1.2.1.1 Princípio da Autonomia da Vontade (ou Privada)

O princípio da autonomia da vontade, também conhecido como autonomia privada, tem grande aplicação nas serventias de notas, pois o tabelião de notas moderno participa ativamente em todas as fases do processo da elaboração de um contrato. Por ele:[13]

> 1º) da autonomia da vontade, no qual se funda a liberdade contratual dos contratantes, consistindo no poder de estipular livremente, como melhor lhes convier, mediante acordo de vontades, a disciplina de seus interesses, suscitando efeitos tutelados pela ordem jurídica. Esse poder de autorregulamentação dos interesses das partes contratantes, condensado no princípio da autonomia da vontade, envolve liberdade contratual (*Gestaltungs-freiheit*), que é a de determinação do conteúdo da avença e a de criação de contratos atípicos, e liberdade de contratar (*Abschlussfreiheit*), alusiva à de celebrar ou não o contrato e à de escolher o outro contratante.

Todas as liberdades mencionadas devem ser interpretadas em conjunto com as limitações impostas pelo próprio sistema jurídico brasileiro, como será visto com o estudo conjunto dos próximos princípios.

2.1.2.1.2 Princípio da Função Social dos Contratos, Boa-fé Objetiva e Probidade

É muito comum no dia a dia das serventias extrajudiciais nos depararmos com estes três princípios. Dispõem os artigos 421, 421-A e 422, do Código Civil:

> Art. 421. A liberdade contratual será exercida nos limites da função social do contrato.
>
> Parágrafo único. Nas relações contratuais privadas, prevalecerão o princípio da intervenção mínima e a excepcionalidade da revisão contratual.
>
> Art. 421-A. Os contratos civis e empresariais presumem-se paritários e simétricos até a presença de elementos concretos que justifiquem o afastamento dessa presunção, ressalvados os regimes jurídicos previstos em leis especiais, garantido também que:
>
> I – as partes negociantes poderão estabelecer parâmetros objetivos para a interpretação das cláusulas negociais e de seus pressupostos de revisão ou de resolução;
>
> II – a alocação de riscos definida pelas partes deve ser respeitada e observada; e
>
> III – a revisão contratual somente ocorrerá de maneira excepcional e limitada.
>
> Art. 422. Os contratantes são obrigados a guardar, assim na conclusão do contrato, como em sua execução, os princípios de probidade e boa-fé.

---

13. DINIZ, Maria Helena. *Curso de Direito Civil brasileiro*. 25. ed. reformulada. São Paulo: Saraiva, 2009. v. 3: Teoria das obrigações contratuais e extracontratuais.

Segundo Flavio Tartuce:[14]

> Desse modo, os contratos devem ser interpretados de acordo com a concepção do meio social onde estão inseridos, não trazendo onerosidade excessiva às partes contratantes, garantindo que a igualdade entre elas seja respeitada, mantendo a justiça contratual e equilibrando a relação onde houver a preponderância da situação de um dos contratantes sobre o outro. Valoriza-se a equidade, a razoabilidade, o bom senso, afastando-se o enriquecimento sem causa, ato unilateral vedado expressamente pela própria codificação, nos seus arts. 884 a 886. A função social dos contratos visa à proteção da parte vulnerável da relação contratual.

A primeira parte do nosso estudo remonta a identificar o que irá obedecer a função social do contrato. Antes, os tabeliães de notas e registradores tinham grandes dificuldade em estabelecer parâmetros do que seria justo e obedeceria a função social do contrato, o que foi facilitado pelo legislador ao inserir o artigo 421-A no Código Civil, dizendo quando os contratos se presumem paritários e simétricos, além de fixar garantias às partes contratantes.

Muito importante mais uma vez a figura do tabelião de notas, pois, ao se deparar com uma situação de flagrante atentado à função social do contrato, deve parar a elaboração do ato, orientar os usuários e redigir um instrumento adequado a essa nova realidade.

No tocante à boa-fé objetiva, poucos conseguem atrelá-la ao dia a dia dos tabelionatos de notas, mas hoje tem grande importância, seja sob o viés dos contratos firmados na serventia, seja sob o viés das declarações que o tabelião de notas acolhe:[15]

> Esse dado distintivo é crucial: a boa-fé objetiva é examinada externamente, vale dizer que a aferição se dirige à correção da conduta do indivíduo, pouco importando a sua convicção. De fato, o princípio da boa- fé encontra a sua justificação no interesse coletivo de que as pessoas pautem seu agir pela cooperação e lealdade, incentivando-se o sentimento de justiça social, com repressão a todas as condutas que importem em desvio aos sedimentados parâmetros de honestidade e retidão. Por isso, a boa-fé objetiva é fonte de obrigações, impondo comportamentos aos contratantes, segundo regras de correção, na conformidade do agir do homem comum daquele meio social.

Da obra de Leonardo Brandelli se retira uma característica do notariado latino, feita pelo notário argentino José Adrian Negri, referendada com alterações pela União Internacional do Notariado Latino:[16]

> O notário latino é profissional do direito encarregado de uma função pública consistente em receber, interpretar e dar forma legal à vontade das partes, redigindo os instrumentos adequados a esse fim e conferindo-lhes autenticidade, conservar os originais destes e expedir cópias que deem fé de seu conteúdo. Em sua função está comprometida a autenticação de atos.

Percebe-se que o tabelião de notas, ao colher manifestações de vontade em sua serventia, deverá, ainda que não solicitado, agregar à análise documental que lhe é afeta, se os princípios tratados neste tópico estão sendo observados. Então, ainda que as

14. TARTUCE, Flávio. *Direito Civil*. Prefácio Flávio Augusto Monteiro de Barros. 3. ed. rev. e atual. São Paulo: Método, 2008. v. 3: Teoria Geral dos contratos e contratos em espécie.
15. ROSENVALD, Nelson. *Código Civil comentado* – Doutrina e Jurisprudência. In: PELUSO, Cezar (Coord.). 4. ed. São Paulo: Manole, 2010.
16. BRANDELLI, Leonardo. *Teoria Geral do Direito Notarial*. 3. ed. São Paulo: Saraiva, 2009.

partes contratantes não os conheçam, necessita o notário se atentar ao que os princípios propõem, e, dessa maneira, irrigar segurança jurídica a toda sociedade.

E, ao falar de probidade, podemos utilizar lição de Carlos Roberto Gonçalves:[17]

> A probidade, mencionada no art. 422 do Código Civil, retrotranscrito, nada mais é senão um dos aspectos objetivo do princípio da boa-fé, podendo ser entendida como a honestidade de proceder ou a maneira criteriosa de cumprir todos os deveres, que são atribuídos ou cometidos à pessoa. Ao que se percebe, ao mencioná-la teve o legislador mais a intenção de reforçar a necessidade de atender ao aspecto objetivo da boa-fé do que estabelecer um novo conceito.

2.1.2.1.3 Princípio do *Pacta Sunt Servanda* – Da força obrigatória dos contratos

Tem como ideia principal que o contrato faz lei entre as partes. Vejamos o que ensina Maria Helena Diniz:[18]

> (...) pelo qual as estipulações feitas no contrato deverão ser fielmente cumpridas (*pacta sunt servanda*) sob pena de execução patrimonial contra o inadimplente. Isto é assim porque o contrato, uma vez concluído livremente, incorpora-se ao ordenamento jurídico, constituindo uma verdadeira norma de direito, autorizando, portanto, o contratante a pedir a intervenção estatal para assegurar a execução da obrigação porventura não cumprida segundo a vontade que a constitui.

Anteriormente, de inquestionável força dentro do ordenamento pátrio, o princípio da força obrigatória dos contratos vem perdendo espaço dentro do ordenamento jurídico pela evolução da sociedade moderna:[19] "Entretanto, a realidade jurídica e fática do mundo capitalista e pós-moderno não possibilita mais a concepção estanque do contrato. O mundo globalizado, a livre concorrência, o domínio do crédito por grandes grupos econômicos e a manipulação dos meios de *marketing* geraram um grande impacto no Direito Contratual. Já em 1973, Washington de Barros Monteiro profetizava que

> acentua-se, contudo, modernamente, um movimento de revolução do contrato pelo juiz; conforme as circunstâncias, pode este, fundando-se em superiores princípios de direito, boa-fé, comum intenção das partes, amparo do fraco contra o forte, interesse coletivo, afastar aquela regra, até agora tradicional e imperativa.

Utilizando a expressão do ilustre jurista Washington de Barros Monteiro, hoje pode se cravar que existe um movimento de revolução do contrato pelos notários e registradores brasileiros. Reforça-se aqui que o notário não é mais simples recebedor de vontade das partes, devendo prestar atenção se todo o arcabouço jurídico em torno dos contratos está sendo observado, inclusive seus princípios, e ao fazer isso, proporciona paz social, evitando que problemas ocorram. Além dele, os registradores de todas as espécies também colaboram nesse movimento.

---

17. GONÇALVES, Carlos Roberto. *Direito Civil brasileiro*. 9. ed. São Paulo: Saraiva, 2012. v. 3: Contratos e atos unilaterais.
18. DINIZ, Maria Helena. *Curso de Direito Civil brasileiro*. 25. ed. reformulada. São Paulo: Saraiva, 2009. v. Teoria das obrigações contratuais e extracontratuais.
19. TARTUCE, Flávio. *Direito civil*. Prefácio Flávio Augusto Monteiro de Barros. 3. ed. rev. e atual. São Paulo: Método, 2008. v. 3: Teoria geral dos contratos e contratos em espécie.

O mais importante, no tocante ao princípio ora estudado, é não aceitar de forma velada, que pessoas com menos conhecimento se comprometam contratualmente com coisas que não irão poder cumprir, e, após o não cumprimento, sejam responsabilizadas única e tão somente pela existência da força obrigatório dos contratos.

2.1.2.1.4 Princípio da Supremacia da Ordem Pública

O direito de contratar esbarra em limitações previstas no ordenamento jurídico, ou seja, existem normas previamente estabelecidas pelo legislador que não permitem às partes, ainda que pautadas no que foi estudado anteriormente, contratar.

Vejamos mais uma vez o que dispõe Carlos Roberto Gonçalves:[20]

> A doutrina considera ordem pública, dentre outras, as normas que instituem a organização da família (casamento, filiação, adoção, alimentos); as que estabelecem a ordem de vocação hereditária e a sucessão testamentária; as que pautam a organização política e administrativa do Estado, bem como as bases mínimas da organização econômica; os preceitos fundamentais do trabalho; enfim "as regras que o legislador erige em cânones basilares da estrutura social, política e econômica da Nação". (....)

Cabe então aos notários e registradores, dentre outros profissionais, a defesa da ordem pública, não permitindo que contratos sejam feitos e registrados com objetos inadequados. Porém, cumpre observar, que a ordem pública não deve ser conceituada de forma estanque, não possibilitando avanços em matérias que podem ser melhoradas.

2.1.2.2 Princípios de Direito de Família (voltados em grande parte aos tabeliães de notas, registradores civis e registradores imobiliários)

Os princípios de Direito de Família são verdadeiros balizadores da atividade extrajudicial. Para Pablo Stolze,[21] podem ser divididos em princípios gerais (aplicáveis ao Direito de Família) e princípios especiais (peculiares ao Direito de Família). Interessam-nos os especiais, pois possibilitam uma humanização no atendimento aos clientes. Conceituá-los não é o mais importante nesse momento, mas a sua citação consegue demonstrar a ideia principal que traduzem.

São eles: i) afetividade; ii) solidariedade familiar; iii) proteção ao idoso; iv) função social da família; v) plena proteção das crianças e adolescentes; vi) convivência familiar; e, vii) intervenção mínima do Estado no Direito de Família.

Importante mencionar que a ideia que traduzem caminha com a intenção do constituinte de 1988, que fez uma releitura dos principais ramos do Direito brasileiro, dentre eles, o Direito de Família. Para Flávio Tartuce e José Fernando Simão:[22]

---

20. GONÇALVES, Carlos Roberto. *Direito Civil brasileiro*. 9. ed. São Paulo: Saraiva, 2012. v. 3: Contratos e Atos Unilaterais
21. GAGLIANO, Pablo Stolze; PAMPLONA FILHO, Rodolfo. *Novo curso de Direito Civil*. 4. ed. rev. e atual. São Paulo: Saraiva, 2014. v. 6: Direito de Família: as famílias em perspectiva constitucional.
22. TARTUCE, Flávio; SIMÃO, José Fernando. *Direito civil*. Rio de Janeiro: Forense; São Paulo: Método, 2008. v. 5: família.

Nessa concepção, utilizando a tão conhecida simbologia de Ricardo Lorenzetti, o Direito Privado pode ser comparado a um sistema solar em que o Sol é a Constituição Federal de 1988, e o planeta principal o Código Civil. Em torno desse planeta principal estão os satélites, que são os microssistemas jurídicos ou estatutos, que também merecem especial atenção pelo Direito de Família, caso do Estatuto da Criança e do Adolescente e do Estatuto do Idoso (Fundamentos..., 1998, p. 45). Nesse *Big Bang* Legislativo, é preciso buscar um diálogo possível de complementaridade entre todas essas leis (diálogo das fontes), o que será feito, por exemplo, quando do estudo da adoção. (...) Portanto, os antigos princípios do Direito de Família foram aniquilados, surgindo outros, dentro dessa proposta de constitucionalização e personalização, remodelando esse ramo jurídico. Por isso, o Estatuto do Direito de Família (PL 2.285/2007) também pretende enunciar os princípios do Direito de Família, prevendo o seu art. 5º que são seus preceitos fundamentais a dignidade da pessoa humana, a solidariedade familiar, a igualdade de gêneros, de filhos e das entidades familiares, a convivência familiar, o melhor interesse da criança e do adolescente e a afetividade.

Além desses princípios, existem ramos internos do Direito de Família que possuem princípios próprios. No campo do direito matrimonial, Maria Helena Diniz, cita Orlando Gomes, e diz que são três princípios que regem o casamento:[23]

a) A livre união dos futuros cônjuges, pois o casamento advém do consentimento dos próprios nubentes, que devem ser capazes para manifestá-lo. Impossível é a substituição do consentimento dos contraentes, bem como a autolimitação de suas vontades pela condição ou termo; b) A monogamia, pois, embora alguns povos admitam a poliandria e a poligamia, a grande maioria dos países adota o regime da singularidade, por entender que a entrega mútua só é possível no matrimônio monogâmico, que não permite a existência simultânea de dois ou mais vínculos matrimoniais contraídos pela mesma pessoa, punindo severamente a bigamia. (...) c) A comunhão indivisa, que valoriza o aspecto moral da união sexual de dois seres, visto ter o matrimônio por objetivo criar uma plena comunhão de vida entre os cônjuges, que pretendem passar juntos as alegrias e os dissabores da existência (CC, art. 1.511).

Outro campo de interessante aplicação principiológica é o da filiação, que sofreu enormes avanços desde a edição da Constituição Federal de 1988, até hoje. Isso porque o artigo 227, § 6º, da Constituição Federal, estabeleceu o princípio da igualdade entre filhos, não podendo mais existir distinção entre eles, seja qual for a relação dos genitores da criança, ou seja, o vínculo de parentesco oriundo do instituto da adoção. Veja sua redação:

Art. 227. § 6º Os filhos, havidos ou não da relação do casamento, ou por adoção, terão os mesmos direitos e qualificações, proibidas quaisquer designações discriminatórias relativas à filiação.

A evolução na matéria não parou por aí, e hoje a socioafetividade, matéria que só poderia ser conhecida em juízo, pode ser reconhecida diretamente nas serventias de registro civil, ou também poderá ser feita uma escritura de reconhecimento de paternidade ou maternidade socioafetiva nos tabelionatos de notas. Todo esse procedimento relacionado ao reconhecimento de paternidade ou maternidade socioafetiva vem previsto nos artigos 10 a 15, do Provimento 63 do Conselho Nacional de Justiça, editado em 14 de novembro de 2017, alterado pelo Provimento 83, também do Conselho Nacional de Justiça, editado em 14 de agosto de 2019.

---

23. Apud DINIZ, Maria Helena. *Curso de Direito civil brasileiro*. 24. ed. reformulada. São Paulo: Saraiva, 2009. v. 5: direito de família.

Percebe-se do exposto nesse subitem, mesmo que de forma simples, a evolução que os princípios citados geraram em alguns campos do Direito de Família, que refletem normas, regras e condutas para as serventias extrajudiciais.

2.1.2.3 Princípio de Direito das Sucessões (voltado em grande parte aos tabeliães de notas e registradores imobiliários)

2.1.2.3.1 Princípio de *Saisine*

Com o advento da Lei Federal 11.441, de 2007, possibilitou-se aos tabeliães de notas, dentre outros atos, a lavratura de inventários extrajudiciais.

Infelizmente, com a crise gerada pela pandemia nestes anos em que vivemos, aumentou exponencialmente o número de óbitos no país, consolidando-se a necessidade de se aperfeiçoar o conhecimento da matéria sucessória, pois a busca pelo inventário extrajudicial cresceu muito. E um dos princípios mais importantes que é aplicado diariamente nas serventias extrajudiciais é o "princípio de saisine", previsto no artigo 1.784 do Código Civil.[24]

Por ele:[25]

> Uma vez aberta a sucessão, dispõe o art. 1.784 do Código Civil, retrotranscrito a herança transmite-se, desde logo, aos herdeiros. Nisso consiste o princípio da *saisine*, segundo o qual o próprio defunto transmite ao sucessor a propriedade e a posse da herança. Embora não se confundam a morte com a transmissão da herança, sendo aquela pressuposto e causa desta, a lei, por uma ficção, torna-as coincidentes em termos cronológicos, presumindo que o próprio *de cujus* investiu seus herdeiros no domínio e na posse indireta de seu patrimônio, porque este não pode restar acéfalo.

No inventário extrajudicial, devemos nos ater, então, sempre à data do óbito do "de cujus". Isso irá informar o tabelião de notas quanto à legislação aplicável à sucessão, além do imposto que irá incidir sobre o ato.

Também no momento do óbito irá se verificar quantos herdeiros estavam vivos, e ainda que essa situação tenha durado só por um dia, esse herdeiro recebeu a herança do "de cujus", devendo também ser feito o seu inventário.

No Código de Normas do Estado de São Paulo, Capítulo XVI, existe importante regra atinente à comprovação do estado civil dos herdeiros que participam da escritura de inventário, prevista nos subitens 118.1 e 118.2:

> 118.1. As certidões de nascimento, casamento e óbito, destinadas a comprovar o estado civil das partes e do falecido, assim como a qualidade dos herdeiros, não terão prazo de validade, salvo em relação aos herdeiros maiores que se declararem solteiros, caso em que as certidões de nascimento deverão ser posteriores à data do óbito do autor da herança.

24. Art. 1.784. Aberta a sucessão, a herança transmite-se, desde logo, aos herdeiros legítimos e testamentários.
25. GONÇALVES, Carlos Roberto. *Direito Civil brasileiro*. 6. ed. São Paulo: Saraiva, 2012. , v. 7: Direito das Sucessões.

118.2. As certidões de casamento dos sucessores deverão comprovar o seu estado civil na data da abertura da sucessão, bem como o estado civil na data da escritura pública de inventário quando for promovida a renúncia, ou cessão da herança no todo ou em parte.

Em matéria sucessória, é crucial mencionar a decisão do Supremo Tribunal Federal, que reconheceu ao companheiro os mesmos direitos sucessórios do cônjuge, declarando inconstitucional o artigo 1.790, do Código Civil, no Recurso Extraordinário 878.694/MG.

No precedente do Supremo Tribunal Federal, foi declarada a inconstitucionalidade da distinção de regimes sucessórios entre cônjuges e companheiros, prevista no artigo 1.790 do Código Civil. Entretanto, o Supremo Tribunal Federal modulou os efeitos da decisão para aplicá-la "aos processos judiciais em que ainda não tenha havido trânsito em julgado da sentença de partilha, assim como às partilhas extrajudiciais em que ainda não tenha sido lavrada escritura pública".

Ainda, a Terceira Turma do Superior Tribunal de Justiça, no julgamento do Recurso Especial 1.904.374, em 15 de abril de 2021, ao analisar a modulação dos efeitos do Tema 809 da repercussão geral, estabeleceu que a tese fixada pelo Supremo Tribunal Federal se aplica às ações de inventário em que ainda não foi proferida a sentença de partilha, mesmo que tenha havido, no curso do processo, decisão que excluiu companheiro da sucessão.

2.2 Princípios típicos de Direito Notarial e Registral

2.2.1 Princípios Constitucionais típicos de Direito Notarial e Registral

O já citado artigo 236, da Constituição Federal, trouxe importantes inovações no tocante à matéria das serventias extrajudiciais. E as regras ali trazidas podem ser vistas como verdadeiros princípios. Esse tema foi muito bem tratado por Afonso Celso F. Rezende e Carlos Fernando Brasil Chaves, na obra o "Tabelionato de Notas e o Notário Perfeito".[26] Lá foram conceituados como "Princípios Notariais Constitucionais". Vamos usar a mesma nomenclatura por eles utilizada, com uma diferença, pois na visão destes autores, podem ser conceituados como Princípios Constitucionais típicos de Direito Notarial e Registral, devido ao fato de se aplicarem a todos os titulares e futuros titulares das serventias extrajudiciais.

2.2.1.1 Princípio do Exercício Privado da Delegação

Segundo os autores citados:[27] "Inscrito no *caput* do artigo 236 da Constituição e dispõe sobre os serviços notariais e de registro, significa que 'os Serviços Notariais e de Registro são exercidos em caráter privado, por delegação do Poder Público'".

26. CHAVES, Carlos Fernando Brasil. REZENDE, Afonso Celso F. *Tabelionato de notas e o notário perfeito*. 7. ed. São Paulo: Saraiva, 2013.
27. CHAVES, Carlos Fernando Brasil. REZENDE, Afonso Celso F. *Tabelionato de notas e o notário perfeito*. 7. ed. São Paulo: Saraiva, 2013.

Quanto à natureza jurídica dessa profissão, matéria que evoluiu demais, pode-se dizer que são particulares em colaboração com o Poder Público, o que na prática traz muitas consequências, por exemplo, a de se intentar uma ação contra ato praticado por tabelião ou registrador, deverá ser proposta contra o titular da serventia, e não contra a instituição "serventia extrajudicial" (tema melhor desenvolvido ao longo da obra). Observa-se que para fins penais, o exercício de tal função é equiparado, nos termos do artigo 327, do Código Penal, à de um funcionário público.

A necessidade dos tabeliães de notas e registradores possuírem um Cadastro Nacional de Pessoa Jurídica está atrelada a diversas obrigações tributárias, fiscais, previdenciárias, dentre outras.

Ainda quanto à natureza jurídica da profissão, diz artigo 3º, da Lei Federal 8.935/94:

> **Art. 3º Notário, ou tabelião, e oficial de registro, ou registrador, são profissionais do direito, dotados de fé pública, a quem é delegado o exercício da atividade notarial e de registro.**

Para Leonardo Brandelli:[28]

> O notário é um agente público delegado que desempenha uma função pública em caráter privado, não havendo subordinação nem hierarquia em relação ao Estado. Há sim uma fiscalização por parte do Estado-delegante. Se a função é pública, e se o Estado por razões de eficiência a delega a um particular, certamente que deverá esse mesmo Estado fiscalizar boa prestação da função delegada. Ademais, há ainda uma função regulamentar da atividade para o Estado. Entretanto, os notários têm independência funcional, não estando subordinados a um órgão estatal no desempenho de sua atividade.

Frise-se que até o advento da Constituição Federal de 1988 os notários e registradores eram profissionais popularmente atrelados aos quadros dos tribunais de justiça, com regras diferentes das que existem hoje. Por causa dessa situação, muitos defendiam que notários e registradores eram funcionários públicos, o que não mais se sustenta pelo explanado.

2.2.1.2 Princípio da Fiscalização da Atividade

Mais uma vez utilizando da lição dos nobres autores:[29]

> Consagrou-se no artigo 236, § 1º, *in fine*, da Constituição Federal, que a fiscalização dos atos notariais será de responsabilidade do Poder Judiciário, por meio de seus órgãos correicionais. Além da Egrégia Corregedoria-Geral da Justiça, responsável pela fiscalização das serventias, atuando sempre em âmbito Estadual, funcionam também as Corregedorias Permanentes, com a finalidade de promover a fiscalização dos atos praticados pelo notário ou registrador dentro de determinada circunscrição.

---

28. BRANDELLI, Leonardo. *Teoria geral do direito notarial*. 3. ed. São Paulo: Saraiva, 2009.
29. CHAVES, Carlos Fernando Brasil. REZENDE, Afonso Celso F. *Tabelionato de notas e o notário perfeito*. 7. ed. São Paulo: Saraiva, 2013.

Além das Corregedorias Estaduais e Permanentes, hoje o Conselho Nacional de Justiça exerce importante papel na fiscalização das serventias extrajudiciais, além de editar diversos Provimentos que devem ser observados pelos titulares das delegações.

Duas importantes informações nessa seara devem ser prestadas. A primeira é a de que canais de reclamação digitais vêm sendo disponibilizados pelos entes fiscalizantes, possibilitando que muitas reclamações infundadas tomem corpo desnecessariamente. É salutar que a qualidade do filtro das reclamações seja incrementada, pois uma pessoa não pode ter livre acesso para reclamar de algo que não conhece. Exemplifica-se: pessoa quer usar documento de identidade que não a identifica mais pelo tempo de expedição. Ao ter o pedido negado, faz reclamação contra o tabelião de notas. Observa-se que tal procedimento nem deveria acontecer, pois a postura do tabelião é correta.

A segunda é a de que, como são muitos Provimentos do Conselho Nacional de Justiça e normativas de Corregedorias Estaduais, a serem observados pelas serventias extrajudiciais, é interessante pensar na criação de um Código Nacional de Normas das Serventias Extrajudiciais, para facilitar a uniformização das regras em todo o território nacional, evitando-se a disparidade de interpretações que existem na prática da atividade, e a fiscalização da atividade como um todo.

2.2.1.3 Princípio da Democratização do Ingresso

Todos aqueles que preencherem os requisitos dos artigos 14 a 19, da Lei Federal 8.935/94, estarão habilitados a ingressar na atividade notarial e registral. Foi a Constituição Federal, no § 3º do artigo 236, que determinou que só poderiam assumir a titularidade de uma serventia notarial e registral aqueles que fizessem concurso de provas e títulos, não admitindo que uma serventia ficasse vaga por mais de seis meses.

Alguns pontos relevantes no tocante à aplicação dessas regras devem ser mencionados. O primeiro deles atinente à temerosa Proposta de Emenda Constitucional 471, com a seguinte redação:

> Proposta de Emenda à Constituição n., de 2005 (Do Sr. João Campos e outros) Dá nova redação ao § 3º do artigo 236 da Constituição Federal. As Mesas da Câmara dos Deputados e do Senado Federal, nos termos do art. 60 da Constituição Federal, promulgam a seguinte emenda ao texto constitucional: Art. 1º O § 3º do artigo 236 da Constituição Federal passa a ter a seguinte redação: "Art. 236, § 3º O ingresso na atividade notarial e de registro depende de concurso público de provas e títulos, não se permitindo que qualquer serventia fique vaga, sem abertura de concurso de provimento ou de remoção, por mais de seis meses, ressalvada a situação dos atuais responsáveis e substitutos, investidos na forma da Lei, aos quais será outorgada a delegação de que trata o *caput* deste artigo".

Tal proposta não deve, sob qualquer argumento, ser aprovada. Seria uma grande afronta a tudo que foi conquistado permitir que diversas serventias Brasil afora tivessem titulares em pleno Século XXI, sem aprovação no concurso de ingresso na atividade.

Outro tema corriqueiro, atrelado ao estudo desses artigos citados, é se o concurso de provas e títulos deve ser aplicado tanto àqueles que ingressam na atividade (Concurso de Provimento), quanto àqueles que já estão na atividade pelo período de 02 (dois) anos (Concurso de Remoção). Tudo isso pela redação do *caput* do artigo 16, da Lei Federal

8.935/94, que não mencionou para o concurso de remoção a palavra "provas", mantendo o texto "por meio de remoção, mediante concurso de títulos".

Isso causou a impressão de que, para o concurso de remoção, bastaria que os candidatos apresentassem comprovante de seus títulos. Ora, não parece que foi a intenção do constituinte tratar de forma diferente o exposto e a grande maioria dos tribunais estaduais também entendem dessa maneira. O que outrora parecia duvidoso, hoje tem entendimento padronizado, inclusive pela Resolução 81, do Conselho Nacional de Justiça.

Para finalizar o estudo desse princípio, há de se pontuar que escreventes, inclusive os substitutos, e auxiliares não precisam de concurso público para trabalhar nas serventias extrajudiciais. Poderia o legislador ter estipulado, pela importância da atividade que desempenham, que requisitos essenciais para a contratação de um escrevente ou auxiliar fossem observados, para que a qualidade da prestação também atingisse um padrão de qualidade mínimo. Mas não foi isso que aconteceu e a contratação é livre pelos titulares.

2.2.2 Princípios típicos de Direito Notarial e Registral previstos na Lei Federal 8.935/94

Diz o artigo 1º, da Lei Federal nº 8.935/94:

> **Art. 1º Serviços notariais e de registro são os de organização técnica e administrativa destinados a garantir a publicidade, autenticidade, segurança e eficácia dos atos jurídicos.**

Dele pode-se extrair a existência de quatro princípios: o da publicidade, autenticidade, segurança e eficácia dos atos jurídicos.

2.2.2.1 Princípio da Publicidade

Conceitua-se, de acordo com Afonso Celso F. Rezende e Carlos Fernando Brasil Chaves, na citada obra o "Tabelionato de Notas e o Notário Perfeito":[30]

> Todos os atos praticados pelo notário, são *a priori*, atos públicos. Em alguns casos, havendo determinação legal, judicial ou normativa ao notário estará imposto o dever de sigilo. Em regra, todavia, qualquer interessado, sem precisar justificar a sua pretensão, pode requisitar a certidão de um ato notarial lavrado em determinada Serventia, recolhidas as devidas custas e emolumentos.

Este princípio é visto como um dos pilares da atividade extrajudicial e vem sendo muito debatido. Tal debate se pauta em uma ideia central: até que ponto todos têm o direito de conhecer a vida de uma pessoa sem ter qualquer tipo de relação com ela.

Explica-se: o ordenamento pátrio privilegia o fornecimento de informações de maneira irrestrita, respeitada a forma de fornecimento, a qual consiste, em regra, na

30. CHAVES, Carlos Fernando Brasil. REZENDE, Afonso Celso F. *Tabelionato de notas e o notário perfeito*. 7. ed. São Paulo: Saraiva, 2013.

emissão de certidões, e suas diretrizes previstas na Lei de Registros Públicos. Isso não é condizente, para muitos, com o respeito à vida privada de uma pessoa, protegida por princípios existentes na Constituição Federal.

Porém, a maioria dos tribunais pátrios entende como correta a ideia da publicidade nas serventias extrajudiciais ser ampla e irrestrita, salvo exceções previstas legalmente.

Outro ponto que deve ser analisado é se a Lei Geral de Proteção de Dados alterou o entendimento dos tribunais e de alguma forma possibilitou que o fornecimento de informações nas serventias extrajudiciais ficasse restrito às partes envolvidas no ato ou a alguém por elas autorizado a pedir tais informações.

Não nos parece o entendimento mais adequado. A ideia central da Lei Geral de Proteção de Dados é que uma vez recepcionadas informações de pessoas para a prática de atos notariais e registrais, eles não devem ser compartilhados de maneira irresponsável e precisam ser protegidos com o que existe de mais moderno tecnologicamente.

O Conselho Nacional de Justiça, no Provimento 134, regrou a adequação das serventias extrajudiciais, trilhando a linha de raciocínio externada:

> Art. 21. Na emissão de certidão o Notário ou o Registrador deverá observar o conteúdo obrigatório estabelecido em legislação específica, adequado e proporcional à finalidade de comprovação de fato, ato ou relação jurídica.
>
> Parágrafo único. Cabe ao Registrador ou Notário, na emissão de certidões, apurar a adequação, necessidade e proporcionalidade de particular conteúdo em relação à finalidade da certidão, quando este não for explicitamente exigido ou quando for apenas autorizado pela legislação específica.

O Tribunal de Justiça do Estado de São Paulo inseriu diversos itens no Capítulo XIII, do Código de Normas, relacionados à Lei Geral de Proteção de Dados e determinou para as serventias que observassem todas as regras ali previstas, mas em nenhum momento restringiu a emissão de certidões, salvo no procedimento previsto no item 144 e subitens 144.1 a 144.4:

> 144. Para a expedição de certidão ou informação restrita ao que constar nos indicadores e índices pessoais poderá ser exigido o fornecimento, por escrito, da identificação do solicitante e da finalidade da solicitação.
>
> 144.1 Igual cautela poderá ser tomada quando forem solicitadas certidões ou informações em bloco, ou agrupadas, ou segundo critérios não usuais de pesquisa, ainda que relativas a registros e atos notariais envolvendo titulares distintos de dados pessoais.
>
> 144.2 Serão negadas, por meio de nota fundamentada, as solicitações de certidões e informações formuladas em bloco, relativas a registros e atos notariais relativos ao mesmo titular de dados pessoais ou a titulares distintos, quando as circunstâncias da solicitação indicarem a finalidade de tratamento de dados pessoais, pelo solicitante ou outrem, de forma contrária aos objetivos, fundamentos e princípios da Lei 13.709, de 14 de agosto de 2018.
>
> 144.3 Os itens 144 a 144.2 deste Provimento incidem na expedição de certidões e no fornecimento de informações em que a anonimização dos dados pessoais for reversível, observados os critérios técnicos previstos no art. 12, e seus parágrafos, da Lei 13.709, de 14 de agosto de 2018.
>
> 144.4 As certidões, informações e interoperabilidade de dados pessoais com o Poder Público, nas hipóteses previstas na Lei 13.709, de 14 de agosto de 2018, e na legislação e normas específicas, não se sujeitam ao disposto nos itens 144 a 144.3 deste Provimento.

O máximo que se pediu, foi, nos termos do item 145, que:

> 145. Será exigida a *identificação do solicitante para as informações, por via eletrônica*, que abranjam dados pessoais, salvo se a solicitação for realizada por responsável pela unidade, ou seu preposto, na prestação do serviço público delegado. (grifo nosso)

Com a entrada em vigor da Lei Federal 14.382/22, que também trata do Sistema Eletrônico de Registros Públicos – SERP, isso se tornou bem relevante, pois um de seus objetivos, previstos no artigo 3º, inciso V, é o seguinte:

> Art. 3º O SERP tem o objetivo de viabilizar: V – a recepção e o envio de documentos e títulos, a expedição de certidões e a prestação de informações, em formato eletrônico, inclusive de forma centralizada, para distribuição posterior às serventias dos registros públicos competentes;

Além disso, tal lei alterou algumas regras atinentes à emissão de certidões, previstas na Lei Federal 6.015/73, e uma delas foi no artigo 19, que regrou a emissão de certidões em meio eletrônico:

> Art.19.
>
> § 1º A certidão, de inteiro teor, será extraída por meio reprográfico ou eletrônico.
>
> § 2º As certidões do registro civil das pessoas naturais mencionarão, sempre, a data em que foi lavrado o assento.
>
> (...)
>
> § 5º As certidões extraídas dos registros públicos deverão, observado o disposto no § 1º, ser fornecidas eletronicamente, com uso de tecnologia que permita a sua impressão pelo usuário e a identificação segura de sua autenticidade, conforme critérios estabelecidos pela Corregedoria Nacional de Justiça do Conselho Nacional de Justiça, dispensada a materialização das certidões pelo oficial de registro.
>
> § 6º O interessado poderá solicitar a qualquer serventia certidões eletrônicas relativas a atos registrados em outra serventia, por meio do Sistema Eletrônico dos registros públicos – SERP, nos termos estabelecidos pela Corregedoria Nacional de Justiça do Conselho Nacional de Justiça.
>
> § 7º A certidão impressa nos termos do disposto no § 5º e a certidão eletrônica lavrada nos termos do disposto no § 6º terão validade e fé pública.
>
> § 8º Os registros públicos de que trata esta Lei disponibilizarão, por meio do SERP, a visualização eletrônica dos atos neles transcritos, praticados, registrados ou averbados, na forma e nos prazos estabelecidos pela Corregedoria Nacional de Justiça do Conselho Nacional de Justiça.
>
> § 9º A certidão da situação jurídica atualizada do imóvel compreende as informações vigentes de sua descrição, número de contribuinte, proprietário, direitos, ônus e restrições, judiciais e administrativas, incidentes sobre o imóvel e o respectivo titular, além das demais informações necessárias à comprovação da propriedade e à transmissão e à constituição de outros direitos reais.
>
> §10. As certidões do registro de imóveis, inclusive aquelas de que trata o § 6º, serão emitidas nos seguintes prazos máximos, contados a partir do pagamento dos emolumentos: I – quatro horas, para a certidão de inteiro teor da matrícula ou do livro auxiliar, em meio eletrônico, requerida no horário de expediente, desde que fornecido pelo usuário o respectivo número; II – um dia, para a certidão da situação jurídica atualizada do imóvel; e III – cinco dias, para a certidão de transcrições e para os demais casos.
>
> § 11. No âmbito do registro de imóveis, a certidão de inteiro teor da matrícula contém a reprodução de todo seu conteúdo e é suficiente para fins de comprovação de propriedade, direitos, ônus reais e restrições sobre o imóvel, independentemente de certificação específica pelo oficial.

§ 12. Na localidade em que haja dificuldade de comunicação eletrônica, a Corregedoria-Geral da Justiça Estadual poderá autorizar, de modo excepcional e com expressa comunicação ao público, a aplicação de prazos maiores para emissão das certidões do registro de imóveis de que trata o § 10.

Ainda no tocante a esse tema, necessário se faz informar que todas as serventias extrajudiciais possuem regramento específico no tocante ao compartilhamento de informações com centrais e órgãos públicos, o que de maneira alguma fere a Lei Geral Proteção de Dados, nos termos do artigo 23, do Provimento 134, do Conselho Nacional de Justiça:

Art. 23. O compartilhamento de dados com centrais de serviços eletrônicos compartilhados é compatível com a proteção de dados pessoais, devendo as centrais observar a adequação, necessidade e persecução da finalidade dos dados a serem compartilhados, bem como a maior eficiência e conveniência dos serviços registrais ou notariais ao cidadão.

Parágrafo único. Deverá ser dada preferência e envidados esforços no sentido de adotar a modalidade de descentralização das bases de dados entre a central de serviços eletrônicos compartilhados e as serventias, por meio do acesso pelas centrais às informações necessárias para a finalidade perseguida, evitando-se a transferência de bases de dados, a não ser quando necessária para atingir a finalidade das centrais ou quando o volume de requisições ou outro aspecto técnico prejudicar a eficiência da prestação do serviço.

2.2.2.2 Princípio da Autenticidade

Este princípio tem larga aplicação no campo do direito notarial, e seus sinônimos são notoriedade/fé pública. Utilizando lição de Paulo Roberto Gaiger Ferreira e Felipe Leonardo Rodrigues, podemos conceituá-lo como:[31]

A fé pública, como princípio e como efeito do ato notarial, ou princípio da notoriedade, implica em reconhecer que os fatos que o tabelião presencia e também os que não presencia, mas pela cognição indireta decide declarar no ato notarial como verdadeiros têm a presunção de veracidade. A notoriedade advém da convicção do notário sobre determinado fato ou situação jurídica. Decorre de um juízo de ciência ou valor que faz e assume como verdadeiro para o ato que redige. (...) A fé do notário a propósito das declarações que recebidas é absoluta quanto à existência delas e relativa quanto ao conteúdo. De todo modo, qualquer contestação a elas – existência ou conteúdo – somente pode ser feita na via judicial por parte com legitimidade ativa.

Caso os leitores conheçam o dia a dia de uma serventia de notas, sabem que na maioria dos atos lavrados é aposta a expressão "do que dou fé" ou "documento com fé pública". Isso é decorrência de uma conquista da classe dos tabeliães de notas que trabalham com esmero, pois respeitam as regras para lavratura de todos os tipos de ato notarial, desde uma simples autenticação de documento, até a lavratura de uma complicada escritura de inventário. Uma vez respeitadas as regras, pode-se afirmar que o ato praticado é autêntico.

Lembrando que o já citado artigo 3º, da Lei Federal 8.935/94, reforça tudo o que aqui foi dito e delega legalmente a fé pública necessária para tabeliães de notas e regis-

31. FERREIRA, Paulo Roberto Gaiger; RODRIGUES, Felipe Leonardo. Tabelionato de notas. In: CASSETTARI, Christiano (Coord.). *Coleção Cartórios*. 3. ed. Indaiatuba, SP: Foco, 2020.

tradores praticarem atos que gozam de presunção de verdade, sendo que esta presunção, reitera-se, é absoluta quanto às declarações que recebeu e fatos que presenciou, mas relativa quanto ao conteúdo das declarações que recebe.

Caso, então, alguém se valha de meios para enganar a serventia de notas e pratique um ato eivado de vícios, judicialmente eles poderão ser reconhecidos e os envolvidos, punidos.

Sob o viés dos registros públicos, podemos utilizar os ensinamentos de Marcelo Salaroli e Mario de Carvalho Camargo Neto:[32]

> Significa que o registrador somente deve permitir acesso às informações devidamente qualificadas que tenham sido verificadas, em sua autoria e legalidade, de forma a serem revestidas, tanto quanto possível, de veracidade. Os Registros Públicos buscam separar o que é falso do que é autêntico, dando guarida apenas ao que é autêntico. Para isso, valem-se dos mecanismos disponíveis para aferir a autenticidade dos documentos que lhes são apresentados, mas este exame é sumário, não se confundindo com uma perícia.

Com essa explanação, deve-se evitar práticas das serventias de registro imobiliário, as quais, em alguns momentos, extrapolam a qualificação registral e emitem notas devolutivas que estariam abarcadas pela fé pública do tabelião de notas. Exemplo disso ocorre quando feita a análise de procuração, decide o tabelião de notas por sua utilização, mas quando envia a escritura para registro, recebe nota devolutiva do registrador solicitando o envio da procuração para que ele mesmo analise os poderes nela contidos, pondo, assim, em dúvida a fé pública do notário.

2.2.2.3 Princípio da Segurança Jurídica

Não há razão de existir das serventias extrajudiciais se a busca pela segurança jurídica deixar de existir. Esse é o lema dos profissionais que atuam na área. Para possibilitar à sociedade tranquilidade jurídica, deve haver inteira certeza de que quando um ato é lavrado ou registrado, isso é feito de forma segura juridicamente. Por isso, sua análise deve ser feita sob a perspectiva dos diferentes tipos de serventia extrajudicial. E a melhor obra para tanto é a Coleção Cartórios.

Para os tabeliães de notas:[33]

> Conforme referido, trata-se de princípio comum às atividades notarial e registral, constituindo a estrutura de todo o sistema notarial e registral. O notário existe por e para a segurança jurídica, seja pelo ângulo particular e privado das partes, seja para a proteção da sociedade. Instrumentos hígidos, redigidos por um especialista e com respeito à lei, permitem a executividade dos direitos e impedem litígios judiciais, sempre custosos, desgastantes e demorados. A segurança jurídica é a meta do tabelião na formação do ato, nas técnicas notariais, no atendimento, na relação pessoal com as partes, na boa redação instrumental, na guarda de documentos e no próprio ato.

---

32. CAMARGO NETO, Mario de Carvalho; OLIVEIRA, Marcelo Salaroli de. Registro Civil das Pessoas Naturais. In: CASSETTARI, Christiano (Coord.). *Coleção Cartórios*. 2. ed. Indaiatuba, SP: Foco, 2020.
33. FERREIRA, Paulo Roberto Gaiger; RODRIGUES, Felipe Leonardo. Tabelionato de Notas. In: CASSETTARI, Christiano (Coord.). *Coleção Cartórios*. 3. ed. Indaiatuba, SP: Foco, 2020.

Tabelião de notas diligente é aquele que não se dobra a interesses individuais das partes de forma irresponsável. Porém, não deve deixar de lado uma das suas principais características, segundo a qual deve recepcionar um pedido e adequá-lo juridicamente ao que pode fazer, proporcionado uma resposta segura aos interessados.

Para os registradores imobiliários:[34]

> A segurança jurídica é a finalidade suprema de toda atividade notarial e registral. Talvez o correto seria chamá-la de megaprincípio, pois todos os demais princípios convergem para ela. Ela é a luz que ilumina os demais princípios e não poderá ser confrontada por eles, caso ocorra algum conflito aparente entre os princípios. É a segurança jurídica que garante estabilidade e proteção aos negócios jurídicos imobiliários.

Já para os Registradores Civis:[35]

> Pode-se afirmar que a segurança jurídica é, a um tempo, o objetivo do sistema registral e o valor que permeia todo o trabalho do registrador. Segundo Vicente de Abreu Amadei, a segurança jurídica está na finalidade dos serviços notariais e registrais, revelando-se como princípio maior destes e apresentando-se de dois modos, estática e dinamicamente. Aplicando-se os ensinamentos, com as devidas mudanças, ao Registro Civil das Pessoas Naturais, verifica-se: a) Estaticamente a segurança está na inscrição e preservação dos dados relativos à pessoa natural e a seu estado, os quais uma vez inscritos no registro civil, gozam de certeza jurídica (presunção relativa) e se revestem de autenticidade, pois passam pela devida qualificação registral. b) Dinamicamente a segurança se manifesta pela publicidade, revestindo de certeza as relações privadas e sociais, uma vez que a todos os interessados é possível conhecer o estado da pessoa natural atual, com todas as eventuais alterações conforme registrado.

Existem momentos em que as três esferas citadas se encontram, podendo ser exemplificado o caso da união estável. Uma das suas maneiras de constituição é a escritura pública, que pode ser registrada tanto no cartório de registro civil, como no de registro imobiliário. A segurança jurídica será buscada em todos os locais, respeitadas as suas particularidades.

Alguns autores, como os já citados Afonso Celso F. Rezende e Carlos Fernando Brasil Chaves[36] criam um princípio contemporâneo para o tabelião de notas que é intrinsicamente ligado a este estudado, a saber, o da prevenção de litígios ou acautelamento.

2.2.2.4 Princípio da Eficácia

O último princípio citado no artigo 1º, da Lei Federal 8.935/94, é o da eficácia. Aliado ao estudo do princípio da autenticidade e da segurança, fecha a trinca que confere aos atos notariais e registrais toda a força que possuem no ordenamento pátrio. Por ele, após a prática dos atos notariais e registrais, os seus objetos passam a surtir efeitos concretos.

---

34. CASSETTARI, Christiano; Salomão, Marcos Costa. Registro de Imóveis. In: CASSETTARI, Christiano (Coord.). *Coleção Cartórios*. 2. ed. Indaiatuba, SP: Foco, 2023.
35. CAMARGO NETO, Mario de Carvalho; OLIVEIRA, Marcelo Salaroli de. Registro Civil das Pessoas Naturais. In: CASSETTARI, Christiano (Coord.). *Coleção Cartórios*. 2. ed. Indaiatuba, SP: Foco, 2020.
36. CHAVES, Carlos Fernando Brasil. REZENDE, Afonso Celso F. *Tabelionato de notas e o notário perfeito*. 7. ed. São Paulo: Saraiva, 2013.

Defende-se então que cada vez mais os notários e registradores se qualifiquem e qualifiquem também os seus colaboradores, pois em muitos casos não conseguem prestar o serviço de forma direta, e uma vez que decidem pela lavratura do ato ou por seu registro, ele irá produzir todos os seus efeitos de forma plena, atingindo total eficácia no mundo real.

CAPÍTULO II
FUNCIONAMENTO DOS SERVIÇOS NOTARIAIS E REGISTRAIS (ARTIGO 4º)

Art. 4º Os serviços notariais e de registro serão prestados, de modo eficiente e adequado, em dias e horários estabelecidos pelo juízo competente, atendidas as peculiaridades locais, em local de fácil acesso ao público e que ofereça segurança para o arquivamento de livros e documentos.

§ 1º O serviço de registro civil das pessoas naturais será prestado, também, nos sábados, domingos e feriados pelo sistema de plantão.

§ 2º O atendimento ao público será, no mínimo, de seis horas diárias.

O artigo 4º da Lei Federal 8.935/94, aborda questões relativas ao funcionamento dos serviços notariais e de registro, devendo ser lido em conjunto com os artigos 8º e seguintes da Lei Federal 6.015/73.

A população encontra-se cada vez mais exigente no quesito qualidade na prestação dos serviços, de forma que os serviços notariais e registrais devem atender aos anseios da sociedade, sendo realizados de maneira eficiente, moderna e adequada.

A busca pela eficiência e adequação norteia-se não só pela previsão legal, mas com o intuito precípuo de disponibilizar aos usuários do cartório um serviço de qualidade. Muitos notários e registradores investem em treinamentos a suas equipes, visando ofertar excelência no atendimento, mostrando que os cartórios são entidades de alta confiabilidade. Além do investimento no lado humano da equipe, estruturas físicas organizadas devem ser disponibilizadas, acessíveis por qualquer perfil de usuário.

> A expressão *modo eficiente e adequado* tem forte caráter subjetivo, variando o conceito que lhe corresponde de pessoa a pessoa. Tratando-se, porém, de serviço provido de fé pública, destinado a garantir relevantes atos de cidadania, o interesse deve, ao valorar o caso concreto, vincular-se a conceitos como os de zelo, lealdade e presteza, incluídos nos deveres que a lei lhe impõe.[1]

Sem sombra de dúvidas, falar em eficiência e adequação, nos remonta a ideias que oscilam no interno de cada pessoa. No entanto, deverão o notário e registrador sempre buscar ofertar àqueles que ingressam em sua serventia o melhor que estiver ao seu alcance, não só em termos físicos, mas principalmente no aspecto humano, desfazendo

1. CENEVIVA, Walter. *Lei dos Notários e Registradores comentada*. 9. ed. São Paulo: Saraiva, 2014.

a histórica imagem de que os prestadores de serviços de serventias extrajudiciais são pessoas mal-humoradas e até mesmo mal-educadas.

> O cartório tem como objetivo principal atender o cliente – nunca é demais lembrar – em suas necessidades e expectativas. Para tanto, é necessário desenvolver e implementar processos, criar métricas e monitorar desempenhos de modo a obter um permanente desenvolvimento de toda a organização.[2]

Apesar da citada subjetividade, algumas normatizações estaduais sinalizam parâmetros objetivos, daquilo que consideram como um serviço eficiente e adequado. Vejamos item do Código de Normas do Estado de São Paulo, em seu Capítulo XIII, o qual é aplicável a todas as serventias extrajudiciais do Estado:

> 80. Na prestação dos serviços, os notários e registradores devem:
>
> a) atender as partes com respeito, urbanidade, eficiência e presteza;
>
> b) atender por ordem de chegada, assegurada prioridade às pessoas com deficiência, aos idosos com idade igual ou superior a 60 (sessenta) anos, com prioridade especial aos maiores de 80 (oitenta) anos, às gestantes, às lactantes, às pessoas com crianças de colo e aos obesos, exceto no que se refere à prioridade de registro prevista em lei;
>
> c) observar a igualdade de tratamento, vedado qualquer tipo de discriminação;
>
> d) manter as instalações limpas, sinalizadas, acessíveis e adequadas ao serviço ou atendimento, adotando, conforme a peculiaridade local exigir, medidas de proteção à saúde ou segurança dos usuários;
>
> e) observar as normas procedimentais e os prazos legais fixados para a prática dos atos do seu ofício;
>
> f) guardar sigilo sobre a documentação e os assuntos de natureza reservada de que tenham conhecimento em razão do exercício de sua profissão;
>
> g) atender prioritariamente as requisições de papéis, documentos, informações ou providências que lhes forem solicitadas pelas autoridades judiciárias ou administrativas para a defesa das pessoas jurídicas de direito público em juízo;
>
> h) assegurar ao usuário as informações precisas sobre o nome do notário ou registrador e dos prepostos que lhe atendem, procedimentos, formulários e outros dados necessários à prestação dos serviços.

Mesmo não tratando especificamente da eficiência e adequação, os parâmetros apresentados ajudam a entender o que seria esse perfil de atendimento. Note-se que há preocupação não só com a estrutura física da serventia (letra "d"), mas também com questões voltadas ao atendimento (letras "a" e "b").

Com relação ao horário de funcionamento dos cartórios, o artigo 4º, ora estudado, contém informações valiosas:

a) será estabelecido pelo juízo competente, lembrando que o oficial de registro civil das pessoas naturais prestará serviços nos sábados, domingos e feriados, pelo regime de plantão;
b) deverá observar as peculiaridades locais, em local de fácil acesso ao público e seguro, em especial para a guarda dos arquivos; e,
c) o atendimento ao público será no mínimo de 6 horas.

---

2. CAVICCHIOLI, Gilberto. *Cartórios e gestão de pessoas*: um desafio autenticado. São Paulo: JS Gráfica, 2015.

O horário de funcionamento será regrado pelo juízo competente, que observará as peculiaridades locais no momento da fixação. O mínimo de 6 horas por dia deve ser observado no atendimento ao público, mas nada impede um horário mais dilatado, como efetivamente ocorre em diversos locais, sempre pensando em um bom atendimento.

O plantão dos oficiais de registro civil das pessoas naturais não implica necessariamente na abertura do cartório ao público. Vejamos regra prevista no Código de Normas do Acre, repetida em vários outros Estados:

> Art. 131. O serviço de registro civil de pessoas naturais será prestado, também, aos sábados, domingos e feriados, em regime de plantão.
>
> § 1º Na Capital e na Comarca de Cruzeiro do Sul, o plantão estabelecido no *caput*, funcionará em regime efetivo, às portas abertas, das 08h às 14h, e em regime de sobreaviso das 14h às 08h do dia seguinte, cabendo ao Juiz Corregedor Permanente designar, em rodízio semanal, a Serventia Extrajudicial responsável pelos atendimentos aos cidadãos.
>
> § 2º Nas demais Comarcas do interior o plantão mencionado no *caput* consistirá na oferta do serviço em sistema de sobreaviso.
>
> § 3º Na ocasião do funcionamento em sistema de sobreaviso, incumbe ao Oficial de Registro disponibilizar em local visível e de fácil acesso ao público, na parte interna e externa da serventia, aviso indicativo contendo o número do telefone, endereço e o nome do funcionário responsável pelo atendimento, bem ainda endereços e telefones das funerárias instaladas na localidade da Serventia Extrajudicial.
>
> § 4º É dever do Oficial Registrador zelar pela disponibilidade e comunicabilidade do preposto designado para o atendimento, sob pena de responsabilização.

Com relação ao prazo mínimo de 6 horas de atendimento ao público, cabe uma observação. Muitas pessoas indagam se referido prazo não seria exíguo, e até mesmo questionam o comprometimento da serventia que opta por atender, autorizada pelo juízo competente, nesse mínimo legal. O trabalho realizado por uma serventia extrajudicial não se resume somente ao atendimento ao público, sendo necessário cumprir uma série de procedimentos internos, os quais, em sua grande maioria, têm previsão legal. Isso faz parte da estrutura destinada a ofertar segurança jurídica aos usuários. Dessa forma, ainda que atendendo o público pelo prazo mínimo legal, a serventia está engajada em outras tarefas nas demais horas da jornada de trabalho.

Boa parte dos Códigos de Normas Estaduais contém disposições sobre o horário de funcionamento, sendo citado a título de exemplo o Rio Grande do Sul:

> Art. 5º O Juiz de Direito Diretor do Foro regulamentará o horário de atendimento ao público dos Serviços Notariais e de Registros de sua respectiva comarca mediante portaria com prévia e ampla divulgação, atendidas as peculiaridades locais e respeitado o horário máximo de 9h para abertura e mínimo de 17h para fechamento, facultada a adoção de horário ininterrupto.
>
> § 1º A portaria regulamentadora do horário de atendimento ao público dos Serviços Notariais e de Registros deverá ser encaminhada à Corregedoria-Geral da Justiça para aprovação.
>
> § 2º Ao editar a portaria regulamentadora de horário de atendimento, deverá o Juiz de Direito Diretor do Foro ressalvar o funcionamento do plantão obrigatório ininterrupto no RCPN.
>
> § 3º Entende-se por peculiaridade da comarca, dentre outras circunstâncias, o horário de atendimento ao público pelo comércio, repartições públicas e instituições bancárias, bem como a possibilidade de acesso da população às linhas de transporte.

§ 4º O horário de funcionamento da Central de Distribuição de Títulos, onde houver, será o mesmo horário de funcionamento dos serviços a que corresponder.

§ 5º Os atos normativos que regulamentam o horário de atendimento forense, o recesso judicial e o horário especial de verão do Tribunal de Justiça não se aplicam às serventias notariais e de registro.

§ 6º O expediente dos serviços notariais e de registro será suspenso nas seguintes hipóteses, ressalvado o plantão obrigatório do Registro Civil das Pessoas Naturais:

I – nas datas comemorativas de feriados nacionais, estaduais ou municipais, civis ou religiosas, assim declarados em lei;

II – na segunda-feira e na terça-feira da semana do carnaval, iniciando-se às 12h o expediente da quarta-feira de cinzas, sem intervalo;

III – nos dias 24 e 31 de dezembro.

§ 7º O responsável pelo Tabelionato de Notas poderá atender e praticar atos fora do horário do expediente, a pedido das partes, quando necessário.

§ 8º O responsável pelo Registro Civil das Pessoas Naturais poderá atender e praticar atos fora do horário do expediente quando necessário, a pedido das partes, ainda que não configurada a hipótese do plantão obrigatório.

Interessante o conteúdo do § 3º, que dispõe sobre o que se compreende por peculiaridade da comarca, citando o horário de atendimento do comércio e o acesso às linhas de transporte. Muitas cidades com características turísticas, como as gélidas Campos do Jordão (SP) e Gramado (RS), recebem milhares de pessoas aos finais de semana, sendo razoável o pensamento de abertura aos sábados, para melhor atender os usuários do cartório.

O fato de o cartório ter um horário de atendimento ao público predeterminado, não implica em necessariamente todos os atos serem praticados única e exclusivamente nesse período. Cada especialidade notarial e registral deverá ser objeto de análise concreta.

Um dos atos notariais mais relevantes é o testamento público, cujo atendimento pode se dar a qualquer tempo. Pensemos em um testador, à beira da morte, que deseja realizar suas disposições de última vontade num sábado à noite. Poderia o tabelião escolhido para a prática do ato se negar, sob o argumento de que o cartório encontra-se fechado? É claro que não! O tabelião é tabelião 24 (vinte e quatro) horas por dia, e deverá exercer a sua função quando chamado, sob pena do interessado não ter tempo hábil a praticar o ato almejado.

Por óbvio, como em tudo na vida, tal prerrogativa de atuação fora do horário regular deve ser utilizada moderadamente, naqueles casos em que efetivamente necessária. Do contrário, certamente teríamos cartórios de grandes centros funcionando 24 (vinte e quatro) horas por dia.

Capítulo III
QUEM SÃO OS TABELIÃES E OFICIAIS DE REGISTRO – UMA ANÁLISE DO INTERINO DESIGNADO (ARTIGO 5º)

Art. 5º Os titulares de serviços notariais e de registro são os:

I – tabeliães de notas;

II – tabeliães e oficiais de registro de contratos marítimos;

III – tabeliães de protesto de títulos;

IV – oficiais de registro de imóveis;

V – oficiais de registro de títulos e documentos e civis das pessoas jurídicas;

VI – oficiais de registro civis das pessoas naturais e de interdições e tutelas;

VII – oficiais de registro de distribuição.

O artigo 5º inaugura o Capítulo II, do Título I, da Lei Federal 8.935/94, chamado "Dos Notários e Registradores". Em referido capítulo são apresentadas as competências de cada um desses profissionais do Direito, as quais serão analisadas individualmente, pois externam características importantes. Lembre-se de que a análise não será aprofundada, à medida em que cada especialidade é objeto de obra própria na "Coleção Cartórios".

Apesar de citar "titulares" em seu *caput*, as denominações trazidas nos incisos I a VII são aplicáveis também aos chamados "interinos" ou "designados", para fins de identificação do profissional.

Segundo o já estudado artigo 236, da Constituição Federal, "os serviços notariais e de registro são exercidos em caráter privado, por delegação do Poder Público". Preceitua o seu § 3º que o "ingresso na atividade notarial e de registro depende de concurso público de provas e títulos, não se permitindo que qualquer serventia fique vaga, sem abertura de concurso de provimento ou de remoção, por mais de seis meses".

Para uma pessoa ser titular atualmente no Brasil, deve receber uma delegação do Poder Público, após aprovação em concurso público de provas e títulos.

Apesar da previsão legal de que nenhuma serventia ficará vaga, sob a gestão de um interino, por mais de seis meses, essa é uma realidade distante no Brasil. Infelizmente alguns Estados ignoram o preceito legal, e realizam concursos públicos para serventias extrajudiciais esporadicamente, e, em algumas ocasiões, até não o fazem.

Com isso, o designado, sujeito que responderia provisoriamente pela serventia vaga, enquanto não houvesse um concurso público, passa anos, décadas, respondendo "provisoriamente em caráter quase definitivo", expressão antagônica, mas que espelha fielmente a situação em tela.

> As pessoas que precariamente recebem essa designação não são particulares em colaboração com o Poder Público nem se confundem com os titulares de delegação.
>
> Os designados atuam com o objetivo único de assegurar a continuidade do serviço até que a unidade vaga seja levada a concurso, razão pela qual é incompatível a sua manutenção no exercício dessa atribuição, por natureza precária e transitória, caso defendam interesse pessoal contrário à realização de concurso ou a qualquer medida que importe no provimento da referida unidade. Agem em nome do Estado, que pode e deve definir seus parâmetros de atuação, pois, em caso de dano decorrente da prestação dos serviços, responde diretamente perante terceiros, com direito de regresso em face daqueles que precariamente designou para responderem por expediente vago...[1]

A leitura da Resolução 80 do Conselho Nacional de Justiça, é imprescindível nesse momento, destacando-se os seguintes artigos:

> Art. 1º É declarada a vacância dos serviços notariais e de registro cujos atuais responsáveis não tenham sido investidos por meio de concurso público de provas e títulos específico para a outorga de delegações de notas e de registro, na forma da Constituição Federal de 1988;
>
> Art. 3º Fica preservada a situação dos atuais responsáveis pelas unidades declaradas vagas nesta resolução, que permanecerão respondendo pelas unidades dos serviços vagos, precária e interinamente, e sempre em confiança do Poder Público delegante, até a assunção da respectiva unidade pelo novo delegado, que tenha sido aprovado no concurso público de provas e títulos, promovido na forma da disposição constitucional que rege a matéria.
>
> § 4º Aos responsáveis pelo serviço, que tenham sido designados interinamente, na forma deste artigo, é defeso contratar novos prepostos, aumentar salários dos prepostos já existentes na unidade, ou contratar novas locações de bens móveis ou imóveis, de equipamentos ou de serviços, que possam onerar a renda da unidade vaga de modo continuado, sem a prévia autorização do respectivo tribunal a que estiver afeta a unidade do serviço. Todos os investimentos que comprometam a renda da unidade vaga no futuro deverão ser objeto de projeto a ser encaminhado para a aprovação do respectivo tribunal de justiça;

A citada Resolução apresenta normas de suma relevância inerentes aos interinos designados, visando conservar os serviços notariais e registrais mais organizados ao longo da gestão desses profissionais, os quais devem manter a prestação de um serviço adequado, até a chegada do novo titular.

As almejadas organização e ordem se materializam, dentre outros, com limitações à atuação dos interinos, como as existentes no § 4º anteriormente transcrito.

Estudaremos à frente, no artigo 21, da Lei Federal 8.935/94, que os notários e registradores titulares gozam de ampla autonomia no gerenciamento administrativo e financeiro da serventia. O mesmo não ocorre com os designados, os quais não podem onerar a renda da serventia de modo continuado, sem autorização do juízo competen-

1. RIBEIRO, Luís Paulo Aliende. *Regulação da função pública notarial e de registro*. São Paulo: Saraiva, 2009.

te. Tal limitação merece aplausos, pois possibilita a assunção de serventias por novos titulares, em situação financeira saudável.

A existência de regras e limitações à atuação dos interinos não é sinônimo de que tais profissionais necessariamente causam problemas à prestação de serviços notariais e registrais aos futuros titulares. Pelo contrário. São pessoas essenciais à continuidade do serviço, e que, na maioria dos casos, laboram com dignidade e excelência.

Experiências traumáticas de alguns titulares, com os anteriores interinos, criaram o "fantasma" de que os designados são figuras a serem temidas, o que está longe de ser uma realidade, como regra.

Lembre-se de que a má prestação de serviços pelos interinos pode acarretar o seu afastamento imediato, pois exercem função de confiança. O Código de Normas do Estado de São Paulo, em seu Capítulo XIV, esclarece a situação:

> 12. O interino tem, salvo disposição legal ou normativa em contrário e, no que couber, os mesmos direitos e deveres do titular da delegação, e exerce função legitimada na confiança que, abalada, resultará, mediante decisão fundamentada, na designação de outro.
>
> 12.1. Ao tomar conhecimento de fato que possa caracterizar quebra da confiança depositada no interino, o Corregedor Permanente instaurará expediente próprio em que, depois de ouvi-lo e produzir as provas que reputar necessárias, se pronunciará motivadamente pela ocorrência ou não da quebra de confiança e encaminhará cópia de todo o feito ao Corregedor-Geral da Justiça.
>
> 12.2. Manifestando-se pela quebra de confiança, caberá ao Juiz Corregedor Permanente formular indicação de novo interino ao Corregedor-Geral da Justiça que tem competência para homologar a decisão e decretar a quebra de confiança, assim como para a designação do responsável interinamente pela unidade vaga.

O artigo 28 da Lei Federal 8.935/94, garante aos titulares a percepção aos emolumentos integrais pelos atos que praticarem, sem qualquer tipo de limite. O mesmo não ocorre com os designados, cujos ganhos são limitados também por disposição do Conselho Nacional de Justiça (Provimento 45), repetida em diversos Códigos de Normas Estaduais, como o de Minas Gerais:

> Art. 45. Todos os responsáveis interinos por serventias notariais e de registro vagas devem proceder ao recolhimento de eventual quantia que, em sua renda líquida, exceda ao teto remuneratório de 90,25% (noventa vírgula vinte e cinco por cento) do subsídio dos Ministros do Supremo Tribunal Federal – STF.

Como já estudado no início da obra, nem toda pessoa pode ser nomeada como interina, responsável pelo expediente de uma serventia vaga. O Provimento 77 do Conselho Nacional de Justiça, esmiúça o tema, destacando-se o seguinte (novamente transcrito para ajudar na compreensão):

> Art. 2º Declarada a vacância de serventia extrajudicial, as corregedorias de justiça dos Estados e do Distrito Federal designarão o substituto mais antigo para responder interinamente pelo expediente.
>
> § 1º A designação deverá recair no substituto mais antigo que exerça a substituição no momento da declaração da vacância.
>
> § 2º A designação de substituto para responder interinamente pelo expediente não poderá recair sobre cônjuge, companheiro ou parente em linha reta, colateral ou por afinidade, até o terceiro grau do antigo delegatário ou de magistrados do tribunal local.

Recomenda-se a leitura do Recurso em Mandado de Segurança 63.160-RJ (2020/0060621-9) do Superior Tribunal de Justiça (STJ).

Reforçamos que, em nosso entendimento, é passível de crítica a vedação do § 2º, no que tange às pessoas que sejam vinculadas ao antigo titular. Isso porque, ao longo de sua gestão, este pode livremente contratar, incluindo pessoas que a ele sejam ligadas. Havendo tal liberdade, e sendo competente, qualificado, o substituto objeto do caso concreto, não se vislumbra razão para o vínculo limitar a nomeação como interino.

Estudadas as principais características dos interinos ou designados, resta distinguir as nomenclaturas apresentadas pela lei aos tabeliães e registradores:

"a. Tabelião – profissional que recebe a delegação de um tabelionato de notas, registro de contratos marítimos ou protesto de títulos;

b. Registrador – profissional que recebe a delegação de uma serventia de registro de imóveis, títulos e documentos, registro civil das pessoas naturais, registro das pessoas jurídicas, também chamado de oficial de registro de imóveis, oficial de registro civil das pessoas naturais etc."[2]

Eis os famosos "donos de cartório". Mesmo no meio jurídico, é muito comum o desconhecimento de quem são os profissionais "tabelião" e "registrador", conhecidos popularmente pelo nome "dono de cartório".

O plural de "tabelião" é "tabeliães", e não "tabeli*ões*". Erro muito comum de se observar.

Outro erro comum é considerar que o "cartório" tem personalidade jurídica, o que de fato não ocorre. Estudaremos no tópico da "responsabilidade de notários e registradores", aspectos relevantes sobre o fato de os notários e registradores serem responsáveis pelos atos que praticam, sendo que o artigo 22 da Lei Federal 8.935/94, foi objeto de alteração em 2016. No entanto, no presente momento, no qual estudamos nomenclaturas, é importante deixar claro que a figura "cartório", por não ter personalidade jurídica, não deve figurar formalmente em relações da serventia:

> Assim, verifica-se que os notários e registradores, profissionais do direito, devidamente habilitados em concurso público de provas e títulos, desenvolvem função pública por delegação do Estado, assumindo, direta e pessoalmente, todos os ônus decorrentes do exercício da mesma, como por exemplo: aquisição ou locação do imóvel onde será prestado o serviço, sua montagem com móveis e equipamentos necessários para a execução da referida prestação, guarda e conservação dos livros públicos, contratação de pessoal sob o regime celetista, responsabilização pessoal por todos os atos praticados. Por tais motivos, não há que prevalecer o entendimento que o serviço notarial e registral configura uma pessoa jurídica, dotada de personalidade jurídica.[3]

O mesmo autor, Guilherme Fanti, em outro trecho do artigo citado, menciona importante consequência observada em nossos tribunais, pela confusão que se faz em torno do tema:

---

2. PEDROSO, Alberto Gentil de Almeida. *Noções gerais dos registros públicos para concurso* – Abordagem de Temas e Jurisprudência Atualizada. São Paulo: YK Editora, 2015.
3. FANTI, Guilherme. Cartórios: inexistência de personalidade jurídica. *Reflexos processuais e extraprocessuais*. Disponível em: http://www.irib.org.br/boletins/detalhes/1435. Acesso em: 20 fev. 2023.

Os cartórios extrajudiciais, frequentemente, são acionados em processos de reparação de danos em razão de atos próprios da serventia e da responsabilidade civil do notário e do registrador, a qual está esculpida nos artigos art. 22 da Lei 8.935/94, art. 28 da Lei 6.015/73 e art. 236, § 1º, da Constituição Federal/88. No entanto, é importante frisar que grande parte, quiçá a maioria, dessas ações são propostas com irregularidades processuais que podem auxiliar a um deslinde favorável do processo para o titular da serventia. Ocorre que nessas ações, os requerentes, por desconhecerem a natureza jurídica dos cartórios, equivocadamente, teimam em nominar como parte no polo passivo da demanda os nomes "fictícios" das serventias. Destarte, cumpre frisar que tanto o "cartório" quanto a função de "titular de cartório" carecem de ilegitimidade passiva *ad processum"*, não detendo capacidade de ser parte em juízo.

Os tabeliães e oficiais são aqueles que figuram nas relações das serventias extrajudiciais para as quais receberam a delegação do Estado, contratando, adquirindo bens e até mesmo figurando como parte em eventuais litígios judiciais. O "cartório" é o espaço físico no qual tais profissionais do Direito exercem a sua função.

O Superior Tribunal de Justiça (STJ) também já se posicionou sobre o tema[4]:

Jurisprudência em Teses – Edição 80 – Registros Públicos

1) Os serviços de registros públicos, cartorários e notariais, não detêm personalidade jurídica, de modo que o titular do cartório à época dos fatos é o responsável pelos atos decorrentes da atividade desempenhada.

Julgados: AgInt nos EDv nos EAREsp 846180/GO, Rel. Ministro Antonio Carlos Ferreira, Segunda Seção, julgado em 08.02.2017, DJe 13.02.2017; AgInt no REsp 1609018/SP, Rel. Ministro Mauro Campbell Marques, Segunda Turma, julgado em 04.10.2016, DJe 13.10.2016; AgRg no AREsp 846180/GO, Rel. Ministro Ricardo Villas Bôas Cueva, Terceira Turma, julgado em 14.06.2016, DJe 20.06.2016; AgRg no REsp 1526266/CE, Rel. Ministro Marco Buzzi, Quarta Turma, julgado em 25.08.2015, DJe 1º.09.2015; AgRg no REsp 1468987/SP, Rel. Ministro Humberto Martins, Segunda Turma, julgado em 05.03.2015, DJe 11.03.2015; AgRg no AREsp 460534/ES, Rel. Ministro Sidnei Beneti, Terceira Turma, julgado em 27.03.2014, DJe 28.04.2014. (Vide Informativo de Jurisprudência 448).

Valiosa a leitura do Enunciado 77, da I Jornada de Direito Notarial e Registral, organizada pelo Centro de Estudos Judiciários – CEJ, da Justiça Federal:

As atividades notariais e de registros públicos são desempenhadas em caráter privado, sendo pessoal a responsabilidade civil e criminal do tabelião e ou do registrador por seus atos e omissões, de modo que as serventias extrajudiciais não possuem capacidade processual e são desprovidas de personalidade jurídica.

Infelizmente, muitas empresas particulares, visando se aproveitar da credibilidade que os cartórios gozam perante a sociedade, utilizam indevidamente o nome "cartório" em seu exercício profissional, gerando confusão na população.

Estados como o Rio de Janeiro legislaram sobre o tema, visando coibir tais situações:

4. Disponível em: http://www.stj.jus.br/internet_docs/jurisprudencia/jurisprudenciaemteses/Jurisprud%C3%AAncia%20em%20teses%2080%20-%20Registros%20P%C3%BAblicos.pdf. Acesso em: 20 fev. 2023.

Lei 8.699[5] de 14 de Janeiro 2020

Dispõe sobre a utilização dos termos "cartório" e "cartório extrajudicial" no âmbito do Estado do Rio de Janeiro.

O Governador do Estado do Rio de Janeiro em Exercício

Faço saber que a Assembleia Legislativa do Estado do Rio de Janeiro decreta e eu sanciono a seguinte Lei:

Art. 1º A utilização dos termos "cartório" e "cartório extrajudicial", no âmbito do Estado do Rio de Janeiro, fica restrito a toda espécie de ofício ou escrivania judicial, assim se compreendendo os tabelionatos, os registros e demais ofícios de serventia pública.

Art. 2º Fica vedado aos despachantes ou qualquer outro tipo de pessoa física ou jurídica assemelhada, o seguinte:

I – a utilização dos termos "cartório" e "cartório extrajudicial" em sua razão social, marca ou nome de fantasia;

II – a menção aos termos "cartório" ou "cartório extrajudicial" a fim de descrever seus serviços, materiais de divulgação ou de publicidade, em meios físicos ou eletrônicos e digitais, de som ou imagem.

Art. 3º A inobservância ao disposto nesta Lei sujeitará o infrator às seguintes sanções:

I – advertência por escrito, dirigida diretamente à pessoa física ou representante legal da pessoa jurídica infratora, partindo da autoridade competente;

II – multa no valor de 1000 (mil) UFIR por infração, sendo cobrado em dobro nos casos de reincidência.

§ 1º Deverão ser realizadas campanhas informativas ao consumidor, visando conscientizar a população sobre o teor desta Lei.

§ 2º Os valores arrecadados com as multas descritas, serão revertidos ao Fundo Especial para Programas de Proteção e Defesa do Consumidor – FEPROCON.

Art. 4º O despachante terá um prazo de 90 (noventa) dias para se adaptar ao estabelecido nesta Lei, a contar de sua publicação.

Parágrafo único. Para os efeitos desta Lei, considera-se despachante a pessoa física ou pessoa jurídica de direito privado que realiza serviços de encaminhamento de documentos, desembaraço de negócios e/ou intermediação de atos particulares, em órgãos e agentes da Administração Pública Direta e Indireta, agentes públicos e cartórios.

Art. 5º Esta Lei entra em vigor na data de sua publicação.

Rio de Janeiro, 14 de janeiro de 2020.

Cláudio Bomfim de Castro e Silva.

Governador em exercício.

Aplaude-se a iniciativa, pois a expressão "cartório" é vinculada legal e historicamente à atividade notarial e registral; o seu uso indistinto afronta a clareza que se busca nas relações comerciais entre particulares, esperando-se que a atitude carioca se espalhe por todo o país.

5. Disponível em: https://www.legisweb.com.br/legislacao/?id=388823. Acesso em: 20 fev. 2023.

Capítulo IV
OS NOTÁRIOS E TABELIÃES DE NOTAS (ARTIGOS 6º A 9º)

> Art. 6º Aos notários compete:
>
> I – formalizar juridicamente a vontade das partes;
>
> II – intervir nos atos e negócios jurídicos a que as partes devam ou queiram dar forma legal ou autenticidade, autorizando a redação ou redigindo os instrumentos adequados, conservando os originais e expedindo cópias fidedignas de seu conteúdo;
>
> III – autenticar fatos.
>
> Art. 7º Aos tabeliães de notas compete com exclusividade:
>
> I – lavrar escrituras e procurações, públicas;
>
> II – lavrar testamentos públicos e aprovar os cerrados;
>
> III – lavrar atas notariais;
>
> IV – reconhecer firmas;
>
> V – autenticar cópias.
>
> § 1º É facultado aos tabeliães de notas realizar todas as gestões e diligências necessárias ou convenientes ao preparo dos atos notariais, requerendo o que couber, sem ônus maiores que os emolumentos devidos pelo ato.
>
> § 2º É vedada a exigência de testemunhas apenas em razão de o ato envolver pessoa com deficiência, salvo disposição em contrário.
>
> § 3º (Vetado).
>
> § 4º (Vetado).
>
> § 5º Os tabeliães de notas estão autorizados a prestar outros serviços remunerados, na forma prevista em convênio com órgãos públicos, entidades e empresas interessadas, respeitados os requisitos de forma previstos na Lei 10.406, de 10 de janeiro de 2002 (Código Civil).

Os artigos 6º e 7º envolvem a competência dos notários e tabeliães de notas. Segundo Walter Ceneviva, "a lei acompanhou o projeto senatorial ao distinguir tabeliães e notários nos arts. 6º e 7º".[1]

---

1. CENEVIVA, Walter. Lei *dos Notários e Registradores comentada*. 9. ed. São Paulo: Saraiva, 2014.

Apesar da distinção com origem no citado projeto senatorial, a doutrina considera as expressões como sinônimas:

> A citada lei orgânica e o art. 236 da Constituição trouxeram profundas e importantíssimas inovações. A primeira delas, embora pouco significativa do ponto de vista material, parece ser de grande importância para uma função calejada pelo desconhecimento a respeito de sua estrutura. Trata-se da correta designação técnica do titular da função notarial, definida pela Lei 8.935/94: tabelião ou notário. Para que um profissional possa ser valorizado e valorizar-se é preciso, antes de mais nada, que tenha uma designação. É fato pitoresco, mas até hoje muitas pessoas não sabem quem é o titular da função notarial: chegam ao tabelionato reclamando pelo escrivão, pelo oficial, pelo oficial maior, pelo dono, mas raramente pelo tabelião ou notário. O que era grave, porém, é que no mundo jurídico havia desconhecimento acerca do titular da função notarial, existindo normas que a ele se referiam como escrivão ou oficial, e, neste ponto, a nova lei deu o norte correto: o profissional delegado da função notarial é o notário ou tabelião.[2]

O legislador optou por, no artigo 6º, citar competências dos notários, as quais devem ser aplicadas a todas as atividades desenvolvidas no exercício da função notarial, desde que compatíveis com o ato praticado. Já o artigo 7º contém atos notariais específicos, de competência, em tese, exclusiva dos tabeliães de notas, sendo importante dizer que o rol de atos elencados no referido artigo não limita a esfera de atuação destes profissionais do Direito.

Dica importante para concursos públicos: há inúmeros testes que trabalham a competência dos notários e tabeliães de notas. Muita cautela com a terminologia legal e com as competências exclusivas do artigo 7º.

1. FORMALIZAÇÃO JURÍDICA DA VONTADE DAS PARTES E INTERVENÇÃO NOS ATOS E NEGÓCIOS JURÍDICOS

Os notários devem formalizar juridicamente a vontade das partes, avaliando se está consoante o ordenamento jurídico pátrio. Não há tipicidade para a mencionada declaração de vontade, sendo necessário que esteja enquadrada nos preceitos legais existentes no Direito brasileiro.

Ao dar forma jurídica à vontade das partes, intervindo em atos e negócios jurídicos, o notário atua como verdadeiro conselheiro, indicando, de maneira imparcial, qual o melhor caminho a ser trilhado. Em muitas ocasiões, as pessoas se dirigem à serventia sem ter uma precisa noção de qual a alternativa adequada a atender os seus anseios. No entanto, orientadas pelo tabelião e sua equipe de colaboradores, têm condições de conscientemente escolher aquilo que lhes pareça mais conveniente.

> O notário desenvolve função facilitadora das transações, sejam elas relativas a uma escritura de venda e compra ou a uma escritura de mediação e conciliação. Por isso, mediar e conciliar são atribuições *ínsitas, inerentes* e *inatas* aos notários e registradores. O notário é verdadeiro "engenheiro" das soluções consensuais, exatamente como faz o melhor dos mediadores![3]

---

2. BRANDELLI, Leonardo. *Teoria geral do direito notarial*. 3. ed. São Paulo: Saraiva, 2009.
3. CAMPILONGO, Celso Fernandes. *Função social do notariado*: eficiência, confiança e imparcialidade. São Paulo: Saraiva, 2014 (destaques conforme o original).

Lembre-se de que a Lei Federal 13.140/15, conhecida como Lei da Mediação, prevê a figura da mediação em serventias extrajudiciais, sendo relevante a leitura dos artigos 9º, 10 e 42, assim como do Provimento 67 do Conselho Nacional de Justiça.

O trabalho do notário deve ser elaborado com prudência, atento a inúmeros fatores que circundam a realidade presenciada. Sobre o assunto "prudência notarial", impossível não citar as lições do Desembargador Ricardo Dip:

> Esse jurista especializado, o notário, não apenas se vocaciona, portanto, ao conhecimento de normas jurídicas tanto naturais – e, nelas, avultado o juízo da sindérese, como princípio da retidão de todas as proposições jurídicas retas –, quanto determinativas do agir humano. Além disso, também é chamado a conhecer a realidade a que se moldam essas normas, incluídas as circunstâncias que, quase infinitas em possibilidades, tenham relevância para a formação do ato prudencial e que se discernem pela experiência jurídica. Por fim, cabe ao notário atribuir ao *actum* (instrumentado em um *dictum*) validade e eficácia pública.[4]

Cautela é palavra de ordem na atuação dos notários, em especial pela essencialidade do serviço que prestam à sociedade, que vislumbra enorme credibilidade nos serviços notariais e registrais. Os casos apresentados devem ser tratados sempre de maneira individualizada, jamais robotizada, levando-se em consideração as peculiaridades inerentes a ele. Por mais simples que pareça, um caso concreto sempre é dotado de particularidades não encontradas em outros análogos, que tornam necessária uma atuação singular e atenta.

> A palavra prudência traz a ideia de antever, de "pré-vidência", de prevenção, do ser previdente, possibilitando adotarem-se diligências a partir de um "ânimo precavido", que adota cautelas. Previdência e providência são noções próximas que, segundo Ricardo Dip, compõem o conceito de prudência. Com a experiência do passado e o conhecimento do fato presente, adotam-se medidas prudentes para o futuro. A prudência é, para o autor, uma virtude, um pressuposto moral para existirem a justiça e a temperança.[5]

Notários e registradores, inclusive, são fundamentais figuras no combate à lavagem de dinheiro:

> O estreitamento das ligações dos órgãos de controle e repressão à lavagem de dinheiro com as instituições notariais e de registro trará grandes benefícios para a efetividade do combate ao ilícito e também para a *cautelaridade* e higidez dos atos notariais e de registro, com reflexos na órbita econômica e social[6] (grifo nosso).

Nesse sentido, a leitura do Provimento 88 do Conselho Nacional de Justiça (CNJ) é essencial.

---

4. DIP, Ricardo. *Prudência Notarial*. São Paulo: Quinta Editorial, 2012.
5. LAMANAUSKAS, Milton Fernando. A pedra angular da atividade notarial e registral. In: DEL GUÉRCIO NETO, Arthur e DEL GUÉRCIO, Lucas Barelli (Coord.). *O direito notarial e registral em artigos*. São Paulo: YK Editora, 2016.
6. MIRON, Rafael Brum. *Notários e registradores no combate à lavagem de dinheiro*. Rio de Janeiro: Lumem Juris, 2018.

Questão interessante relativa à redação do ato notarial é a referente à possibilidade de sua lavratura mediante a apresentação de minuta. As legislações estaduais abordam o assunto sob diversos prismas. Vejamos o Código de Normas do Estado do Paraná:

> Art. 662. O notário, como autor do instrumento público, não estará vinculado às minutas que lhe forem submetidas, podendo revisá-las ou negar-lhes acolhimento se entender que o ato a ser lavrado não preenche os requisitos legais.

No Paraná, cita-se a não vinculação do notário à minuta, pois é o autor do instrumento. No entanto, caso preenchidos os requisitos legais, poderá acolher o conteúdo apresentado.

Pode constar no ato notarial a expressão de que este foi praticado sob minuta? Segundo o Código de Normas de Rondônia, não:

> Art. 377. É vedado constar no instrumento público a expressão "sob minuta" ou qualquer alusão no sentido de que foi lavrado sob minuta.

Parece adequado o conteúdo da legislação apresentada, pois o tabelião realmente é o "pai" do ato notarial, e qualquer afirmação em sentido contrário, como seria o caso de ele ter sido lavrado "sob minuta", poderia ferir tal preceito legal.

Alguns cartórios, com o intuito de agilizar a rotina de trabalho, guardam, em suas bases de dados, modelos de minutas dos principais atos notariais, com padrões semelhantes, de forma a não ter que digitar integralmente todo e qualquer ato notarial solicitado. Tal conduta não é passível de crítica; no entanto, tais arquivos devem ser uma sugestão ao cliente, o qual optará por eventuais aperfeiçoamentos que melhor atendam a sua necessidade.

É muito importante que os notários de todo o Brasil mantenham as suas bases de minutas atualizadas, visando demonstrar aos usuários do cartório que este encontra-se conforme com os preceitos legais e sociais. Não raras vezes, depara-se com modelos de procurações, por exemplo, contendo poderes para agir em instituições que sequer existem, ou que tiveram a sua denominação alterada, fato que deve ser evitado.

Os atos notariais podem ser protocolares ou extraprotocolares, distinção baseada na manutenção ou não pelo tabelião, do original do ato praticado.

> Parece-nos adequado limitar-nos a recordar sua divisão em protocolares e extraprotocolares. O sistema protocolar se reproduz no livro de notas (protocolo), significa um livro formado por folhas numeradas, nas quais o tabelião de notas autoriza a lavratura das atas notariais cujos objetos de constatação ficam perpetuados ante sua fé. Já o sistema extraprotocolar compreende todos aqueles documentos com intervenção notarial autenticante cujos originais se entrega ao solicitante, ficando em poder do tabelião de notas a constância escrita que relaciona a solicitação da verificação.[7]

Os livros e arquivos de um tabelião de notas, nos quais são conservados os originais dos atos praticados, variam de Estado para Estado. A título de exemplo, apresenta-se a legislação do Espírito Santo relativa ao assunto:

---

7. RODRIGUES, Felipe Leonardo. *Ata notarial em sistema extraprotocolar*. Disponível em: https://www.notariado.org.br/ata-notarial-em-sistema-extraprotocolar/. Acesso em: 21 fev. 2023.

> Art. 616. Serão utilizados os seguintes livros no Tabelionato de Notas:
>
> I – Livro de Escrituras;
>
> II – Livro de Procurações;
>
> III – Livro de Registro de Assinatura de Reconhecimento de Firma Autêntica;
>
> IV – Livro Índice.
>
> Art. 617. As atas notariais serão lavradas no Livro de Escrituras, facultando-se a abertura de livro específico quando o volume do serviço assim justificar.

Em muitos Estados, não há divisão entre livros de escrituras e procurações, sendo todos os atos protocolares lavrados no livro de notas.

O conteúdo dos atos notariais pode ser externado, como regra, àqueles que tenham interesse, por traslados e certidões. No Estado do Pará, encontramos artigos do Código de Normas abordando o tema da seguinte maneira:

> Art. 113. Traslado é o instrumento público mediante o qual é expedida a primeira cópia integral e fiel do teor de escritura pública, com a mesma data.
>
> Art. 114. Certidão é o instrumento público expedido em razão do ofício e que contenha, alternativamente:
>
> I – a cópia integral e fiel do teor de escrito existente em livro ou arquivo da serventia;
>
> II – o resumo de ato praticado ou de documento arquivado na serventia;
>
> III – o relato da realização de atos, conforme quesitos;
>
> IV – a negativa da existência de atos.

O ilustre "primeiro traslado" corresponde à primeira cópia fidedigna do conteúdo do ato notarial, extraída no dia em que ele é concluído. Existindo mais de uma parte interessada no recebimento do traslado, como deve proceder o notário? O Colégio Notarial do Brasil – Seção São Paulo publicou Enunciados[8] voltados a dirimir questões sobre os emolumentos, cuja leitura é bastante recomendada, destacando-se quanto ao tema o número 14:

> O traslado gratuito pode ser oferecido a cada uma das partes que participa da escritura, não caracterizando tal conduta ato atentatório à livre concorrência. No dia seguinte a conclusão da prática do ato notarial somente será fornecida certidão (...).

2. AUTENTICAR FATOS

Finalizando o estudo do artigo 6º, afirma-se em seu inciso III, que compete aos notários autenticar fatos.

> Autenticar é comprovar alguma coisa. É uma afirmação expressa de que o afirmado é verídico. (...) Pode pois, o notário, autenticar fatos jurídicos, sejam eles naturais ou voluntários. O notário pode ser chamado para registrar em suas notas que um raio atingindo um prédio, tornou-o imprestável seu uso pelo locatário, e com base nesse registro notarial, irá ele postular em juízo a rescisão do contrato de locação. Aí está um fato jurídico natural que acarreta consequências jurídicas. Um notário pode ser

8. Disponível em: https://cnbsp.org.br/enunciados/. Acesso em: 21 fev. 2023.

solicitado para comparecer a uma Assembleia Condominial em que assuntos nela a serem decididos podem comprometer os direitos do condômino que solicitou o comparecimento do notário, para que este registre em suas notas a ocorrência desses fatos. Esses fatos são fatos jurídicos voluntários.[9]

Autenticar fatos está intimamente ligado à ata notarial, a qual será objeto de breve análise logo na sequência.

3. COMPETÊNCIAS EXCLUSIVAS DO TABELIÃO DE NOTAS

Citamos, anteriormente, que o artigo 7º traz, em tese, competências exclusivas dos tabeliães de notas. Utilizamos a expressão "em tese", pois legislações estaduais, como a existente em São Paulo, aliadas ao artigo 52, da Lei Federal 8.935/94, conferem algumas das competências exclusivas (que a partir desse momento passam a ser não tão exclusivas), a oficiais de registro civil das pessoas naturais.

Os Oficiais de Registro Civil das Pessoas Naturais do Estado de São Paulo também têm competência para os atos notariais de reconhecimento de firma, autenticação de cópia e lavratura de procurações (Lei Federal 8.935/1994, artigo 52, e Lei Estadual 4.225/1984), exceto para as delegações acumuladas com o Registro de Imóveis, Títulos e Documentos e Civil de Pessoa Jurídica.[10]

Transcreve-se o conteúdo do artigo 52, da Lei Federal 8.935/94, visando melhor elucidar o assunto:

> **Art. 52. Nas unidades federativas onde já existia lei estadual específica, em vigor na data de publicação desta lei, são competentes para a lavratura de instrumentos traslatícios de direitos reais, procurações, reconhecimento de firmas e autenticação de cópia reprográfica os serviços de Registro Civil das Pessoas Naturais.**

A Lei Federal 14.382/22 acrescentou parágrafo importante ao artigo 7º, o qual poderá expandir as competências de tabeliães de notas de todo o Brasil:

§ 5º Os tabeliães de notas estão autorizados a prestar outros serviços remunerados, na forma prevista em convênio com órgãos públicos, entidades e empresas interessadas, respeitados os requisitos de forma previstos na Lei 10.406, de 10 de janeiro de 2002 (Código Civil).

4. ESCRITURAS E PROCURAÇÕES PÚBLICAS

O artigo 7º, em seu inciso I, define como competências exclusivas dos tabeliães de notas, lavrar escrituras e procurações, públicas.

Lembre-se de que a citada Lei Federal, 14.382/22, trouxe também regra aplicável a todos os atos notariais:

9. PEREIRA, Antonio Albergaria. *Comentários à Lei 8.935, Serviços Notariais e Registrais*. Bauru, SP: EDIPRO, 1995.
10. SANTOS, Reinaldo Velloso dos. *Registro Civil das Pessoas Naturais*. Porto Alegre: Sergio Antonio Fabris Ed., 2006.

§ 2º É vedada a exigência de testemunhas apenas em razão de o ato envolver pessoa com deficiência, salvo disposição em contrário.

A escritura pública habitualmente é atrelada à transmissão imobiliária, em decorrência do conteúdo do artigo 108 do Código Civil:

Não dispondo a lei em contrário, a escritura pública é essencial à validade dos negócios jurídicos que visem à constituição, transferência, modificação ou renúncia de direitos reais sobre imóveis de valor superior a trinta vezes o maior salário mínimo vigente no País.

Dica importante para concursos públicos: muitos examinadores procuram confundir os candidatos ao questionar o artigo 108, do Código Civil. O valor que torna a escritura pública essencial é superior a trinta vezes o maior salário mínimo vigente no País, e não "igual ou maior".

Apesar do disposto no artigo 108 do Código Civil, há hipóteses nas quais a transmissão imobiliária prescinde da escritura pública, mesmo quando os valores são superiores a trinta vezes o maior salário mínimo vigente no país. Exemplo bastante corriqueiro encontra-se no artigo 38 da Lei Federal 9.514/97 (Lei que instituiu a Alienação Fiduciária), que diz:

Os atos e contratos referidos nesta Lei ou resultantes da sua aplicação, mesmo aqueles que visem à constituição, transferência, modificação ou renúncia de direitos reais sobre imóveis, poderão ser celebrados por escritura pública ou por instrumento particular com efeitos de escritura pública.

Por outro lado, há casos nos quais, independentemente do valor, a escritura pública é essencial, como na cessão de direitos hereditários, prevista no artigo 1.793 do Código Civil.

O forte liame existente entre a escritura pública e a transmissão imobiliária não limita a utilização da primeira somente em casos nos quais ocorra a transferência de direitos reais envolvendo bens imóveis.

Não há tipicidade para a utilização da escritura pública! Em termos práticos, isso quer dizer que qualquer negócio jurídico pode receber a forma pública, ainda que esta seja facultativa. Aliás, tal escolha é bastante recomendável, pois a figura do tabelião de notas garante ampla segurança jurídica aos atos submetidos ao seu crivo.

A cessão de direitos possessórios se encaixa perfeitamente no perfil de negócio jurídico cuja forma pública não é obrigatória, mas ainda assim recomenda-se a utilização da escritura pública. Mais uma vez nos socorremos aos Enunciados do Colégio Notarial do Brasil – Seção São Paulo, voltados a dirimir questões sobre os emolumentos:

Enunciado 19

Nas escrituras de constituição, transferência, modificação ou renúncia de direitos possessórios aplica-se o desconto de 40%, previsto no item 1.6 das Notas Explicativas da tabela de emolumentos notariais.

Justificativa: prevalece o posicionamento majoritário da doutrina de que a posse não é direito real, sendo a escritura pública não essencial à validade dos negócios jurídicos que visem à constituição, transferência, modificação ou renúncia de direitos possessórios. Vide Parecer 82/2016-E, Processo 2016/8730 – Corregedoria Geral da Justiça do Estado de São Paulo.

Nas escrituras públicas de cessão de direitos possessórios, hereditários ou de compromisso de venda e compra, é importante que o tabelião de notas oriente as partes de que o ato notarial se refere à cessão de direitos e não à transmissão de propriedade. Muitas pessoas imaginam que toda e qualquer escritura envolvendo bens imóveis seja exclusivamente transmissiva de propriedade, e tal falta de informação pode gerar equívocos. Temos notícias, obtidas na vivência prática, de indivíduos mal-intencionados, que registram escrituras públicas de cessão de direitos nos oficiais de registros de títulos e documentos, no intuito de ludibriar as partes contratantes do que efetivamente se negocia. Cabe ao tabelião de notas, assessor jurídico, orientar sobre os efeitos jurídicos do ato praticado.

Tamanha a importância da escritura pública para a sociedade, que o próprio legislador federal ampliou a sua esfera de utilização, com a Lei Federal 11.441/07, que previu a possibilidade de realização de separação, divórcio e inventário por escritura pública, em medida altamente desburocratizante. Atualmente, referidas figuras estão previstas nos artigos 610 e 733, do Código de Processo Civil.

> Assim, como já afirmamos anteriormente, a real intenção da norma era tornar mais ágeis e céleres a separação e o divórcio quando estes fossem consensuais, inexistindo filhos menores e incapazes do casal, e também o inventário quando não houvesse incapazes, testamento e litígio, para que se evitassem os transtornos de espera que uma ação judicial de separação ou divórcio consensual e também a de inventário geram para os jurisdicionados, permitindo, assim, que o Poder Judiciário ganhe um tempo maior para se dedicar às decisões de questões mais complexas.[11]

Procurações públicas também são de competência exclusiva do tabelião de notas, segundo o inciso I, do artigo 7º, da Lei Federal 8.935/94. O artigo 653 do Código Civil preceitua:

> Opera-se o mandato quando alguém recebe de outrem poderes para, em seu nome, praticar atos ou administrar interesses. A procuração é o instrumento do mandato.

A grande utilidade da procuração é provar que uma pessoa recebeu poderes para praticar atos ou administrar interesses de outra.

Na aparente baixa complexidade na elaboração da procuração, esconde-se importante missão do tabelião de notas, de corretamente assessorar juridicamente os participantes do ato notarial. Isso porque o custo reduzido da procuração, se comparado ao da escritura pública, aliado ao recolhimento tributário (ITBI na maioria das vezes) e emolumentos relativos ao registro imobiliário (necessários na escritura), tornam a procuração uma verdadeira arapuca.

A busca por uma solução mais barata faz as partes de um negócio jurídico transmissivo de propriedade optarem por instrumento particular, vulgo "contratinho"; ato subsequente, o vendedor outorga uma procuração à pessoa de confiança do comprador.

11. CASSETTARI, Christiano. *Divórcio, extinção de união estável e inventário por escritura pública* – Teoria e prática. 8. ed. São Paulo: Atlas, 2017.

Problema para os dois. Para o vendedor, que, em caso de inadimplemento tributário do comprador, poderá figurar como polo passivo em execução fiscal, e até mesmo sofrer restrições ao crédito com o protesto extrajudicial. Para o comprador, pois poderá se deparar com um vendedor mal-intencionado, que venderá tabularmente o bem para outra pessoa, ou até mesmo com herdeiros mal-informados, que partilharão o bem com base nas informações tabulares e posteriormente o venderão a terceiro de boa-fé.

Por que a procuração pública é tão vinculada à transmissão imobiliária? Pelo disposto no artigo 657, do Código Civil, afirmando que "a outorga do mandato está sujeita à forma exigida por lei para o ato a ser praticado". Logo, imprescindível a observância ao artigo 108, do Código Civil.

O § 1º do artigo 661, requer cautela: "Para alienar, hipotecar, transigir, ou praticar outros quaisquer atos que exorbitem da administração ordinária, depende a procuração de poderes especiais e expressos".

O Código de Normas do Estado de São Paulo, em seu Capítulo XVI, prevê:

> 131. A procuração outorgada para a prática de atos em que exigível o instrumento público também deve revestir a forma pública.
>
> 131.1. Entende-se por poderes especiais na procuração para os fins do art. 661, § 1º, do Código Civil, a expressão "todos e quaisquer bens imóveis" ou expressão similar, sendo desnecessária a especificação do bem.

O item 131.1 contém importante informação de cunho prático, qual seja, o fato de a individualização dos bens imóveis a serem vendidos estar dispensada na procuração pública, quando os poderes envolverem todos os bens do mandante. Entendemos boa cautela também, quando for da vontade do outorgante, citar que os poderes abrangem os bens que atualmente são de propriedade do outorgante, bem como aqueles que vier a adquirir após a prática do ato notarial.

Fundamental citar a posição do Superior Tribunal de Justiça no cenário, a qual caminha de encontro à legislação estudada:

> STJ – Recurso Especial 1.836.584 – MG (2019/0266544-2)
>
> Direito civil. Recurso especial. Ação declaratória de nulidade de escritura pública de compra e venda de imóvel. Procuração. Outorga de poderes expressos para alienação de todos os bens do outorgante. Necessidade de outorga de poderes especiais.
>
> 7. A outorga de poderes de alienação de todos os bens do outorgante não supre o requisito de especialidade exigido por lei que prevê referência e determinação dos bens concretamente mencionados na procuração.

A procuração em causa própria é ato notarial ensejador de produtivos debates, valendo aqui as lições dos Professores Vitor Frederico Kümpel e Marcus Vinicius Kikunaga:

> A formalização do mandato em causa própria é dada com todas as características da compra e venda, inclusive com a participação do mandatário (comprador, adquirente do imóvel), assinando o instrumento – diferentemente da procuração em causa própria, na qual somente o outorgante assina –, e deve ser expressa e específica, com preço, forma de pagamento, imóvel, e nome do comprador que irá outorgar par si a escritura definitiva.

Dessa forma, com o cumprimento de todos os requisitos da compra e venda, com natureza translativa, o mandato em causa própria terá acesso direto ao registro imobiliário, sendo prenotado como se fosse compra e venda, enquanto na procuração em causa própria dependerá da solenidade da escritura pública.[12]

Dada a relevância do assunto, apresenta-se quadro com diferenciação dos atos:

	Mandato em Causa Própria	Procuração em Causa Própria
Partes Comparecentes	Mandante e Mandatário (contrato bilateral)	Outorgante (negócio jurídico unilateral)
Valor do Negócio Jurídico	Deve constar no ato notarial	Deve constar no ato notarial
Acesso ao Fólio Real	Ingressa no fólio real	Sem acesso ao fólio real (necessidade de escritura pública)
Emolumentos Notariais	Escritura com valor declarado	Procuração com valor econômico
ITBI – Incidência	Sim (vide legislação municipal competente)	Não
Emolumentos Registrais	Sim (ato passível de ingresso no fólio real)	Não

Na prática notarial, observam-se muitas procurações em causa própria, que autorizam o procurador a alienar o imóvel "a qualquer pessoa, ou ainda a si próprio, pelo preço e condições que determinar", ou seja, sem citar o valor do negócio jurídico principal. Tal conduta deve ser evitada, por afrontar diretamente o artigo 489, do Código Civil: "Nulo é o contrato de compra e venda, quando se deixa ao arbítrio exclusivo de uma das partes a fixação do preço".

5. TESTAMENTOS PÚBLICOS E CERRADOS

Avançando nas competências exclusivas dos tabeliães de notas, o inciso II do artigo 7º da Lei Federal 8.935/94, cita "lavrar testamentos públicos e aprovar os cerrados".

O testamento, cuja forma pública é a mais segura e juridicamente adequada, é o ato pelo qual o testador faz suas disposições de última vontade, com efeito patrimonial ou não, para que surtam efeito após a sua morte.[13]

As três formas de testamentos ordinários estão previstas no artigo 1.862, do Código Civil: público, cerrado e particular, sendo obrigatória a presença do tabelião de notas nos dois primeiros.

O testamento público é aquele que traz maior segurança para as partes envolvidas, pois lavrado pelo tabelião de notas ou por seu substituto, que recebe as declarações do testador ou autor da herança.[14]

São espécies de testamento:

12. KIKUNAGA, Marcus Vinicius. KÜMPEL, Vitor Frederico. Mandato em causa própria. *Revista de Direito Notarial*. São Paulo: Quartier Latin, dezembro de 2013. Anual., v. 5.
13. DEL GUÉRCIO NETO, Arthur. Testamento público: aspectos teóricos e práticos. In: DEL GUÉRCIO NETO, Arthur e DEL GUÉRCIO, Lucas Barelli (Coord.). *O direito notarial e registral em artigos*. São Paulo: YK Editora, 2016.
14. TARTUCE, Flávio. *Manual de Direito Civil* (Volume Único). 3. ed. rev., atual. e ampl. Rio de Janeiro: Forense; São Paulo: Método, 2013.

b. Cerrado, secreto ou místico: elaborado pelo próprio testador ou por outra pessoa a seu rogo, sendo por aquele assinado e submetido à aprovação do tabelião, observadas as formalidades do art. 1.868, I a IV, do Código Civil; é vedado aos analfabetos e aos cegos, mas admitido ao mudo e surdo-mudo, desde que o escreva todo e o assine de sua mão (CC, arts. 1.872 e 1.873); falecido o testador, o testamento cerrado será apresentado ao juiz, que o abrirá na presença do escrivão e da pessoa que o entregou, e o fará registrar, ordenando seu cumprimento, desde que não haja indício de nulidade ou falsidade (CC, art. 1.875 e CPC, arts. 735 a 737); ter-se-á por revogado tacitamente quando aberto ou dilacerado pelo testador, ou por terceiro, com seu consentimento (CC, art. 1.972).[15]

Apesar da participação do tabelião de notas em ambas as espécies, ela é muito mais efetiva no testamento público, pois há a vivência da própria confecção do testamento, representando um papel principal nessa bela cerimônia, ao passo que no cerrado, espécie testamentária praticamente extinta, existe somente uma participação restrita à aprovação, quase que levado a um papel de figurante (só não o é, pois a aprovação faz parte do rito que leva à plena validade do ato).

O testamento público, forma que se recomenda àqueles que desejam externar a sua manifestação de última vontade, é ato notarial dos mais solenes, devendo respeitar cautelosamente cada um dos preceitos legais inerentes ao ato (artigo 1.864, do Código Civil). Uma de suas grandes vantagens é a certeza de que a sua existência será comunicada a quem de direito no momento oportuno, fruto dos seguintes Provimentos do Conselho Nacional de Justiça (CNJ):

Provimento CNJ 18/2012 (dispõe sobre a instituição e funcionamento da Central Notarial de Serviços Eletrônicos Compartilhados – CENSEC)

Art. 4º Os Tabeliães de Notas, com atribuição pura ou cumulativa dessa especialidade, e os Oficiais de Registro que detenham atribuição notarial para lavratura de testamentos remeterão ao Colégio Notarial do Brasil – Conselho Federal quinzenalmente, por meio da CENSEC, relação dos nomes constantes dos testamentos lavrados em seus livros e respectivas revogações, bem como dos instrumentos de aprovação de testamentos cerrados, ou informação negativa da prática de qualquer desses atos, nos seguintes termos: I. até o dia 5 de cada mês subsequente, quanto a atos praticados na segunda quinzena do mês anterior; II. até o dia 20, quanto a atos praticados na primeira quinzena do próprio mês.

Provimento CNJ 56/2016 (dispõe sobre a obrigatoriedade de consulta ao Registro Central de Testamentos On-line (RCTO) para processar os inventários e partilhas judiciais e lavrar escrituras públicas de inventários extrajudiciais)

Art. 1º Os Juízes de Direito, para o processamento dos inventários e partilhas judiciais, e os Tabeliães de Notas, para a lavratura das escrituras públicas de inventário extrajudicial, deverão acessar o Registro Central de Testamentos On-line (RCTO), módulo de informação da CENSEC – Central Notarial de Serviços Compartilhados, para buscar a existência de testamentos públicos e instrumentos de aprovação de testamentos cerrados.

Art. 2º É obrigatório para o processamento dos inventários e partilhas judiciais, bem como para lavrar escrituras públicas de inventário extrajudicial, a juntada de certidão acerca da inexistência de testamento deixado pelo autor da herança, expedida pela CENSEC – Central Notarial de Serviços Compartilhados.

15. SCHOEDL, Thales Ferri. 2243 *Questões para concursos públicos*. São Paulo: YK Editora, 2015.

O fato de o testamento ser público, não significa livre acesso de qualquer pessoa ao seu conteúdo indistintamente, pois a forma pública não se confunde com publicidade ampla e irrestrita. O Código de Normas de Santa Catarina, assim como o de outros Estados, disciplina a situação da seguinte maneira:

> Art. 816. O fornecimento de certidões ou informações de testamento somente se dará com a comprovação do óbito do testador.
>
> Parágrafo único. Enquanto vivo o testador, só a este ou a procurador com poderes especiais poderão ser fornecidas certidões ou informações de testamento.

Mais recentemente, o próprio Conselho Nacional de Justiça pacificou o assunto por meio do Provimento 134:

> Art. 32. A certidão de testamento somente poderá ser fornecida ao próprio testador ou mediante ordem judicial.
>
> Parágrafo único. Após o falecimento, a certidão de testamento poderá ser fornecida ao solicitante que apresentar a certidão de óbito.

Interessante o preceito legal, ao não punir aqueles que optam pelo testamento público, com o livre acesso ao seu conteúdo, garantindo a intimidade e privacidade inerentes ao ato de disposições de última vontade, em consonância com os artigos 5º, inciso X, da Constituição Federal, e 30, inciso VI, da Lei Federal 8.935/94.

Os testamentos ora estudados não se confundem com o denominado "testamento vital", normatizado pela Resolução 1.995, de 09 de agosto de 2012, do Conselho Federal de Medicina.

> Ao contrário do testamento tradicional e como sugere a etimologia, o testamento vivo, ou testamento vital, ou testamento em vida, é um documento com as decisões de uma pessoa a respeito de seu tratamento médico e seus eventuais efeitos para valer na oportunidade em que esta pessoa não possa mais manifestar a vontade, mas ainda e enquanto viva estiver.[16]

O trecho doutrinário demonstra a principal razão pela qual o "testamento vital" não pode ser considerado um testamento, qual seja, o fato de produzir efeitos ao longo da vida do outorgante, e não após a sua morte. Sugere-se a nomenclatura técnica de "diretivas antecipadas de vontade", bem como a participação de um tabelião de notas, mesmo não sendo obrigatória a forma pública.

> Não há forma previamente estabelecida para a lavratura do testamento vital, mas deve prevalecer sempre a vontade do outorgante. Adota, assim, a forma plúrima, podendo ser feito por declaração escrita em documento particular, com firma reconhecida, ou por instrumento público lavrado por tabelião de notas, de modo a garantir maior segurança jurídica.[17]

---

16. FERREIRA, Paulo Roberto Gaiger. O testamento vital no Brasil. Realidade e prática. In: YOSHIDA, Consuelo Yatsuda Moromizato; FIGUEIREDO, Marcelo e AMADEI, Vicente de Abreu (Coord.). *Direito notarial e registral avançado*. São Paulo: Ed. RT, 2014.
17. FERRARI, Carla Modina. KÜMPEL, Vitor Frederico. *Tratado Notarial e Registral*. São Paulo: YK Editora, 2017. v. 3.

6. ATAS NOTARIAIS

Outra competência exclusiva dos notários é lavrar atas notariais (artigo 7º, inciso III, da Lei Federal 8.935/94).

> A ata notarial é o instrumento público mediante o qual o notário capta, por seus sentidos, uma determinada situação, um determinado fato, e o traslada para o seu livro de notas ou para outro documento. É a apreensão de um ato ou fato, pelo notário, e a transcrição dessa percepção em documento próprio.[18]

Ou ainda: "Ata notarial é o instrumento público pelo qual o tabelião, ou preposto autorizado, a pedido de pessoa interessada, constata fielmente fatos, coisas, pessoas ou situações para comprovar a sua existência ou o seu estado".[19]

Informalmente, a ata notarial pode ser conceituada como uma "fotografia em palavras", pois o tabelião constatará um fato, uma situação, e o trasladará para o livro de notas, sem a emissão de qualquer tipo de juízo de valor. Uma consequência natural da ausência de juízo de valor na confecção da ata notarial é a possibilidade de conter objeto ilícito, conforme se verifica no Código de Normas do Estado de São Paulo (Capítulo XVI):

> 141.1. É possível lavrar ata notarial quando o objeto narrado constitua fato ilícito.

Importante meio de prova foi anunciada como novidade do atual Código de Processo Civil, que a prevê expressamente no artigo 384:

> Art. 384. A existência e o modo de existir de algum fato podem ser atestados ou documentados, a requerimento do interessado, mediante ata lavrada por tabelião.
>
> Parágrafo único. Dados representados por imagem ou som gravados em arquivos eletrônicos poderão constar da ata notarial.

O Novo Código de Processo Civil tem importante papel ao prever expressamente a nomenclatura "ata notarial"; no entanto, referido ato notarial tem guarida legal em nosso ordenamento jurídico há mais de vinte anos, numa leitura conjunta dos artigos 364, do Código de Processo Civil de 1973, com os artigos 6º e 7º, inciso III, da Lei Federal 8.935/94.

Outro grande mérito do vigente Código de Processo Civil foi colaborar com a "desjudicialização", ao inserir a usucapião extrajudicial na Lei de Registros Públicos (Lei Federal 6.015/73), nos seguintes moldes:

> Art. 216-A. Sem prejuízo da via jurisdicional, é admitido o pedido de reconhecimento extrajudicial de usucapião, que será processado diretamente perante o cartório do registro de imóveis da comarca em que estiver situado o imóvel usucapiendo, a requerimento do interessado, representado por advogado, instruído com:

---

18. BRANDELLI, Leonardo. *Usucapião administrativa*: de acordo com o novo Código de Processo Civil. São Paulo: Saraiva, 2016.
19. FERREIRA, Paulo Roberto Gaiger; RODRIGUES, Felipe Leonardo. *Ata notarial*: doutrina, prática e meio de prova. São Paulo: Quartier Latin, 2010.

I – ata notarial lavrada pelo tabelião, atestando o tempo de posse do requerente e de seus antecessores, conforme o caso e suas circunstâncias, aplicando-se o disposto no art. 384 da Lei 13.105, de 16 de março de 2015 (Código de Processo Civil);

Nota-se que a ata notarial está prevista no rol de documentos obrigatórios para o procedimento; apesar de ter como requisito mínimo legal "o tempo de posse do requerente e seus antecessores", defende-se a lavratura de uma ata notarial repleta de elementos comprobatórios da posse, valorizando a indispensável atuação do tabelião de notas no novel instituto legal. O Provimento 65 Conselho Nacional de Justiça (CNJ) caminha nessa trilha:

Art. 4º O requerimento será assinado por advogado ou por defensor público constituído pelo requerente e instruído com os seguintes documentos:

I – ata notarial com a qualificação, endereço eletrônico, domicílio e residência do requerente e respectivo cônjuge ou companheiro, se houver, e do titular do imóvel lançado na matrícula objeto da usucapião que ateste:

a) a descrição do imóvel conforme consta na matrícula do registro em caso de bem individualizado ou a descrição da área em caso de não individualização, devendo ainda constar as características do imóvel, tais como a existência de edificação, de benfeitoria ou de qualquer acessão no imóvel usucapiendo;

b) o tempo e as características da posse do requerente e de seus antecessores;

c) a forma de aquisição da posse do imóvel usucapiendo pela parte requerente;

d) a modalidade de usucapião pretendida e sua base legal ou constitucional;

e) o número de imóveis atingidos pela pretensão aquisitiva e a localização: se estão situados em uma ou em mais circunscrições;

f) o valor do imóvel;

g) outras informações que o tabelião de notas considere necessárias à instrução do procedimento, tais como depoimentos de testemunhas ou partes confrontantes;

O campo de utilização da ata notarial é inesgotável, abarcando infinitas situações, como as relatadas no Código de Normas do Espírito Santo:

Art. 684. Ata notarial é a certificação da existência ou do modo de existir de fatos jurídicos por constatação pessoal do tabelião de notas, a requerimento de interessado, e cujo objeto não comporte a lavratura de escritura pública.

§ 1º São hipóteses, dentre outras, de cabimento de ata notarial, a captura de imagens e de conteúdo de sites de internet, vistorias em objetos e lugares, bem como narração de situações fáticas com o intuito de prevenir direitos e responsabilidades.

7. RECONHECIMENTO DE FIRMAS

Dentre as competências exclusivas dos tabeliães de notas, encontram-se também os reconhecimentos de firmas (artigo 7º, inciso IV, da Lei Federal 8.935/94).

O reconhecimento de assinaturas em um documento particular declara, por escrito, que uma determinada assinatura foi levada a efeito por determinada pessoa, ou que confere com a assinatura depositada anteriormente nos arquivos do tabelionato. O reconhecimento somente certifica a assinatura, e em nenhum momento faz certificação do conteúdo apresentado pelo documento em que ela se encontra.[20]

O conceito apresentado contém relevantes informações. Primeiramente, distingue o reconhecimento de firmas por autenticidade do por semelhança. Além disso, externa que pelo reconhecimento de firmas, o tabelião de notas garante a aparente veracidade da assinatura, e não do conteúdo do documento em si.

O Código de Processo Civil prestigia o ato notarial extraprotocolar:

> Art. 411. Considera-se autêntico o documento quando:
>
> I – o tabelião reconhecer a firma do signatário;

O reconhecimento de firmas por autenticidade pressupõe, em regra, a assinatura do documento na presença do tabelião de notas, sendo em inúmeros Estados acompanhado de assinatura em livro, que registra a presença do signatário no cartório. Vejamos o exemplo do Código de Normas de Minas Gerais:

> Art. 300. O reconhecimento de firma poderá ser feito por autenticidade ou por semelhança.
>
> § 1º. Reputa-se autêntico o reconhecimento de firma em que o autor que possua autógrafo em cartão ou livro arquivado na serventia, após ser devidamente identificado pelo tabelião de notas, seu substituto ou escrevente, assinar o documento em presença do tabelião ou declarar-lhe que é sua a assinatura já lançada, repetindo-a no cartão ou livro de autógrafos.

Há casos em que tal modalidade de reconhecimento de firmas é obrigatória, como na transferência de veículos automotores por regulamentação do DETRAN em certos Estados. Mesmo em casos facultativos, diante da maior segurança jurídica, existente pela presença do signatário nas dependências do cartório, recomenda-se o reconhecimento de firmas por autenticidade, ainda que possível por semelhança.

No reconhecimento de firmas por semelhança, a atuação do notário consiste em comparar o padrão grafotécnico de assinatura no documento apresentado, com aquele depositado na ficha de assinaturas, declarando a eventual semelhança. Em São Paulo, divide-se em com e sem valor econômico, dependendo do conteúdo do documento. O Tribunal de Justiça do Estado de São Paulo já discorreu sobre o tema em decisões como a seguinte:

> Apelação 0001281-67.2008.8.26.0177
>
> Responsabilidade civil. Ação de indenização por danos morais. Compromisso de compra e venda. Falsa assinatura atribuída ao vendedor. Reconhecimento de firma por semelhança. Não é possível que o tabelião ou seus prepostos verifiquem rigorosamente a autenticidade da assinatura. Fato possível de ser demonstrado apenas por meio de equipamento técnico a ser empregado em perícia grafotécnica. Responsabilidade objetiva dos notários e registradores pelos danos causados a terceiros. A despeito da responsabilidade objetiva, é essencial a prova do nexo de causalidade entre o ato e o evento danoso. Ausência de cautela por parte da compradora, fato que teria ensejado a ilicitude. Recurso provido.
>
> (...)

---

20. CHAVES, Carlos Fernando Brasil. REZENDE, Afonso Celso F. *Tabelionato de notas e o notário perfeito*. 7. ed. São Paulo: Saraiva, 2013.

> Entende-se que o reconhecimento por semelhança é o ato voltado a confirmar que a assinatura que consta em certo documento pertence de fato à determinada pessoa. Assim, o tabelião comparará a firma aposta no documento com aquela constante de seus registros e, sendo semelhantes, esta será por ele reconhecida por semelhança, assinando o documento e adicionando selo de autenticidade.
>
> Nesse sentindo, deve-se esclarecer que o reconhecimento de firma por semelhança não exige que o serventuário verifique pontual ou rigorosamente a autenticidade da assinatura, até porque o serventuário faz a análise a olho nu, sem aparelhamento específico ou uso de material técnico, como se vale o perito grafotécnico.
>
> Não há exigência legal para que o tabelião se aparelhe, tecnicamente.

Como se observa, não haveria necessidade de rigor pericial no reconhecimento de firmas por semelhança. Tal fato não exime o tabelião de notas de se dedicar com grande esmero à busca em ser o mais preciso possível no reconhecimento de firmas por semelhança. Oportunamente abordaremos o tema responsabilidade civil dos notários e registradores, a qual, diante de recente alteração legislativa, deixou de ser objetiva, como citado na decisão, passando a ser considerada legalmente como subjetiva.

Ainda sobre a atuação dos notários no reconhecimento de firma, indica-se a leitura do Enunciado 50, da I Jornada de Direito Notarial e Registral, realizada pelo Centro de Estudos Judiciários (CEJ), da Justiça Federal:

> Os atos notariais de reconhecimento de firma e da assinatura eletrônica em documento digital se limitam à verificação da assinatura no documento com base naquela depositada em Tabelionato ou correspondente ao certificado digital notarizado, respectivamente, sem que haja análise da legalidade e conformidade jurídica do conteúdo do negócio ou ato jurídico no qual a assinatura física ou digital esteja inserida.

Tanto no reconhecimento de firmas por semelhança, como no por autenticidade, pressupõe-se que o signatário tenha uma ficha-padrão de assinatura depositada na serventia escolhida para a prática do ato notarial, a famosa "ficha de assinatura", citada no Código de Normas da Paraíba nos seguintes moldes:

> Art. 408. Para a abertura do cartão de autógrafos, é obrigatória a apresentação do número do CPF e do original de documento de identificação oficial com foto que permita o efetivo reconhecimento do portador.
>
> § 1º A cópia do documento de identidade e da inscrição no CPF apresentada pelo requerente será arquivada na serventia na forma do art. 294 deste Código.
>
> § 2º O reconhecimento de firma poderá ser condicionado à prévia atualização do cartão de autógrafos, sem custos para o usuário.

Note-se ser necessária a efetiva identificação daquele que pretende abrir um cartão de autógrafos, de forma que o documento de identidade apresentado, além de conter previsão legal para fins de identificação, deve estar em boas condições e atualizado.

Para haver firma a ser reconhecida, o signatário deve ser alfabetizado, ou ao menos semialfabetizado. Considera-se semialfabetizado o indivíduo que tenha traços mínimos da alfabetização, lendo algumas palavras, escrevendo outras; exclui-se desse conceito aquela pessoa que somente desenha o nome, muitas vezes copiando de alguma outra base já pronta, pois tal hipótese é de analfabetismo, havendo necessidade de externar a vontade por algum instrumento público. O Tribunal de Justiça do Estado de São Paulo, por intermédio de sua Egrégia Corregedoria Geral de Justiça, já se manifestou nesse sentido:

> Processo CG. 2812/2001
>
> Reconhecimento de firma – Portadores de deficiência visual – Pessoas semialfabetizadas – Exigência do interessado no sentido que apenas se faça o reconhecimento de sua firma por autenticidade, ainda que depositada a firma na Serventia – Sugestões oferecidas pelo Colégio Notarial do Brasil – Seção São Paulo – Acréscimo de alínea ao item 59 do capítulo XIV das Normas de Serviço.
>
> A segunda questão, que trata do semialfabetizado que sabe escrever o nome, de igual sorte, não oferece maiores dificuldades. Naturalmente que se a hipótese for de analfabeto, não há firma a ser reconhecida pois a pessoa é incapaz de ler e escrever e, portanto, de apreender, por si só, o conteúdo do documento.

Deve existir uma compreensão do conteúdo do documento por parte daquele que o subscreve, fato que não existiria sem a leitura e escrita, ainda que de forma precária.

8. AUTENTICAÇÃO DE CÓPIAS

Encerrando a análise das competências exclusivas dos notários, estudaremos a autenticação de cópias (artigo 7º, inciso V, da Lei Federal 8.935/94).

Ao autenticar uma cópia, o tabelião de notas declara que esta confere com o original a ele apresentado, constatação caracterizada pela fé-pública, inerente à atividade notarial.

Preciosa a informação a seguir, contida no Código de Normas do Pernambuco:

> Art. 455. O tabelião, ao autenticar cópia reprográfica, não deverá restringir-se à mera conferência dos textos ou ao aspecto morfológico da escrita, mas verificar, com cautela, se o documento copiado contém rasuras ou quaisquer outros defeitos, os quais serão ressalvados na autenticação.

A análise notarial pré-autenticação deve ser cercada de zelo e cuidado, não se resumindo a simples manuseio superficial, em especial nos casos em que o usuário traz à serventia a cópia a ser autenticada.

Um ato notarial extraprotocolar, aparentemente simples, ganha extrema importância na vida das pessoas, pois inúmeros entes solicitam a cópia autenticada para dar andamento aos mais variados atos da vida civil, em mais um sinal de valorização à atividade notarial e registral.

O conceito de “documento original” foi bastante alterado nos últimos tempos, englobando os denominados “documentos eletrônicos”, que podem ser autenticados por meio da materialização, prevista no Código de Normas do Estado de São Paulo (Capítulo XVI):

> 206. Define-se como materialização a geração de documentos em papel, com autenticação, a partir de documentos eletrônicos, públicos ou particulares, que apresentem assinatura digital ou outra forma de confirmação de integridade e autenticidade.

Não é todo e qualquer documento eletrônico que pode ser materializado, somente aqueles com assinatura digital ou outra maneira de confirmação de integridade e autenticidade, como habitualmente se observa em certidões fiscais expedidas por órgãos governamentais.

Em contraponto à materialização, as Normas paulistas preveem a desmaterialização, ato que pode ser qualificado como ecologicamente adequado:

> 208. Define-se como desmaterialização a geração de documentos eletrônicos, com aplicação de certificado digital, a partir de documento em papel.

A materialização e a desmaterialização são indícios claros da inserção dos notários e registradores nos tempos modernos, alinhando-se aos anseios sociais. Estão previstas no Provimento 100 do Conselho Nacional de Justiça.

Dentro do contexto apresentado, relevante, ainda que brevemente, a citação do apostilamento:

> Resolução CNJ 228/2016
>
> Art. 1º A legalização de documentos produzidos em território nacional e destinados a produzir efeitos em países partes da Convenção sobre a Eliminação da Exigência de Legalização de Documentos Públicos Estrangeiros (Convenção da Apostila) será realizada, a partir de 14 de agosto de 2016, exclusivamente por meio da aposição de apostila, emitida nos termos desta Resolução.
>
> Parágrafo único. Para os fins desta Resolução, entende-se como legalização, ou chancela consular, a formalidade pela qual se atesta a autenticidade da assinatura, da função ou do cargo exercido pelo signatário do documento e, quando cabível, a autenticidade do selo ou do carimbo nele aposto.
>
> Art. 6º O Conselho Nacional de Justiça é a autoridade competente para emitir apostilas em documentos originados no Brasil, podendo delegar o exercício do apostilamento a:
>
> I – pessoas jurídicas de direito público e a órgãos públicos, mediante normatização específica da Corregedoria Nacional de Justiça; e
>
> II – titulares dos serviços extrajudiciais.

O apostilamento, também disciplinado pelo Provimento 62 do Conselho Nacional de Justiça, é crucial para a desburocratização nos procedimentos que envolvem o trânsito de documentos entre os países signatários da Convenção da Apostila; ao invés da antiga "consularização", passa o apostilamento a ser o meio hábil a atestar a autenticidade de uma assinatura, da função ou cargo exercido pelo signatário do documento.

A então existente concentração que havia na prestação do serviço "consularização", nas poucas figuras dos consulados, dá lugar à amplitude inigualável na aposição do apostilamento, que pode ser feito em cartórios extrajudiciais, os quais têm como marca a capilaridade, estando presentes em inúmeros lugares do país.

Lembre-se que o apostilamento não elimina os demais requisitos para que um documento estrangeiro produza efeitos no Brasil, previstos na Lei Federal 6.015/73:

> Art. 129. Estão sujeitos a registro, no Registro de Títulos e Documentos, para surtir efeitos em relação a terceiros:
>
> 6º) todos os documentos de procedência estrangeira, acompanhados das respectivas traduções, para produzirem efeitos em repartições da União, dos Estados, do Distrito Federal, dos Territórios e dos Municípios ou em qualquer instância, juízo ou tribunal;

Recomenda-se a leitura do Provimento 119 do Conselho Nacional de Justiça, que, dentre outros, alterou pontos cruciais do citado Provimento 62 e revogou o Provimento 106 do Conselho Nacional de Justiça.

9. COMPETÊNCIA TERRITORIAL

Diferentemente do que ocorre com todos os outros tabeliães e oficiais, cuja prestação de serviço tem de alguma maneira como critério de definição a territorialidade, a escolha do tabelião de notas é livre, nos termos do artigo 8º, da Lei Federal 8.935/94:

> **Art. 8º É livre a escolha do tabelião de notas, qualquer que seja o domicílio das partes ou o lugar de situação dos bens objeto do ato ou negócio.**

Não importa o domicílio das partes ou o lugar em que situados os bens: poderão livremente escolher o seu tabelião de notas de confiança. Confiança, aliás, é a principal razão de ser da livre escolha, pois o tabelião de notas pratica atos de cunho extremamente íntimo, como ocorre em um testamento público, não podendo critérios territoriais impedirem que uma pessoa procure aquele profissional que entenda como mais adequado.

Todos os cartórios, por previsão legal, devem prestar um serviço de extrema qualidade. Nos cartórios de notas, no entanto, tal busca deve ser visualizada como ainda mais elementar, pois a livre escolha gera uma concorrência natural entre as serventias. Concorrência que ganha contornos peculiares, diante do fato de que cada Estado possui uma tabela de custas e emolumentos distinta. Logo, grandes empreendedores podem buscar tabeliães de notas em Estados com valores reduzidos, priorizando o aspecto econômico, e não a aplaudida confiança.

Em impostos estaduais, como o ITCMD (Imposto de Transmissão *Causa Mortis* e Doação) em São Paulo, cujo recolhimento é fiscalizado pelo tabelião de notas responsável pela escritura de doação ou inventário e partilha, é salutar que este se atente à legislação do Estado competente.

A livre escolha do tabelião de notas encontra uma limitação no artigo 9º, da Lei Federal 8.935/94:

> **Art. 9º O tabelião de notas não poderá praticar atos de seu ofício fora do Município para o qual recebeu delegação.**

Legislações estaduais, como a de São Paulo (Capítulo XVI), flexibilizam o rigor da legislação federal:

> 5. O Tabelião de Notas, embora de livre escolha pelas partes, não pode desempenhar função notarial típica fora da circunscrição territorial para a qual recebeu a delegação.
>
> 5.1. Se dentro da sua circunscrição territorial, pode lavrar o ato notarial em qualquer lugar, desde que consigne, no documento, o lugar no qual praticado.

5.2. A restrição territorial à atuação do Tabelião de Notas, ao limitar-se aos atos privativos, típicos da atividade notarial, não abrange outros que lhe são facultados, direcionados à consecução dos atos notariais e consistentes nas gestões e diligências necessárias ou convenientes ao seu preparo, então prestados sem ônus maiores que os emolumentos devidos.

Apesar de não haver uma clara definição do que seriam os atos privativos, típicos da atividade notarial, tem-se plena convicção de que aqueles direcionados à consecução dos atos notariais poderiam ser praticados sem observância à restrição territorial, por exemplo, a retirada de uma certidão (algo cada vez mais raro, diante da possibilidade de obtenção de inúmeros documentos pela via eletrônica).

O Provimento 100, do Conselho Nacional de Justiça, prevê a possibilidade de assinatura eletrônica de atos notariais, destacando-se os seguintes artigos:

Art. 1º Este provimento estabelece normas gerais sobre a prática de atos notariais eletrônicos em todos os tabelionatos de notas do País.

Art. 3º São requisitos da prática do ato notarial eletrônico:

I – videoconferência notarial para captação do consentimento das partes sobre os termos do ato jurídico;

II – concordância expressada pelas partes com os termos do ato notarial eletrônico;

III – assinatura digital pelas partes, exclusivamente através do e-Notariado;

IV – assinatura do Tabelião de Notas com a utilização de certificado digital ICP-Brasil;

V – uso de formatos de documentos de longa duração com assinatura digital;

Parágrafo único: A gravação da videoconferência notarial deverá conter, no mínimo:

a) a identificação, a demonstração da capacidade e a livre manifestação das partes atestadas pelo tabelião de notas;

b) o consentimento das partes e a concordância com a escritura pública;

c) o objeto e o preço do negócio pactuado;

d) a declaração da data e horário da prática do ato notarial; e

e) a declaração acerca da indicação do livro, da página e do tabelionato onde será lavrado o ato notarial.

Art. 19. Ao tabelião de notas da circunscrição do imóvel ou do domicílio do adquirente compete, de forma remota e com exclusividade, lavrar as escrituras eletronicamente, por meio do e-Notariado, com a realização de videoconferência e assinaturas digitais das partes.

§ 1º Quando houver um ou mais imóveis de diferentes circunscrições no mesmo ato notarial, será competente para a prática de atos remotos o tabelião de quaisquer delas.

§ 2º Estando o imóvel localizado no mesmo estado da federação do domicílio do adquirente, este poderá escolher qualquer tabelionato de notas da unidade federativa para a lavratura do ato.

§ 3º Para os fins deste provimento, entende-se por adquirente, nesta ordem, o comprador, a parte que está adquirindo direito real ou a parte em relação à qual é reconhecido crédito.

A assinatura pode ser feita de forma eletrônica, dispensada a presença física perante o tabelião de notas, garantindo a lavratura de um documento seguro juridicamente, ofertando às partes tranquilidade no negócio jurídico submetido ao crivo do notário.

Ora, para que serve o princípio da fé pública, senão para garantir que os fatos presenciados pelo Tabelião de Notas são certos e verdadeiros? A fé do notário quanto à existência das declarações que recebe para a prática do ato notarial é absoluta, não comportando exceção pela forma com a qual recebe essa declaração, seja ela física, seja ela a distância.[21]

Encerra-se o presente tópico, com o esclarecimento de que está vedada a instalação de sucursal pelas serventias extrajudiciais, nos termos do artigo 43, da Lei Federal 8.935/94:

> **Art. 43. Cada serviço notarial ou de registro funcionará em um só local, vedada a instalação de sucursal.**

21. DEL GUÉRCIO, Lucas Barelli. Assinatura Digital de Atos Notariais. In: DEL GUÉRCIO NETO, Arthur e DEL GUÉRCIO, Lucas Barelli (Coord.). *O direito notarial e registral em artigos*. São Paulo: YK Editora, 2018. v. III.

Capítulo V
OS TABELIÃES E OFICIAIS DE REGISTRO DE CONTRATOS MARÍTIMOS (ARTIGO 10)

Art. 10. Aos tabeliães e oficiais de registro de contratos marítimos compete:

I – lavrar os atos, contratos e instrumentos relativos a transações de embarcações a que as partes devam ou queiram dar forma legal de escritura pública;

II – registrar os documentos da mesma natureza;

III – reconhecer firmas em documentos destinados a fins de direito marítimo;

IV – expedir traslados e certidões.

Os tabeliães e oficiais de registro de contratos marítimos, apesar de previstos expressamente na Lei Federal 8.935/94, são matéria raríssima na doutrina notarial e registral. No pouco conteúdo localizado, nota-se muito mais dúvidas do que certezas.

Dúvidas, inclusive, quanto ao número dessas escassas serventias extrajudiciais em território nacional: "Não bastasse a referida dificuldade, muito embora os manuais e os decretos mencionem apenas a existência de três ofícios de registro no Brasil, foi possível constatar a existência de quatro Serventias, a saber: Rio de Janeiro (Estado do Rio), Belém (Estado do Pará), Manaus (Estado do Amazonas) e em uma cidade, não capital do estado, Caucaia (Estado do Ceará). Aliás, difícil de entender a não existência da referida Serventia em Santos (Estado de São Paulo), a não ser conjecturando que na época em que a referida legislação iniciou sua vigência, o Estado de São Paulo era bem provincial em relação a alguns dos já mencionados. Outra questão a ser respondida é a da criação de apenas quatro Serventias, lembrando que a costa brasileira tem 9.198 km de litoral."[1]

Além das serventias acima mencionadas, os autores constataram a existência de tabeliães e oficiais de registro de contratos marítimos no Estado do Maranhão. O Código de Divisão e Organização Judiciárias do Estado traz a existência de tabelionatos de notas com as funções que lhes são próprias e as funções de tabelião e registrador dos contratos

---

1. KÜMPEL, Vitor Frederico. *Tabelionato e ofício de contratos marítimos*. Disponível em: https://www.migalhas.com.br/coluna/registralhas/209294/tabelionato-e-oficio-de-contratos-maritimos. Acesso em: 21 fev. 2023.

marítimos em diversos municípios, incluindo a capital, São Luís, onde as oito serventias de notas existentes têm tal atribuição. É o que diz o artigo 187, do referido Código de Divisão e Organização Judiciária:

> Art. 187. No município de São Luís existirão:
>
> IV – oito tabelionatos de notas, denominados, pela ordem de antiguidade, de 1º, 2º, 3º, 4º, 5º, 6º, 7º e 8º Tabelionato de Notas, com as funções que lhes são próprias e as funções de Tabelião e Registrador dos Contratos Marítimos;

Interessante mencionar que o Estado do Maranhão possui, inclusive, um Provimento que dispõe especificamente sobre regulamentação da cobrança de emolumentos referentes a contratos marítimos, o Provimento 30/2015.

Os atos previstos nos incisos I e III, do artigo 10, são inerentes à atividade do tabelião, ao passo que o citado no inciso II é afeto ao oficial. O inciso IV, por sua vez, é passível de realização tanto por tabeliães, quanto por oficiais.

Os Códigos de Normas dos Estados do Pará e do Rio de Janeiro são semelhantes ao abordar as competências dos tabeliães e oficiais de registro de contratos marítimos, sendo citado o último Estado para melhor elucidar o assunto:

> Art. 546. São atribuições do tabelião e oficial do registro de contratos marítimos aquelas previstas no artigo 10 da Lei 8.935/1994, sendo a função notarial com exclusividade na Comarca da Capital, e a função registral com exclusividade em todo território do Estado do Rio de Janeiro.
>
> Art. 547. Compete ao tabelião e oficial do registro de contratos marítimos:
>
> I – como notário:
>
> a) lavrar escrituras e procurações públicas;
>
> b) lavrar atas notariais;
>
> c) reconhecer firmas;
>
> d) autenticar cópias; e
>
> II – como oficial, efetuar o registro de documentos, contratos, instrumentos relativos à transação de embarcações bem como de suas respectivas alterações.
>
> Parágrafo único. Não se inclui dentre as atribuições do serviço de notas de contratos marítimos, o registro da propriedade da embarcação.

Interessante o teor do parágrafo único, do artigo 547, do Código de Normas do Rio de Janeiro, ao excluir das atribuições da serventia extrajudicial, o registro da propriedade da embarcação, momento em que se torna necessário citar o Tribunal Marítimo:

> A Lei 2.180, de 05.02.1954, criou o *Tribunal Marítimo* ao regulamentar a atividade exercida pelas capitanias e órgãos fiscalizadores da Marinha Mercante, e definindo-o do seguinte modo: *"Tribunal Marítimo"* – com jurisdição em todo território Nacional, órgão autônomo, auxiliar do Poder Judiciário na apreciação dos acidentes e fatos da navegação sobre a água.[2]

2. CERQUEIRA, Jorge Otávio Pereira de. Registro de Contratos Marítimos. In: GONÇALVES, Vania Mara Nascimento (Coord.). *Direito notarial e registral*. Rio de Janeiro: Forense, 2006.

Possível conflito de competências entre o Tribunal Marítimo e os tabeliães e oficiais de registro de contratos marítimos ensejou demanda em nossos tribunais, com manifestação do Superior Tribunal de Justiça (STJ):

Recurso Especial 864.409 – RJ (2006/0143494-5)

Civil e processual civil. Competência. Tribunal marítimo e tabelião e oficial de registro de contrato marítimo. Violação ao art. 535, I, do CPC. Inocorrência. Impossibilidade de análise, por esta corte, da suposta violação de dispositivos constitucionais.

1. Inexiste ofensa ao artigo 535, incisos I, do Código de Processo Civil, porquanto ausente qualquer obscuridade ou contradição no acórdão guerreado.

2. O Tribunal Marítimo possui atribuição para o registro de propriedade marítima, de direitos reais e de outros ônus que gravem embarcações brasileiras. Ao Tabelião de Registro de Contratos Marítimos, por sua vez, cabe lavrar os atos, contratos e instrumentos relativos a transações de embarcações, registrando-os em sua própria serventia.

3. Embarcações com arqueação bruta inferior a cem toneladas não estão obrigadas a realizar o registro de propriedade, seja no Tribunal Marítimo, seja no Tabelião de Registro de Contrato Marítimo. Para essas embarcações, a inscrição junto à Capitania dos Portos, obrigatória para qualquer tipo ou tamanho de embarcação, é suficiente para comprovação de propriedade.

4. Descabe a esta Corte apreciar a alegada violação de dispositivos constitucionais em relação à abrangência territorial do Tabelião Marítimo, sob pena de usurpação da competência do Supremo Tribunal Federal.

Recurso especial não conhecido.

Os itens 2 e 3, da ementa transcrita, esclarecem a competência do Tribunal Marítimo e dos tabeliães e oficiais de registro de contratos marítimos, acalmando, em tese, os mares dessa tormentosa discussão.

Não se deve confundir, no entanto, o registro de contratos marítimos, dentro da própria Serventia, com a manutenção do registro da propriedade marítima e dos ônus reais sobre as embarcações, cuja competência foi atribuída ao Tribunal Marítimo, por meio da Lei 2.180/1954 e da Lei 7.652/1988. Somente este é capaz de transferir a propriedade da embarcação.[3]

Vejamos o Código de Normas do Ceará:

Art. 972. É defeso aos tabeliães de notas a prática de registro de qualquer contrato marítimo ou do mesmo gênero que seja da competência exclusiva do Tribunal Marítimo.

Por fim, importante citar trecho doutrinário, desfazendo outro possível conflito de competência, dessa vez com os notários:

entre o notário e o tabelião marítimo, existe, para ambos uma competência concorrente e excludente. É concorrente, porque o notário não está impossibilitado de formalizar atos jurídicos relacionados com embarcações, bem como lavrar procurações relacionadas com contratos marítimos e reconhecer firmas em contratos marítimos, nas localidades em que não houver o tabelião privativo para formalização de tais contratos. Nas localidades em que houver "tabelião marítimo" a competência deste, exclui a competência do notário.[4]

---

3. FERRARI, Carla Modina. KÜMPEL, Vitor Frederico. *Tratado notarial e registral*. São Paulo: YK Editora, 2017. v. 4.
4. PEREIRA, Antonio Albergaria. *Comentários à Lei 8.935, serviços notariais e registrais*. Bauru, SP: EDIPRO, 1995.

A possibilidade do notário lavrar atos notariais relacionados com embarcações está estritamente relacionada à já trabalhada ideia de não haver tipicidade para as escrituras públicas, com inúmeros objetos podendo ser incluídos em seu bojo. No entanto, a especialidade da atuação do tabelião marítimo, onde existir, implica na inviabilidade do notário atuar na sua esfera de trabalho.

Marco Antônio Ribeiro Tura traz importante contribuição:

> Nessa linha, a escritura pública seria da essência apenas de contratos marítimos de alienação em sentido amplo de embarcações sujeitas a registro no Tribunal Marítimo, embarcações cujos portes e destinações permitem inferir que tenham alcance real ou operacional para além dos limites territoriais nacionais.[5]

5. TURA, Marco Antônio Ribeiro. Da obrigatoriedade da escritura pública em negócios marítimos. In: DEL GUÉRCIO NETO, Arthur e DEL GUÉRCIO, Lucas Barelli (Coord.). *O direito notarial e registral em artigos*. São Paulo: YK Editora, 2018. v. III.

Capítulo VI
OS TABELIÃES DE PROTESTO (ARTIGOS 11 E 13)

Art. 11. Aos tabeliães de protesto de título compete privativamente:

I – protocolar de imediato os documentos de dívida, para prova do descumprimento da obrigação;

II – intimar os devedores dos títulos para aceitá-los, devolvê-los ou pagá-los, sob pena de protesto;

III – receber o pagamento dos títulos protocolizados, dando quitação;

IV – lavrar o protesto, registrando o ato em livro próprio, em microfilme ou sob outra forma de documentação;

V – acatar o pedido de desistência do protesto formulado pelo apresentante;

VI – averbar:

a) o cancelamento do protesto;

b) as alterações necessárias para atualização dos registros efetuados;

VII – expedir certidões de atos e documentos que constem de seus registros e papéis.

Parágrafo único. Havendo mais de um tabelião de protestos na mesma localidade, será obrigatória a prévia distribuição dos títulos.

1. NOÇÕES GERAIS

O artigo 11 da Lei Federal 8.935/94, contém as competências privativas dos tabeliães de protesto, além de citar a figura da distribuição nas localidades em que exista mais de um tabelião.

Tais competências são detalhadas de maneira minuciosa na Lei Federal 9.492/97, conhecida como “Lei do Protesto”, a qual, em seu artigo 1º oferece um adequado conceito legal:

> Art. 1º Protesto é o ato formal e solene pelo qual se prova a inadimplência e o descumprimento de obrigação originada em títulos e outros documentos de dívida.
>
> Parágrafo único. Incluem-se entre os títulos sujeitos a protesto as certidões de dívida ativa da União, dos Estados, do Distrito Federal, dos Municípios e das respectivas autarquias e fundações públicas.

Três relevantes informações são extraídas do conceito legal:

a) *o protesto é prova de inadimplência* – diferentemente do que muitos pensam, o protesto não é uma cobrança, mas sim prova de inadimplência e do descumprimento de obrigações com origem em títulos de crédito e outros documentos de dívida. Interrompe a prescrição, nos termos do artigo 202, inciso III, do Código Civil.

A principal razão da confusão se deve ao fato de o protesto abalar o crédito do devedor, fazendo com que busque pagar aquilo que é devido, ponto que será melhor desenvolvido adiante.

Por não ser cobrança, mas sim prova de inadimplência, há previsão na Lei Federal 9.492/97, no sentido de o tabelião de protesto não investigar a ocorrência de prescrição ou caducidade:

> Art. 9º Todos os títulos e documentos de dívida protocolizados serão examinados em seus caracteres formais e terão curso se não apresentarem vícios, não cabendo ao Tabelião de Protesto investigar a ocorrência de prescrição ou caducidade.

No entanto, nossos tribunais criam limitações à aparente liberdade de atuação, como o fez o Superior Tribunal de Justiça (STJ) na Jurisprudência em Teses 56:

> 11) É indevido o protesto de título de crédito prescrito.
>
> Precedentes: EDcl no REsp 1346296/SP, Rel. Ministra Maria Isabel Gallotti, Quarta Turma, julgado em 1º.12.2015, DJe 07.12.2015; AgRg no REsp 1483004/AM, Rel. Ministro Marco Buzzi, Quarta Turma, julgado em 03.09.2015, DJe 11.09.2015; AgRg no REsp 1362732/DF, Rel. Ministro Paulo De Tarso Sanseverino, Terceira Turma, julgado em 06.08.2015, DJe 24.08.2015; AgRg no REsp 1232650/DF, Rel. Ministro Luis Felipe Salomão, Quarta Turma, julgado em 04.08.2015, DJe 13.08.2015; AgRg no AREsp 593208/SP, Rel. Ministro Raul Araújo, Quarta Turma, julgado em 25.11.2014, DJe 19.12.2014; AgRg no AREsp 270557/RJ, Rel. Ministro Ricardo Villas Bôas Cueva, Terceira Turma, julgado em 08.05.2014, DJe 19.05.2014; REsp 1256566/MS, Rel. Ministro João Otávio De Noronha, Terceira Turma, julgado em 18.03.2014, DJe 1º.04.2014.

O Tribunal de Justiça do Estado de São Paulo, atento a essa realidade, procedeu alteração no Código de Normas. Vejamos o Capítulo XV:

> 16. Na qualificação dos títulos e outros documentos de dívida apresentados a protesto, cumpre ao Tabelião de Protesto de Títulos examiná-los em seus caracteres formais.

Note-se que não há mais menção no final do item de que não caberá a investigação de prescrição e caducidade. Recomenda-se a leitura do Processo 2018/00051452 (519/2018-E), o qual originou a mudança, cuja ementa transcreve-se:

> CGJ/SP: Tabelionato de protesto – Cheque – Apontamento a protesto após transcorrido o prazo prescricional previsto para ajuizamento da ação de execução – Tema 945 do STJ – Adequação das Normas da Corregedoria Geral da Justiça à nova orientação jurisprudencial – Qualificação do título pelo Tabelião de Protesto.

b) *o campo de utilização do protesto envolve não só os títulos de crédito, mas também os denominados "outros documentos de dívida"* – O protesto extrajudicial, também conhecido como protesto notarial, sempre foi vinculado aos títulos de crédito, levando à crença popular de que somente tais documentos estariam enquadrados em seu objeto.

Sobre a expressão "protesto notarial", valiosas as lições de Reinaldo Velloso dos Santos:

> Por fim, é de se ressaltar que em expressiva parcela dos apontamentos o protesto sequer chega a ser lavrado, seja pelo pagamento do título no tríduo, seja pela desistência do apresentante. Nesses casos, embora não tenha havido registro e a publicidade seja restringida, é inegável a atuação do tabelião de protesto. Conclui-se, assim, que o protesto é um ato notarial.[1]

Nos tempos atuais, os títulos de crédito ganharam um companheiro importante no ingresso nas serventias extrajudiciais, os "outros documentos de dívida"; mais do que isso, passaram por uma releitura, adequando-se aos anseios da sociedade moderna.

Por essa razão, a duplicata, por exemplo, é objeto de apresentação descartularizada, por indicação e enviada por meio eletrônico. Importante esclarecer que boletos bancários não são passíveis de protesto. Quando as pessoas citam que estão protestando um boleto bancário, em regra, estão diante de uma duplicata virtual, cujo *layout* é semelhante ao de um boleto.

> Além disso, novos parâmetros tecnológicos abriram possibilidade para que outros documentos de dívida, além dos típicos títulos de crédito, passassem a ser apontados nas serventias de protesto, bem como estão fazendo com que os títulos imbuídos das características que conhecemos passem por reformulação e mitigação de seus requisitos.
>
> Já há muito tempo que as duplicatas foram descartularizadas. É sabido que o Banco Central já adota a truncagem de cheques na compensação, procedimento esse que consiste na troca de imagem digitalizada e de registros eletrônicos do cheque, tornando desnecessário o transporte do cheque físico do banco acolhedor para o banco sacado.[2]

A amplitude da terminologia "outros documentos de dívida" ganha inúmeros contornos doutrinários e legais.

"Pode ser protestado o documento que represente inequivocamente uma obrigação líquida quanto ao valor e vencida".[3]

O Código de Normas da Bahia prevê:

> Art. 326. Serão admitidos para protesto, sem prejuízo de outras possibilidades previstas em lei:
>
> I – Títulos de Crédito e Documentos de Dívida;
>
> II – Certidões de dívida ativa da União, dos Estados, do Distrito Federal, dos Municípios e das respectivas autarquias e fundações públicas;
>
> III – Decisão judicial transitada em julgado, com a apresentação da respectiva certidão pelo exequente ou cópia da sentença de ofício, com a informação do trânsito em julgado, conforme dispõe o Art. 326-A;
>
> IV – Pronunciamento judicial que determina o pagamento de dívidas de alimentos;

1. SANTOS, Reinaldo Velloso dos. *Protesto notarial e sua função no mercado de crédito*. Belo Horizonte: Editora Dialética, 2021.
2. ALVES, José Carlos. O protesto de títulos e documentos de dívida: problemas e perspectivas. In: YOSHIDA, Consuelo Yatsuda Moromizato; FIGUEIREDO, Marcelo e AMADEI, Vicente de Abreu (Coord.). *Direito notarial e registral avançado*. São Paulo: Editora Ed. RT, 2014.
3. MORAES, Emanuel Macabu. *Protesto notarial*: títulos de crédito e documentos de dívida. 3. ed. São Paulo: Saraiva, 2014.

> V – O crédito, documentalmente comprovado, decorrente de contrato de aluguel de imóvel, bem como dos encargos acessórios firmados pelas partes no documento de dívida, a exemplo das taxas e despesas de condomínio);
>
> VI – O crédito referente às contribuições ordinárias ou extraordinárias de condomínio, previstas na respectiva convenção ou aprovadas em assembleia geral, desde que documentalmente comprovadas;
>
> VII – A escritura pública ou outro documento público assinado pelo devedor;
>
> VIII – O documento particular assinado pelo devedor e por 2 (duas) testemunhas;
>
> IX – O instrumento de transação referendado pelo Ministério Público, pela Defensoria Pública, pela Advocacia Pública, pelos advogados dos transatores ou por conciliador ou mediador credenciado por tribunal;
>
> X – O contrato garantido por hipoteca, penhor, anticrese ou outro direito real de garantia e aquele garantido por caução;
>
> XI – O contrato de seguro devida em caso de morte;
>
> XII – O crédito decorrente de foro e laudêmio;
>
> XIII – A certidão expedida por serventia notarial ou de registro relativa a valores de emolumentos e demais despesas devidas pelos atos por ela praticados, fixados nas tabelas estabelecidas em lei;
>
> XIV – O contrato de honorários profissionais; e
>
> XV – Qualquer documento representativo de obrigação econômica.

Diante de um universo tão vasto, consenso é que os títulos executivos judiciais e extrajudiciais, previstos no Código de Processo Civil (artigos 515 e 784), são passíveis de protesto. Logo, dentre outros, créditos com origem em decisões judiciais, sentenças arbitrais, contratos de locação de bens imóveis, contratos diversos e encargos condominiais, podem ser objeto do protesto notarial.

O protesto de decisões judiciais é destaque no atual Código de Processo Civil, sendo imprescindível a leitura dos artigos 517 e 523. O diploma legal também cuida do protesto de débitos alimentícios:

> Art. 528. No cumprimento de sentença que condene ao pagamento de prestação alimentícia ou de decisão interlocutória que fixe alimentos, o juiz, a requerimento do exequente, mandará intimar o executado pessoalmente para, em 3 (três) dias, pagar o débito, provar que o fez ou justificar a impossibilidade de efetuá-lo.
>
> § 1º Caso o executado, no prazo referido no *caput*, não efetue o pagamento, não prove que o efetuou ou não apresente justificativa da impossibilidade de efetuá-lo, o juiz *mandará* protestar o pronunciamento judicial, aplicando-se, no que couber, o disposto no art. 517. (grifo nosso)

O § 1º trata como uma obrigação do juiz a determinação do protesto do pronunciamento judicial (sentença ou decisão interlocutória). Caso, por uma razão qualquer, não haja observância ao comando legal, nada impede que o credor solicite uma certidão de teor da decisão, e voluntariamente direcione à serventia extrajudicial competente, buscando a satisfação plena do direito do alimentando. Nesse sentido trilha o Código de Normas do Pernambuco:

> Art. 492-F. A sentença que condene ao pagamento de prestação alimentícia ou de decisão interlocutória que fixe alimentos será objeto de protesto por ordem do juiz e, na sua falta, a requerimento do interessado e sob sua exclusiva responsabilidade.

A Justiça do Trabalho reconhece a aplicação do protesto extrajudicial à execução trabalhista:

> Resolução TST 203, de 15 de março de 2016.
>
> Art. 17. Sem prejuízo da inclusão do devedor no Banco Nacional de Devedores Trabalhistas (CLT, art. 642-A), aplicam-se à execução trabalhista as normas dos artigos 495, 517 e 782, §§ 3º, 4º e 5º do CPC, que tratam respectivamente da hipoteca judiciária, do protesto de decisão judicial e da inclusão do nome do executado em cadastros de inadimplentes.

Relevante a informação de que, assim como ocorre com a escritura pública, não há tipicidade para a utilização do protesto extrajudicial, o qual, em Estados como São Paulo e a anteriormente citada Bahia, pode ter como objeto qualquer documento dotado dos requisitos certeza, liquidez e exigibilidade, ou que represente obrigação econômica. Vejamos item do Capítulo XV, do Código de Normas do Estado de São Paulo:

> 22. Além dos considerados títulos executivos, também são protestáveis outros documentos de dívida dotados de certeza, liquidez e exigibilidade, atributos a serem valorados pelo Tabelião, com particular atenção, no momento da qualificação notarial.

Valoriza-se, mais uma vez, a atuação do tabelião de protesto, que irá aferir no momento da qualificação notarial, se o documento cujo protesto se almeja, preenche os requisitos legais.

O Provimento 87, do Conselho Nacional de Justiça, conhecido por regulamentar a Central Nacional de Serviços Eletrônicos dos Tabeliães de Protesto de Títulos – CENPROT Nacional, uma conquista para a atividade, contém informação que merece destaque:

> Art. 2º, § 1º Os títulos e *outros documentos de dívida podem ser apresentados, mediante simples indicação do apresentante*, desde que realizados exclusivamente por meio eletrônico, segundo os requisitos da "Infraestrutura de Chaves Públicas Brasileira – ICP Brasil" ou outro meio seguro disponibilizado pelo Tabelionato, autorizado pela respectiva Corregedoria-Geral de Justiça, e com a declaração do apresentante, feita sob as penas da lei, de que a dívida foi regularmente constituída e que os documentos originais ou suas cópias autenticadas, comprobatórios da causa que ensejou a apresentação para protesto, são mantidos em seu poder, comprometendo-se a exibi-los sempre que exigidos no lugar onde for determinado, especialmente se sobrevier sustação judicial do protesto (grifo nosso).

c) *incluem-se entre os títulos sujeitos a protesto as certidões de dívida ativa da União, dos Estados, do Distrito Federal, dos Municípios e das respectivas autarquias e fundações públicas* – A previsão legal do protesto de certidões de dívida ativa foi inserida na Lei Federal 9.492/97, pela Lei Federal 12.767/12, declarada constitucional pelo Supremo Tribunal Federal (STF), na Ação Direta de Inconstitucionalidade 5135, que firmou a seguinte tese:

> O protesto das Certidões de Dívida Ativa constitui mecanismo constitucional e legítimo por não restringir de forma desproporcional quaisquer direitos fundamentais garantidos aos contribuintes e, assim, não constituir sanção política.

Nada mais natural do que o Poder Público se valer do serviço, também público, prestado pelos tabeliães de protesto, na recuperação de créditos fiscais. A sempre árdua discussão travada em torno do assunto vive tempos de paz após o julgado da Suprema Corte.

Aliás, bastante razoável defender não só a possibilidade, mas sim a obrigatoriedade do protesto de certidões de dívida ativa, previamente à execução fiscal, visando atender ao princípio constitucional da eficiência, bem como a efetiva arrecadação citada no artigo 11 da Lei de Responsabilidade Fiscal (Lei Complementar 101/2000). A efetividade ocorreria em decorrência das principais características do protesto, à frente estudadas.

> A não arrecadação afeta o equilíbrio e o planejamento, pilares da Lei Complementar 101/2000, sob a qual se assenta toda lógica da probidade administrativa e da responsabilidade fiscal. Nada adianta ao ente federativo instituir tributos, planejar, criar o orçamento, estabelecer metas, buscar o equilíbrio teórico, se ausente a efetiva arrecadação do valor monetário. Consequentemente, as contas públicas apresentarão déficits ou restarão desbalanceadas, ou minimamente forçará ao corte de investimentos, prejudicando a execução das políticas públicas já tão frágeis e insuficientes para o atendimento da coletividade.[4]

O protesto de certidões de dívida ativa contribui sensivelmente para o fenômento da "desjudicialização", à medida que cada documento pago na serventia extrajudicial representa uma execução fiscal a menos, nas extremamente abarrotadas Varas de Execução Fiscal.

Os ganhos do Poder Público não se resumem somente à recuperação dos valores devidos e não pagos. Ao optar pelo protesto notarial, medida dotada de efetividade, nota-se uma verdadeira educação dos devedores, os quais passam a dar a devida importância ao pagamento de impostos.

Infelizmente, quando o Poder Público não opta pelo protesto extrajudicial como ferramenta de recuperação de crédito, os tributos tendem a ser deixados em último lugar numa escala de preferência de pagamentos. Crediários, contas telefônicas, TV por assinatura, cartões de crédito... dívidas que passam a frente dos impostos na "corrida" pelo pagamento, pois os credores de tais dívidas tendem a ser mais rápidos na tomada de providências para o recebimento daquilo que lhes é devido. O tributo? Deixado de lado, na torcida do devedor para que nenhuma atitude seja tomada pelo Poder Público, ou ainda que ocorra algum fenômeno legal que torne inviável a cobrança, como a prescrição.

Tal situação vem mudando drasticamente com a utilização do protesto extrajudicial, gerando a consciência nas pessoas de que é efetivamente necessário pagar impostos, sob pena de haver o abalo ao seu crédito, como consequência do protesto. Sem sombra de dúvidas é uma satisfação que o Poder Público presta à maioria adimplente, que arduamente honra com os seus compromissos.

Muitos políticos, em especial na esfera municipal, onde há um contato mais próximo com os eleitores, vislumbram no protesto notarial uma medida "anti-política", impressão que esperamos desfazer com a transcrição a seguir:

---

4. DEL GUÉRCIO NETO, Arthur. LAMANAUSKAS, Milton Fernando. O protesto de certidões de dívida ativa e a eficiência administrativa. In: PEDROSO, Regina (Coord.). *Estudos avançados de direito notarial e registral*. 2. ed. Rio de Janeiro: Elsevier, 2014.

O prefeito de Mangaratiba (RJ), Carlos Busatto Jr. (Charlinho), concedeu com exclusividade ao informativo do Instituto de Estudos de Protesto de Títulos, a seguinte entrevista, na qual enaltece o serviço de Protesto de Títulos como o mais importante instrumento de cobrança na esfera extrajudicial.

(...)

9 – Por tomar uma medida enérgica, porém moralizadora, ocorreram problemas políticos?

R: Absolutamente, uma vez que o Chefe do Executivo investiu esse numerário advindo da Dívida Ativa, em obras no Município, fato que proporcionou uma valorização expressiva de todos os imóveis.

10 – Em resumo, qual a sua opinião sobre o protesto como instrumento de cobrança dos débitos fiscais?

R: É um instrumento eficaz, inteligente, rápido e, o que é mais importante, sem custos para o Município. Esse novo instrumento proporcionou a reeducação dos contribuintes, que puderam reavaliar a importância do pagamento de seus tributos em dia; tal aspecto pôde ser observado neste ano, quando do pagamento do IPTU/ 2002; ou seja, uma resposta efetiva e gratificante para todo esse trabalho.[5]

2. CARACTERÍSTICAS DO PROTESTO EXTRAJUDICIAL

Analisadas as informações extraídas do conceito legal do protesto extrajudicial, passemos ao estudo de suas mais relevantes características, no afã de ofertar elementos que possibilitem um conhecimento geral do instrumento legal de recuperação de crédito:

I) Gratuidade para o credor

Considerando o fato de o protesto notarial ser uma ferramenta de recuperação de crédito, a gratuidade para o credor se traduz em uma de suas principais características, pois não gera novos gastos ao já lesado credor.

A citada qualidade atualmente existe em todo o Brasil, fruto do Provimento 86 do Conselho Nacional de Justiça:

> Art. 2º A apresentação, distribuição e todos os atos procedimentais pertinentes às duplicatas escriturais (eletrônicas) e demais títulos e outros documentos de dívidas encaminhados a protesto por Banco, Financeira ou pessoa jurídica fiscalizada por órgãos do Sistema Financeiro Nacional, na qualidade de credor ou apresentante, independem de depósito ou pagamento prévio dos emolumentos e dos demais acréscimos legais e das despesas que estão contemplados no *caput*, cujos valores devidos serão exigidos dos interessados, de acordo com a tabela de emolumentos e das despesas reembolsáveis vigentes na data:
>
> I – da protocolização, quando da desistência do pedido do protesto, do pagamento elisivo do protesto ou do aceite ou devolução de devedor;
>
> II – do pedido de cancelamento do registro do protesto ou da recepção de ordem judicial para a sustação ou cancelamento definitivo do protesto ou de seus efeitos.
>
> § 1º As disposições do *caput* deste artigo aplicam-se:
>
> a) às pessoas jurídicas fiscalizadas por agências que regulam as atividades de serviços públicos que são executados por empresas privadas sob concessão, permissão ou autorização, na qualidade de credoras, bem como aos credores ou apresentantes de decisões judiciais transitadas em julgado oriundas da Justiça Estadual, da Justiça Federal ou da Justiça do Trabalho e à União Federal, aos Estados, ao Distrito

5. BUSATTO JR., Carlos. Serviço de Protesto de Títulos. *Informativo do Instituto de Estudos de Protesto de Títulos*. Disponível em: http://www.1protestodecampogrande.com.br/index.cfm?m=2&pag=corpo_noticia&NoticiaID=141. Acesso em: 22 fev. 2023.

Federal, aos Municípios e às suas respectivas Autarquias e Fundações Públicas no que concerne às suas certidões da dívida ativa.

b) a qualquer pessoa física ou jurídica desde que o vencimento do título ou do documento de dívida *não ultrapasse o prazo de 1 (um) ano no momento da apresentação para protesto.*

§ 2º Os valores destinados aos Ofícios de distribuição ou outros serviços extrajudiciais, aos entes públicos ou entidades, a título de emolumentos, custas, taxa de fiscalização, contribuições, custeio de atos gratuitos, tributos, ou de caráter assistencial, serão devidos na forma prevista no *caput* deste artigo, e repassados somente após o efetivo recebimento pelo Tabelião de Protesto. (grifo nosso)

Em São Paulo há ainda previsão na Lei Estadual 11.331/02, nos seguintes moldes:

Tabela IV – Dos Tabelionatos de Protesto de Títulos

Notas Explicativas

6 A apresentação a protesto, de títulos, documentos de dívidas e indicações, *independe de prévio depósito dos valores dos emolumentos e de qualquer outra despesa*, cujos valores serão pagos pelos respectivos interessados no ato elisivo do protesto ou, quando protestado o título, no ato do pedido do cancelamento do respectivo registro ou no da sustação judicial definitiva de seus efeitos, salvo na sustação judicial do protesto que serão cobrados do sucumbente quando tornada em caráter definitivo, hipóteses em que serão observados para o cálculo, cobrança e recolhimentos, os seguintes critérios: (grifo nosso)

Apesar de muitos criticarem a gratuidade para o credor, trata-se de uma medida positiva para a classe e para a sociedade. Para a classe, pois aumenta-se consideravelmente o número de títulos e documentos apontados, o que certamente não ocorreria na ausência da gratuidade, à medida que vários credores não optariam por dispender novos valores, atitude que poderia tornar o seu prejuízo ainda maior. Para a sociedade, pois torna o acesso ao protesto universal: não importa o poderio financeiro do credor, ou o valor a se recuperar; todos podem protestar!

II) Rapidez

Art. 12, Lei Federal 9.492/97. O protesto será registrado dentro de três dias úteis contados da protocolização do título ou documento de dívida.

§ 1º Na contagem do prazo a que se refere o *caput* exclui-se o dia da protocolização e inclui-se o do vencimento.

§ 2º Considera-se não útil o dia em que não houver expediente bancário para o público ou aquele em que este não obedecer ao horário normal.

No rápido prazo de aproximadamente três dias úteis, o credor tem uma resposta quanto ao pagamento ou não de seu título de crédito ou outro documento de dívida.

Havendo o pagamento, o valor recebido pela serventia é disponibilizado ao credor.

Caso não haja o pagamento, é registrado o protesto, gerando o abalo ao crédito do devedor, que deverá procurar o credor para realizar o pagamento. Note-se que até o registro do protesto, o pagamento é feito junto ao cartório; após, em regra, diretamente ao credor, o que poderá ensejar o cancelamento do protesto.

O rápido prazo de três dias úteis poderá sofrer pequenas oscilações, em situações como as previstas no artigo 13 da Lei Federal 9.492/97:

Art. 13. Quando a intimação for efetivada excepcionalmente no último dia do prazo ou além dele, por motivo de força maior, o protesto será tirado no primeiro dia útil subsequente.

III) Abalo ao crédito

Trata-se de decorrência direta da publicidade do protesto, que se amplia com a remessa das certidões em forma de relação às entidades de proteção ao crédito e com a multiplicação de bancos de consulta gratuita disponibilizados pelos próprios Tabeliães de Protesto, por meio das entidades que os agrupam.[6]

A publicidade do protesto não se restringe somente à consulta gratuita disponibilizada pelos tabeliães no site https://site.cenprotnacional.org.br. As entidades de proteção ao crédito alimentam as suas bases de dados com as informações dos títulos e documentos protestados, por intermédio de certidões em forma de relação (artigo 29 da Lei Federal 9.492/97).

Logo, a opção pelo protesto direciona a informação da inadimplência a vários órgãos, utilizando um único canal, o cartório de protesto, com alguns diferenciais que serão trabalhados na análise da última característica do protesto, qual seja, a segurança jurídica.

O abalo ao crédito em si consiste na impossibilidade de obtenção de crédito nos mais variados segmentos da sociedade, em decorrência da inadimplência tornada pública pelo protesto extrajudicial. Grandes magazines, bancos, indústrias, dentre outros, apuram a saúde financeira de seus clientes, antes de conceder créditos, pela análise de seu histórico de pagamento, visualizado, dentre outros, nos assentamentos dos cartórios de protesto.

IV) Segurança jurídica

Muitas são as características do protesto notarial, mas a última analisada na presente obra será a segurança jurídica, marca da atuação dos tabeliães e oficiais, em decorrência da fé-pública, ínsita à atividade notarial e registral.

O tabelião de protesto, profissional do Direito, deve buscar de maneira minuciosa, o estudo jurídico de todos os títulos e documentos que sejam apresentados em sua serventia extrajudicial, apurando a viabilidade pelo seu ingresso e regular andamento.

Aí reside a principal diferença para a negativação direta junto a órgãos de restrição ao crédito, os quais não analisam com maior profundidade todos os casos que recebem, muitas vezes causando danos aos devedores. Ao optar pelo protesto notarial, o credor demonstra respeito ao seu devedor, buscando receber aquilo que lhe é devido por um caminho seguro e transparente.

Esclareça-se neste ponto, diferença crucial entre o protesto e a negativação direta, no tocante à responsabilidade do credor. Em relação à negativação sem protesto, o credor, após ser paga a dívida, é o responsável pela exclusão do nome do devedor dos bancos de dados de devedores inadimplentes, ao passo que, em relação ao protesto, não é obrigação do credor promover o seu cancelamento...[7]

---

6. BUENO, Sérgio Luiz José. Tabelionato de protesto. In: CASSETTARI, Christiano (Coord.). *Coleção Cartórios*. São Paulo: Saraiva, 2013.
7. BIANCONI, Thiago Lobo. Recentes alterações normativas do protesto notarial: averbações e publicidade. In: DEL GUÉRCIO NETO, Arthur e DEL GUÉRCIO, Lucas Barelli (Coord.). *O Direito notarial e registral em artigos*. São Paulo: YK Editora, 2016.

Uma vez mais, nos socorremos ao Superior Tribunal de Justiça (STJ), o qual, na Jurisprudência em Teses 56, abordou o assunto:

> 16) Incumbe ao devedor providenciar o cancelamento do protesto após a quitação da dívida, salvo pactuação expressa em contrário.
>
> Precedentes: AgRg nos EDcl no REsp 1367833/SP, Rel. Ministro Marco Aurélio Bellizze, Terceira Turma, julgado em 16.02.2016, DJe 19.02.2016; EDcl no Ag 1120546/MG, Rel. Ministro João Otávio de Noronha, Quarta Turma, julgado em 14.06.2011, DJe 20.06.2011; REsp 861009/SC, Rel. Ministro Sidnei Beneti, Terceira Turma, julgado em 16.03.2010, DJe 29.03.2010; REsp 999577/MG, Rel. Ministra Nancy Andrighi, Terceira Turma, julgado em 04.03.2010, DJe 06.04.2010; AREsp 415391/SP (decisão monocrática), Rel. Ministro Raul Araújo, julgado em 19.02.2016, DJ 07.03.2016; REsp 1331787/SP (decisão monocrática), Rel. Ministro Ricardo Villas Bôas Cueva, julgado em 07.05.2015, DJ 04.08.2015.

Ao protestar, o credor não tem a obrigação legal pelo cancelamento do protesto, ao passo que, na negativação direta, será o responsável pela exclusão dos dados do devedor do respectivo cadastro, gerando assim, uma preocupação inexistente no procedimento do protesto.

> Assim, na aparência o protesto fica com um gosto amargo, uma nota de hostilidade, de amaldiçoado; todavia, em verdade, é remédio ao inadimplemento, é ponto de saneamento dos conflitos de crédito cambial presentes e de prevenção de negócios futuros, é meio simples, célere e eficaz de satisfação de boa parte dos títulos não honrados em seu vencimento; exerce, enfim, função de cura e de profilaxia jurídica e, também por isso, não é apêndice, mas integra a medula do sistema cambiário, com sua presença medicinal entre a vida e a morte dos títulos de crédito.[8]

Importante salientar que o Conselho Nacional de Justiça valorizou a atividade dos tabeliães de protesto, por intermédio do Provimento 72, do ano de 2018, que dispõe sobre medidas de incentivo à quitação ou à renegociação de dívidas protestadas, destacando-se os seguintes artigos:

> Art. 2º As medidas de incentivo à quitação ou à renegociação de dívidas protestadas nos tabelionatos de protesto serão medidas prévias e facultativas aos procedimentos de conciliação e mediação e deverão observar os requisitos previstos neste provimento.
>
> Art. 6º São requisitos mínimos para requerer medidas de incentivo à quitação ou à renegociação de dívidas protestadas e procedimentos de conciliação e de mediação:
>
> I – qualificação do requerente, em especial, o nome ou denominação social, endereço, telefone e *e-mail* de contato, número da carteira de identidade e do cadastro de pessoas físicas (CPF) ou do cadastro nacional de pessoa jurídica (CNPJ) na Secretaria da Receita Federal, conforme o caso;
>
> II – dados suficientes da outra parte para que seja possível sua identificação e convite;
>
> III – a indicação de meio idôneo de notificação da outra parte;
>
> IV – a proposta de renegociação;
>
> V – outras informações relevantes, a critério do requerente.

8. AMADEI, Vicente de Abreu. *Introdução ao direito notarial e registral*. Porto Alegre: Sergio Antonio Fabris Editor, 2004.

3. DISTRIBUIÇÃO DOS TÍTULOS E DOCUMENTOS DE DÍVIDA PARA PROTESTO

Encerrada a breve análise sobre as características do protesto, oportuno estudar a figura da distribuição, prevista no já transcrito parágrafo único do artigo 11 da Lei Federal 8.935/94. Se na mesma localidade houver mais de um tabelião de protesto, haverá a prévia distribuição, obedecidos os critérios de quantidade e qualidade (artigos 7º e 8º, da Lei Federal 9.492/97).

Como avaliar a qualidade? É notório, na rotina de trabalho das serventias extrajudiciais, que determinados títulos de crédito e outros documentos de dívida possuem uma maior probabilidade de pagamento, se comparados a outros. Duplicatas enviadas pela rede bancária têm um potencial de pagamento diferenciado em relação a cheques, por exemplo.

Pensemos em uma cidade com dois cartórios de protestos, na qual exista o distribuidor. Esse último recebe em determinado dia 100 (cem) títulos, sendo 50 (cinquenta) cheques e 50 (cinquenta) duplicatas enviadas pela rede bancária. Se o critério de distribuição fosse somente o quantitativo, tanto faria a espécie de título, cada cartório receberia 50 (cinquenta) a protesto. No entanto, observado o critério qualitativo, o razoável é que cada serventia receba 25 (vinte e cinco) cheques e 25 (vinte e cinco) duplicatas.

Art. 7º, parágrafo único, Lei Federal 9.492/97. Onde houver mais de um Tabelionato de Protesto de Títulos, a distribuição será feita por um Serviço instalado e mantido pelos próprios Tabelionatos, salvo se já existir Ofício Distribuidor organizado antes da promulgação desta Lei.

Em regra, o Serviço de Distribuição será instalado e mantido pelos próprios tabeliães de protesto, salvo se existir o Ofício Distribuidor organizado antes da promulgação da Lei do Protesto. Vejamos os seguintes artigos da Lei Federal 8.935/94:

> **Art. 13. Aos oficiais de registro de distribuição compete privativamente:**
>
> **I – quando previamente exigida, proceder à distribuição equitativa pelos serviços da mesma natureza, registrando os atos praticados; em caso contrário, registrar as comunicações recebidas dos órgãos e serviços competentes;**
>
> **II – efetuar as averbações e os cancelamentos de sua competência;**
>
> **III – expedir certidões de atos e documentos que constem de seus registros e papéis.**
>
> **Art. 53. Nos Estados cujas organizações judiciárias, vigentes à época da publicação desta lei, assim previrem, continuam em vigor as determinações relativas à fixação da área territorial de atuação dos tabeliães de protesto de títulos, a quem os títulos serão distribuídos em obediência às respectivas zonas.**
>
> **Parágrafo único. Quando da primeira vacância, aplicar-se-á à espécie o disposto no parágrafo único do art. 11.**

O artigo 13 contém as competências dos oficiais de registro de distribuição, quando essa figura não for mantida pelos próprios tabeliães de protesto. Já o artigo 53, disposição transitória, trata da área de atuação dos tabeliães de protesto, vinculada à figura da distribuição naqueles municípios que forem servidos por mais de um tabelião.

Alguns Estados, como Rondônia, disciplinam a figura da distribuição, atentos à sua realidade local. Vejamos o Código de Normas:

> Art. 249. Ao serviço de distribuição competirá:
>
> X – na comarca de Porto Velho, onde ainda há serviço de distribuição que não foi instalado pelos tabelionatos, as despesas ou emolumentos da distribuição corresponderão a 10% (dez por cento) sobre o valor dos emolumentos previstos em tabela, devido pelo ato praticado, exclusivamente para os atos de: pagamento, desistência e protesto, decorrente da distribuição, cujos valores serão arcados pelas serventias de protesto atendidas pelo referido distribuidor:
>
> a) para o serviço de distribuição mantido na forma deste inciso, até o dia 20 (vinte) de cada mês, no tocante à primeira quinzena, e até o dia 5 (cinco) do mês seguinte, relativamente à segunda quinzena, as serventias de protesto repassarão ao serviço de distribuição a receita apurada, sob pena de interrupção do direcionamento dos títulos ao infrator e de outras cominações legais.

Capítulo VII
OS OFICIAIS DE REGISTRO (ARTIGO 12)

Art. 12. Aos oficiais de registro de imóveis, de títulos e documentos e civis das pessoas jurídicas, civis das pessoas naturais e de interdições e tutelas compete a prática dos atos relacionados na legislação pertinente aos registros públicos, de que são incumbidos, independentemente de prévia distribuição, mas sujeitos os oficiais de registro de imóveis e civis das pessoas naturais às normas que definirem as circunscrições geográficas.

O artigo 12 da Lei Federal 8.935/94 cita as figuras dos oficiais de registro de imóveis, de títulos e documentos, civis das pessoas jurídicas e civis das pessoas naturais, os quais têm a territorialidade como marca de sua atuação.

Embora o artigo 12 da Lei Federal 8.935/94 mencione que aos oficiais de registro de imóveis, de títulos e documentos e civis das pessoas jurídicas, civis das pessoas naturais e de interdições e tutelas compete a prática dos atos relacionados na legislação pertinente aos registros públicos, de que são incumbidos, independentemente de prévia distribuição, mas sujeitos os oficiais de registro de imóveis e civis das pessoas naturais às normas que definirem as circunscrições geográficas, o Código de Normas de São Paulo admite a Central de Distribuição de Títulos-CDT, existente na Capital (SP), para o Registro de Títulos e Documentos e, por via de consequência, para o Registro Civil das Pessoas Jurídicas, especialidades cujo titular da delegação é a mesma pessoa, além da Central de Serviços Eletrônicos Compartilhados de Registro de Títulos e Documentos e de Registro Civil das Pessoas Jurídicas.

Tais Centrais de Serviços Eletrônicos Compartilhados são de adesão obrigatória para todos os oficiais de registros de títulos e documentos e civis de pessoas jurídicas do país, o mesmo se dando em relação à Central Nacional de Indisponibilidade de Bens, para controle, no Registro Civil de Pessoas Jurídicas, das alienações de quotas de sociedades simples.

Dentre tantas legislações aplicáveis aos oficiais de registro, uma, em especial, merece particular atenção, por conter preceitos aplicáveis a todos: Lei Federal 6.015/73 (Lei dos Registros Públicos).

Art. 1º, Lei Federal 6.015/73 – Os serviços concernentes aos Registros Públicos, estabelecidos pela legislação civil para autenticidade, segurança e eficácia dos atos jurídicos, ficam sujeitos ao regime estabelecido nesta Lei.

§ 1º Os Registros referidos neste artigo são os seguintes:

I – o registro civil de pessoas naturais;

II – o registro civil de pessoas jurídicas;

III – o registro de títulos e documentos;

IV – o registro de imóveis.

§ 2º Os demais registros reger-se-ão por leis próprias.

A Lei Federal 14.382, de 2022, acrescentou dois parágrafos ao artigo:

§ 3º Os registros serão escriturados, publicizados e conservados em meio eletrônico, nos termos estabelecidos pela Corregedoria Nacional de Justiça do Conselho Nacional de Justiça, em especial quanto aos:

I – padrões tecnológicos de escrituração, indexação, publicidade, segurança, redundância e conservação; e

II – prazos de implantação nos registros públicos de que trata este artigo.

§ 4º É vedado às serventias dos registros públicos recusar a recepção, a conservação ou o registro de documentos em forma eletrônica produzidos nos termos estabelecidos pela Corregedoria Nacional de Justiça do Conselho Nacional de Justiça.

A existência dos oficiais de registro tem como escopo ofertar segurança jurídica às relações com origem em sua esfera de atuação, a qual engloba elementos fundamentais à vida em comunidade, como o estado da pessoa, a família e o zelo ao direito de propriedade.

"Os serviços extrajudiciais de notas e de registro se destinam a conferir segurança jurídica, reduzir conflitos e litígios, e permitir que direitos, muitas vezes essenciais, possam ser exercidos de maneira rápida e eficaz".[1]

A proteção de pilares tão relevantes à convivência em sociedade merece a construção de um sistema voltado a ofertar soluções céleres, pautadas no raciocínio e ação de profissionais do Direito preparados à responsabilidade oriunda de sua função pública. Eis o sistema notarial e registral, encabeçado pelos tabeliães e oficiais, verdadeiros guardiães da paz social.

1. REGISTRO CIVIL DAS PESSOAS NATURAIS

"O registro civil das pessoas naturais é serviço público de organização técnica e administrativa destinado a garantir publicidade, autenticidade, segurança e eficácia dos atos e fatos da vida, bem como do estado da pessoa natural".[2]

De caráter e acesso universais, é objeto dos artigos 29 e seguintes, da Lei Federal 6.015/73, frisando que outras legislações cuidam do assunto; especificamente no artigo 29, citam-se atos de registro e averbação, sendo também praticadas anotações pelos

1. SILVA, José Marcelo Tossi. Uma visão atual da prestação do serviço público de notas e de registros. In: AHUALLI, Tânia Mara e BENACCHIO, Marcelo (Coord.). *Direito notarial e registral*: homenagem às varas de registros públicos da comarca de São Paulo. São Paulo: Quartier Latin, 2016.
2. CAMARGO NETO, Mario de Carvalho; OLIVEIRA, Marcelo Salaroli de. Registro civil das pessoas naturais e a publicidade do estado da pessoa natural. In: DEL GUÉRCIO NETO, Arthur e DEL GUÉRCIO, Lucas Barelli (Coord.). *O direito notarial e registral em artigos*. São Paulo: YK Editora, 2016.

oficiais de registro civil das pessoas naturais. Dentre os principais atos de registro, encontram-se nascimentos, casamentos e óbitos.

Por se tratar de legislação antiga, muitos de seus preceitos, inclusive inerentes a outros oficiais de registro, são objeto de releitura e complementação por instrumentos e diplomas legais, visando adequá-la aos anseios da sociedade moderna. Como exemplo podemos citar a Resolução 175 do Conselho Nacional de Justiça, que disciplina o casamento entre pessoas do mesmo sexo:

> Art. 1° É vedada às autoridades competentes a recusa de habilitação, celebração de casamento civil ou de conversão de união estável em casamento entre pessoas de mesmo sexo.
>
> Art. 2° A recusa prevista no artigo 1° implicará a imediata comunicação ao respectivo juiz corregedor para as providências cabíveis.

Ou, ainda, o Provimento 37, alterado pelo Provimento 141, do mesmo Conselho Nacional de Justiça, regrando o registro da união estável no Livro E, do Oficial do Registro Civil das Pessoas Naturais (recomenda-se a leitura do artigo 94-A, da Lei Federal 6.015/73):

> Art. 1°. É facultativo o registro da união estável prevista nos artigos 1.723 a 1.727, do Código Civil, mantida entre o homem e a mulher, ou entre duas pessoas do mesmo sexo.

E mais recentemente os Provimentos 63 e 83, do Conselho Nacional de Justiça, envolvendo a paternidade socioafetiva:

> Art. 10. Provimento 63 do CNJ. O reconhecimento voluntário da paternidade ou da maternidade socioafetiva de pessoas acima de 12 anos será autorizado perante os oficiais de registro civil das pessoas naturais.

Os já citados caráter e acesso universais são observados não só na gratuidade de inúmeros dos serviços prestados pelos oficiais de registro civil das pessoas naturais, assunto adiante abordado, mas também em diversos artigos legais, como os seguintes, da Lei Federal 6.015/73:

> Art. 8° O serviço começará e terminará às mesmas horas em todos os dias úteis.
>
> Parágrafo único. *O registro civil de pessoas naturais funcionará todos os dias, sem exceção.*
>
> Art. 10. Todos os títulos, apresentados no horário regulamentar e que não forem registrados até a hora do encerramento do serviço, aguardarão o dia seguinte, no qual serão registrados, preferencialmente, aos apresentados nesse dia.
>
> Parágrafo único. *O registro civil de pessoas naturais não poderá, entretanto, ser adiado.* (grifos nossos)

Dada à essencialidade dos serviços prestados pelos oficiais de registro civil das pessoas naturais, há uma continuidade e até maior celeridade nos atos por eles praticados, ainda que sob o regime de plantão, como se observa no Código de Normas do Estado de São Paulo (Capítulo XVII):

> 7. Na Comarca da Capital, os Registros Civis das Pessoas Naturais funcionarão das 9:00 às 17:00 horas nos dias úteis, e das 9:00 às 12:00 horas aos sábados. Aos domingos, feriados e dias de paralisação das atividades forenses, observar-se-á o sistema de plantão fixado pelo Juiz Corregedor Permanente.

7.1. Nos dias em que o sábado anteceder ou suceder feriados prolongados, a abertura é facultativa, a critério do titular, observado o regime de plantão em caso de não abertura.

7.2. Nas demais Comarcas do Estado vigorará o mesmo horário previsto no item 7 ou outro que, por portaria do Juiz Corregedor Permanente, for mais consentâneo com as necessidades e costumes locais, inclusive quanto à conveniência de expediente aos sábados.

7.3. O funcionamento no sistema de plantão obedecerá, onde houver, aos convênios em vigor eventualmente celebrados com os serviços funerários locais.

7.4. Consideram-se válidos os atos de Registro Civil das Pessoas Naturais lavrados fora das horas regulamentares ou em dias em que não houve expediente.

A universalidade e essencialidade do oficial de registro civil das pessoas naturais levam doutrinadores a tratá-lo, nos dizeres do Ilustre Desembargador José Renato Nalini, como o "registro cidadão", razão pela qual deve ser prestigiado, em detrimento de projetos de lei que visam reduzir a sua esfera de atuação.

Dentre os serviços de registros públicos do sistema brasileiro, o *registro civil das pessoas naturais* é aquele que realmente pode ser chamado *registro cidadão*. É a mais democrática das instituições do Estado de Direito, pois a ela têm acesso *todos* os seres humanos. Acesso justificado, por sinal, diante do significado de seus registros para o próprio interessado, para terceiros e perante o Estado.[3]

Por certo, a publicidade do registro civil das pessoas naturais, assim como das outras serventias extrajudiciais, deve ser conciliada com valores essenciais ao ser humano, protegendo circunstâncias e fatos cuja exposição possa mais afetar do que trazer qualquer benefício ao interessado direto, e à sociedade de maneira ampla.

Há, consequentemente, necessidade de se equacionar a dicotomia entre *publicidade* do registro civil e *intimidade e dignidade* do ser humano. Ao se adotar a ponderação de princípios, nenhum deles é interpretado de maneira absoluta ou irrestrita. Há a relativização do princípio da publicidade em prestígio à dignidade da pessoa humana e à sua intimidade.[4]

A trabalhada universalidade do registro civil das pessoas naturais se consubstancia de maneira latente nas gratuidades inerentes aos atos praticados por eles.

Inúmeros são os diplomas legais que preveem gratuidades: artigo 5º, incisos LXXVI e LXXVII, da Constituição Federal; artigo 1.512 do Código Civil; artigo 30, da Lei Federal 6.015/73; e artigo 45 da Lei Federal 8.935/94, cujo teor será transcrito por ser este diploma legal o principal objeto do presente trabalho.

Art. 45. São gratuitos os assentos do registro civil de nascimento e o de óbito, bem como a primeira certidão respectiva.

§ 1º Para os reconhecidamente pobres não serão cobrados emolumentos pelas certidões a que se refere este artigo.

3. NALINI, José Renato. O registro civil das pessoas naturais. In: DIP, Ricardo Henry Marques (Coord.). *Registros públicos e segurança jurídica.* Porto Alegre: Sergio Antonio Fabris Editor, 1998.
4. ARAI, Rubens Hideo. Limitações da publicidade do registro civil de pessoas naturais em decorrência dos direitos da personalidade. In: AHUALLI, Tânia Mara e BENACCHIO, Marcelo (Coord.). *Direito notarial e registral:* homenagem às varas de registros públicos da comarca de São Paulo. São Paulo: Quartier Latin, 2016.

§ 2º É proibida a inserção nas certidões de que trata o § 1º deste artigo de expressões que indiquem condição de pobreza ou semelhantes.

Se por um lado as gratuidades têm valia no sentido de garantir amplo acesso aos serviços prestados pelos oficiais de registro civil das pessoas naturais, por outro acabam, de certa forma, prejudicando a prestação dos serviços por eles. Isso porque tais profissionais dependem dos emolumentos oriundos da prática dos atos de sua responsabilidade, para gerir de maneira adequada e eficiente a serventia. Ainda que os atos gratuitos sejam reembolsados, e que em determinados Estados exista uma complementação de renda, tais benefícios legais não suprem de maneira plena as perdas experimentadas pela gratuidade.

Algumas das gratuidades, como aquela inerente ao casamento, são concedidas mediante declaração de pobreza. Calorosas discussões são travadas em torno da possibilidade de maior investigação por parte do oficial quanto à veracidade da declaração prestada. Apesar de existirem posicionamentos dando valor considerável à declaração em si, defende-se que o oficial tenha autonomia para investigar e até mesmo impugnar a concessão da gratuidade, naqueles casos em que esta não se mostre plausível.

> O oficial de registro é delegado de serviço público, dotado de fé pública e submetido ao princípio da legalidade, o que lhe dá atribuição para conferir a correspondência entre a situação fática e a lei, que no caso seria entre a situação do declarante e a definição legal de estado de pobreza (nos termos da lei e decretos anteriormente mencionados).
>
> Diante disso, faz-se necessário que é atribuição do Registrador Civil analisar a veracidade das declarações e impugná-las na concessão de gratuidade, sem prejuízo do reexame pelo Poder Judiciário diante da irresignação dos interessados.[5]

Valiosa a leitura do Enunciado 9, da I Jornada de Direito Notarial e Registral, realizada pelo Centro de Estudos Judiciários (CEJ), da Justiça Federal:

> Em caso de suspeita ou dúvida acerca da declaração de pobreza para fins de habilitação de casamento, o Oficial de Registro Civil das Pessoas Naturais poderá solicitar documentos comprobatórios acerca da hipossuficiência.

Por fim, relevante a informação de que a Lei Federal 13.484/2017, julgada constitucional pelo Supremo Tribunal Federal (ADIN 5855), tratou os oficiais de registro civil das pessoas naturais como "ofícios da cidadania", acrescentando dois parágrafos ao artigo 29, da Lei Federal 6.015/73:

> § 3º Os ofícios do registro civil das pessoas naturais são considerados ofícios da cidadania e estão autorizados a prestar outros serviços remunerados, na forma prevista em convênio, em credenciamento ou em matrícula com órgãos públicos e entidades interessadas.
>
> § 4º O convênio referido no § 3º deste artigo independe de homologação e será firmado pela entidade de classe dos registradores civis de pessoas naturais de mesma abrangência territorial do órgão ou da entidade interessada.

---

5. CAMARGO NETO, Mario de Carvalho; OLIVEIRA, Marcelo Salaroli de. Registro civil das pessoas naturais In: CASSETTARI, Christiano (Coord.). *Coleção Cartórios*. Indaiatuba, SP: Foco, 2020.

2. REGISTRO CIVIL DAS PESSOAS JURÍDICAS

Segundo o artigo 45 do Código Civil,

> começa a existência legal das pessoas jurídicas de direito privado com a inscrição do ato constitutivo no respectivo registro, precedida, quando necessário, de autorização ou aprovação do Poder Executivo, averbando-se no registro todas as alterações por que passar o ato constitutivo.

O artigo externa uma das principais razões da existência do oficial de registro civil das pessoas jurídicas, registrar o ato constitutivo de determinados entes (sociedade simples, associações, partidos políticos, entidades religiosas etc.), conferindo-lhes personalidade jurídica. O registro constitui a pessoa jurídica (diferentemente do registro de nascimento, o qual declara a existência da pessoa natural).

Ressalte-se que a Lei Federal 14.195/21, ao dar nova redação ao § 1º do artigo 35 da Lei Federal 8.934/1994, relativizou o disposto no artigo, 45, do Código Civil, quanto à autorização prévia, ao estabelecer que

> O registro dos atos constitutivos e de suas alterações e extinções ocorrerá independentemente de autorização governamental prévia, e os órgãos públicos deverão ser informados pela Rede Nacional para a Simplificação do Registro e da Legalização de Empresas e Negócios (Redesim) a respeito dos registros sobre os quais manifestarem interesse.

Assim, a regra geral passou a ser desnecessidade, para fim de registro (*lato senso*) perante as Juntas Comerciais (o que se aplica, por extensão, aos Cartórios de Registro Civil das Pessoas Jurídicas), de autorização governamental precedente à inscrição dos atos constitutivos e suas respectivas alterações, com uma única exceção, qual seja, quando a entidade desenvolver as atividades previstas na Lei Federal 6.634/79 (atos sujeitos a assentimento prévio do Conselho de Defesa Nacional – vide artigos 2º e 5º, da referida lei).

Contudo, quanto ao funcionamento, poderá ser necessária, ainda, em razão da atividade exercida, autorização prévia, o que se dará após a inscrição no órgão de registro público competente, devendo, para tanto, serem observadas as respectivas legislações.

As competências do oficial de registro civil das pessoas jurídicas vêm previstas nos artigos 114 e seguintes, da Lei Federal 6.015/73, as quais são atualizadas e melhor desenvolvidas nos Códigos de Normas Estaduais, como o do Piauí, o qual se assemelha a outros Estados:

> Art. 646. Aos Oficiais do Registro Civil de Pessoas Jurídicas compete:
>
> I – registrar os atos constitutivos (ata de constituição e estatuto) das associações, das organizações religiosas, dos sindicatos, das fundações de direito privado e dos partidos políticos;
>
> II – registrar os contratos sociais das sociedades simples, independente de seu objeto, quer adotem o tipo simples (simples pura) quer adotem os tipos empresários, com exceção da sociedade anônima e da sociedade em comandita por ações, bem como das cooperativas;
>
> III – matricular jornais e demais publicações periódicas, oficinas impressoras, empresas de radiodifusão que mantenham serviços de notícias, reportagens, comentários, debates e entrevistas, e empresas que executam o agenciamento de notícias;

IV – averbar, nas respectivas inscrições e matrículas, todas as alterações supervenientes que importem modificações das circunstâncias constantes do registro, atendidas as exigências das leis específicas em vigor;

V – registrar e autenticar livros das pessoas jurídicas elencadas nos itens I e II deste artigo, observado o disposto na Seção VI, deste capítulo;

VI – fornecer certidões dos atos praticados.

Note-se que a competência do registro civil das pessoas jurídicas para o registro dos atos constitutivos de pessoas jurídicas não é irrestrita, concentrando-se especialmente nas sociedades simples, excluídas as sociedades empresárias, as quais deverão direcionar os seus atos constitutivos para registro às respectivas Juntas Comerciais.

Do dispositivo em questão nos parece que o legislador quis deixar assegurado que compete ao Oficial de Registro Civil de Pessoas Jurídicas o registro de atos constitutivos de pessoas jurídicas simples, ou seja, exclui a competência para o registro de pessoas jurídicas empresárias, como vimos acima. Essa interpretação está em consonância com o Código Civil atual e é como vem sendo aceita pela legislação e doutrina pátrias.[6]

Além do registro em si, serão averbadas todas as alterações posteriores, observados os preceitos legais e aqueles previstos no próprio contrato, que faz regra entre as partes. De suma relevância nesse momento de qualificação é a presença do oficial de registro civil das pessoas jurídicas, fazendo um controle com embasamento legal e contratual das pretensões das partes.

Sempre que alguém precisar ter ciência da situação contratual de determinada pessoa jurídica, poderá solicitar uma certidão, a qual é requisito obrigatório para a prática de atos notariais no Estado de São Paulo (item 42, "b", Capítulo XVI, Código de Normas de São Paulo):

42. O Tabelião de Notas, antes da lavratura de quaisquer atos, deve:

b) exigir, no tocante às pessoas jurídicas participantes dos atos notariais, cópias de seus atos constitutivos, de eventuais alterações contratuais ou da respectiva consolidação societária, acompanhadas, conforme o caso, de certidão do Registro de Títulos e Documentos e Civil de Pessoas Jurídicas, cujo prazo não poderá ser superior a um ano, ou por ficha cadastral da Junta Comercial, a ser obtida via internet; cujo prazo de emissão não poderá ser superior a 90 (noventa) dias;

Primordialmente, 4 (quatro) são os efeitos do registro realizado pelo RCPJ: (1º) *pessoal* (com o registro, surge uma nova pessoa, que é distinta da pessoa de seus componentes); (2º) *patrimonial* (no sentido de que o patrimônio da pessoa jurídica não deve se confundir com o patrimônio de seus integrantes, havendo exceções a essa regra, notadamente em face, por exemplo, do tipo societário adotado ou da situação, excepcional, de desconsideração da personalidade jurídica); (3º) *obrigacional* (no sentido de que as obrigações assumidas pela pessoa somente a ela dizem respeito, o mesmo podendo ser dito em relação às obrigações assumidas pelos seus componentes, isto é, somente a eles dizem respeito); e, (4º) *processual* (no sentido de que, num processo judicial em que a pessoa jurídica é parte, cabe a ela assumir a condição de autor ou de réu, e não os seus integrantes).[7]

---

6. GENTIL, Alberto. *Registros públicos*. Rio de Janeiro: Forense; São Paulo: Método, 2020.
7. SIQUEIRA, Graciano Pinheiro de. Registro civil das pessoas jurídicas: cautelas elementares e principais questões. In: YOSHIDA, Consuelo Yatsuda Moromizato; FIGUEIREDO, Marcelo e AMADEI, Vicente de Abreu (Coord.). *Direito notarial e registral avançado*. São Paulo: Ed. RT, 2014.

A existência de uma pessoa jurídica reflete diretamente na sociedade, pois ela se torna um polo próprio de direitos, deveres e obrigações. O trecho doutrinário exposto cita 4 (quatro) efeitos do registro realizado no registro civil da pessoa jurídica, sendo todos oriundos de uma mesma raiz: a existência de uma nova pessoa, a jurídica! Logo, toda cautela é necessária no procedimento de sua criação e registro.

Se afirmamos que o registro civil das pessoas naturais é tratado como o "registro cidadão", o registro civil das pessoas jurídicas não fica atrás, tendo relevante papel social. Isso porque as pessoas jurídicas que compõem o terceiro setor (administração privada de interesses públicos e/ou sociais, despida de finalidade lucrativa), têm a sua criação estritamente ligada a tais serventias extrajudiciais, o que garante uma cristalina transparência à atividade que desenvolvem, por terem suas bases contratuais submetidas à análise de profissionais do Direito, dotados de fé-pública.

> O Sistema de Registros se torna ainda mais instrumental no desenvolvimento do setor quando confere publicidade aos atos de determinada associação ou fundação. Trata-se de total transparência das atividades, o que se torna muito importante na captação e destinação de recursos para o setor.[8]

A Lei Federal 13.874, de 20 de setembro de 2019, coroou a liberdade contratual e estabeleceu que os negócios jurídicos devem ser interpretados partindo-se da boa-fé dos contratantes, dela podendo ser extraídos, por serem oportunos e importantes, os seguintes trechos:

> Art. 1º Fica instituída a Declaração de Direitos de Liberdade Econômica, que estabelece normas de proteção à livre-iniciativa e ao livre exercício de atividade econômica e disposições sobre a atuação do Estado como agente normativo e regulador, nos termos do inciso IV do *caput* do art. 1º, do parágrafo único do art. 170 e do *caput* do art. 174 da Constituição Federal.
>
> § 1º O disposto nesta Lei será observado na aplicação e na interpretação do direito civil, empresarial, econômico, urbanístico e do trabalho nas relações jurídicas que se encontrem no seu âmbito de aplicação e na ordenação pública, inclusive sobre exercício das profissões, comércio, juntas comerciais, registros públicos, trânsito, transporte e proteção ao meio ambiente.
>
> § 2º Interpretam-se em favor da liberdade econômica, da boa-fé e do respeito aos contratos, aos investimentos e à propriedade todas as normas de ordenação pública sobre atividades econômicas privadas.
>
> § 6º Para fins do disposto nesta Lei, consideram-se atos públicos de liberação a licença, a autorização, a concessão, a inscrição, a permissão, o alvará, o cadastro, o credenciamento, o estudo, o plano, o registro e os demais atos exigidos, sob qualquer denominação, por órgão ou entidade da administração pública na aplicação de legislação, como condição para o exercício de atividade econômica, inclusive o início, a continuação e o fim para a instalação, a construção, a operação, a produção, o funcionamento, o uso, o exercício ou a realização, no âmbito público ou privado, de atividade, serviço, estabelecimento, profissão, instalação, operação, produto, equipamento, veículo, edificação e outros.

8. PEDROSO, Regina. Registro civil de pessoas jurídicas: segurança jurídica para o terceiro setor. In: PEDROSO, Regina (Coord.). *Estudos avançados de direito notarial e registral*. 2. ed. Rio de Janeiro: Elsevier, 2014.

3. REGISTRO DE TÍTULOS E DOCUMENTOS

Feito esse esclarecimento inicial, podemos dizer que denominamos *Registro de Títulos e Documentos* ao órgão registral a que é incumbida, na forma da lei, como principal e preponderante atribuição, a realização do registro destinado a conferir, ao instrumento particular que prova as obrigações convencionais de qualquer valor, desde que feito e assinado, ou somente assinado, por quem esteja na livre disposição e administração de seus bens, bem como ao instrumento da respectiva cessão de direito, os efeitos em relação a terceiros, na forma estabelecida pelo art. 221 do Código Civil, especialmente quando essas obrigações não sejam convencionadas em relação a bens imóveis.[9]

O valioso conceito doutrinário se concentra em fornecer elementos sobre uma das principais atribuições do registro de títulos e documentos, qual seja, conferir efeitos a determinados documentos com relação a terceiros, sem limitar a sua atuação a tal atribuição e esclarecendo que os bens imóveis estariam excluídos dessa dinâmica, pelo fato de terem regramento próprio junto ao oficial de registro de imóveis. Para tanto, cita-se o artigo 221, do Código Civil, cuja leitura é recomendada:

Art. 221. O instrumento particular, feito e assinado, ou somente assinado por quem esteja na livre disposição e administração de seus bens, prova as obrigações convencionais de qualquer valor; mas os seus efeitos, bem como os da cessão, não se operam, a respeito de terceiros, antes de *registrado no registro público*. (grifo nosso)

Ao lado do artigo 221 do Código Civil devem ser estudados os artigos 127 e seguintes da Lei Federal 6.015/73, os quais contêm as atribuições dos oficiais de registros de títulos e documentos. Nos artigos 127 e 129 da denominada Lei dos Registros Públicos, encontraremos uma série de documentos passíveis de registro, com a consequente produção de efeitos perante terceiros. Apesar de somente o artigo 129 citar a produção de efeitos perante terceiros, tal efeito também é observado com relação aos documentos previstos no artigo 127, exceção àqueles de registro facultativo, para fins de conservação. A Lei Federal 14.382 de 2022, trouxe importantes mudanças voltadas ao Oficial de Registro de Títulos e Documentos.

Art. 127. No Registro de Títulos e Documentos será feita a transcrição:

VII – facultativo, de quaisquer documentos, para sua conservação.

Art. 127-A. O registro facultativo para conservação de documentos ou conjunto de documentos de que trata o inciso VII do *caput* do art. 127 desta Lei terá a finalidade de arquivamento de conteúdo e data, não gerará efeitos em relação a terceiros e não poderá servir como instrumento para cobrança de dívidas, mesmo que de forma velada, nem para protesto, notificação extrajudicial, medida judicial ou negativação nos serviços de proteção ao crédito ou congêneres.

Muitos doutrinadores discutem a razão pela qual um indivíduo realizaria o registro de um documento facultativamente, para fins conservatórios. É praticamente uma unanimidade a ideia de que os seres humanos têm uma preocupação em documentar os fatos relevantes de suas vidas:

9. ALVARES, Pércio Brasil; PAIVA, João Pedro Lamana. Registro de títulos e documentos. In: CASSETTARI, Christiano (Coord.). *Coleção Cartórios*. 3. ed. Indaiatuba, SP: Foco, 2020.

> No caso específico dos Registros de Títulos e Documentos e Registro Civil das Pessoas Jurídicas, vê-se que, desde tempos imemoriais, o homem tem demonstrado intensa preocupação de perpetuar atos e fatos relevantes (inscrições e desenhos em pedras) e essa constitui, ainda, a essência dos serviços de registro de títulos e documentos, agora não apenas com efeito conservativo, mas também para que surta efeitos jurídicos.[10]

Ao lado da facultatividade, outra característica bastante debatida quando o assunto é o registro de títulos e documentos é a subsidiariedade, que tem fundamento legal no parágrafo único do artigo 127 da Lei de Registros Públicos:

> Parágrafo único. Caberá ao Registro de Títulos e Documentos a realização de quaisquer registros não atribuídos expressamente a outro ofício.

A subsidiariedade tem como consequência automática a inexistência de tipicidade na atuação do oficial de registro de títulos e documentos, o qual poderá registrar uma infinidade de documentos, vez que quaisquer registros não inerentes a outras serventias extrajudiciais estarão em sua possível esfera de atuação. Alvares e Paiva, na já citada obra da Coleção Cartórios relativa ao registro de títulos e documentos, trazem bem fundamentada defesa para o registro da carteira de trabalho e do "bolão" de loteria, sendo recomendada a leitura da obra.

> Outra característica importante do RTD é a sua subsidiariedade. Isso significa que qualquer documento ou título que não tenha ingresso em outra especialização (Registro de Imóveis, Registro Civil das Pessoas Naturais, Tabelionatos) pode ser registrado no RTD. Apenas não é possível registrar no RTD documentos que não tiverem ingresso em outro ofício por estarem irregulares, já que o RTD, assim como os demais ofícios de registro, gera para a população uma presunção de lisura.[11]

Interessante a abordagem do Ilustre Professor Kümpel, no sentido de que a irregularidade de um documento, que deveria ser registrado em outra especialidade de serventia extrajudicial, não pode ensejar a sua apresentação em caráter subsidiário ao registro de títulos e documentos, pois tal situação afrontaria toda a base da estrutura notarial e registral, edificada no intuito de ofertar segurança jurídica àqueles que dela necessitem.

A notificação extrajudicial, útil instrumento para inúmeras finalidades, é atribuição do oficial de registro de títulos e documentos, sendo meio de:

> prova de recebimento ou de se ter dado conhecimento, de maneira incontestável, do conteúdo ou teor de qualquer ato jurídico levado a registro, fazendo-se dessa maneira, inequívoca constatação, de que o notificado recebeu o documento que lhe foi enviado, dele tomando ciência de todo o teor, e provando-se, quando necessário, qual foi o teor de que tomou conhecimento... Inúmeros são os casos em que a notificação extrajudicial é o gatilho inicial de responsabilizar. De provar. De provocar provas. De desmascarar engodos. De prevenir responsabilidades. De chamar à autoria. De precaver-se contra danos. De alegar para depois provar. De constituir mora. De solicitar cumprimento de obrigações.[12]

---

10. CHICUTA, Kioitsi. Os profissionais do direito e a extinção dos serviços notariais e de registro como serviços públicos delegados. O registro de títulos e documentos e o registro civil das pessoas jurídicas. In: DIP, Ricardo Henry Marques (Coord.). *Registros públicos e segurança jurídica*. Porto Alegre: Sergio Antonio Fabris Editor, 1998.
11. KÜMPEL, Vitor Frederico. *Desvendando o registro de títulos e documentos*. Disponível em: http://www.migalhas.com.br/Registralhas/98,MI186563,71043-Desvendando+o+registro+de+titulos+e+documentos. Acesso em: 24 fev. 2023.
12. SIVIERO, José Maria. *Títulos e documentos e pessoa jurídica* – Seus registros na prática. Edição do autor, 1983, apud SIVIERO, José Maria. A vanguarda do registro de títulos e documentos no Brasil. In: AHUALLI, Tânia Mara e

Percebe-se que a grande valia da notificação extrajudicial, prevista no artigo 160 da Lei Federal 6.015/73, é cientificar acerca do conteúdo de um documento, tendo inquestionável finalidade probatória.

O Superior Tribunal de Justiça (STJ) tem importante julgado envolvendo a territorialidade nas notificações extrajudiciais, ofertando interpretação bastante flexível:

> Recurso Especial 1.237.699 – SC (2011/0027070-9)
>
> Recurso especial. Ação de busca e apreensão. Contrato de financiamento de automóvel com garantia de alienação fiduciária. Notificação extrajudicial realizada por cartório de títulos e documentos localizado em comarca diversa da do domicílio do devedor.
>
> 1. A notificação extrajudicial realizada e entregue no endereço do devedor, por via postal e com aviso de recebimento, é válida quando realizada por Cartório de Títulos e Documentos de outra Comarca, mesmo que não seja aquele do domicílio do devedor.
>
> 2. De fato, inexiste norma no âmbito federal relativa ao limite territorial para a prática de atos registrais, especialmente no tocante aos Ofícios de Títulos e Documentos, razão pela qual é possível a realização de notificações, como a efetivada no caso em apreço, mediante o requerimento do apresentante do título, a quem é dada liberdade de escolha nesses casos.
>
> 3. A notificação extrajudicial, seja porque não está incluída nos atos enumerados no art. 129, seja porque não se trata de ato tendente a dar conhecimento a terceiros acerca de sua existência, não está submetido ao disposto no art. 130 da Lei 6.015/73.
>
> 4. Recurso especial conhecido em parte e, nesta parte, provido.

Tamanha a importância do julgado o fez ser citado, em dado momento, no Código de Normas do Estado de São Paulo (Capítulo XIX):

> 42.1. As comunicações extrajudiciais poderão ser efetivadas pessoalmente, via postal ou por edital, afixado em local próprio da serventia e publicado pela imprensa local, pelo Oficial de Registro da escolha do requerente (STJ – Recurso Especial 1.237.699 – SC – recurso repetitivo). (artigo revogado)

O texto atual do Código de Normas de São Paulo assim aborda o tema (Capítulo XIX):

> 60. O interessado poderá requerer ao Oficial da livre escolha do apresentante que a notificação seja feita por via postal, mediante o envio de carta registrada com aviso de recebimento (A.R.), pelo Correio, para o endereço indicado pelo requerente, entendendo-se perfeito e acabado o ato quando da devolução do aviso de recebimento (A.R.).
>
> 60.1. Recebido do Correio o aviso de recebimento (A.R.), o Oficial averbará, no prazo máximo de 5 (cinco) dias, o resultado da notificação.

A aclamada livre escolha do tabelião de notas é refletida ao oficial de registro de títulos e documentos, com relação à notificação extrajudicial pela via postal; caso a opção seja pela notificação extrajudicial pessoal, recomenda-se a prática do ato pelo oficial do domicílio daquele que será notificado.

O maleável quadro nem sempre foi aceito com pacificidade, havendo manifestação do Conselho Nacional de Justiça contrária à livre escolha na notificação extrajudicial pela via postal. No entanto, em 2023, o Supremo Tribunal Federal manteve o perfil de

---

BENACCHIO, Marcelo (Coord.). *Direito notarial e registral*: homenagem às varas de registros públicos da comarca de São Paulo. São Paulo: Quartier Latin, 2016.

posicionamento do Superior Tribunal de Justiça na Ação Originária 1.892/DF, destacando-se da decisão o seguinte trecho:

> Posto isso, julgo procedente o pedido (art. 21, § 1º, do RISTF) para declarar a invalidade do ato administrativo do CNJ, reconhecendo aos registradores de títulos e documentos associados da autora o direito de continuarem enviando as notificações extrajudiciais por via postal com aviso de recebimento, independentemente de circunscrição territorial de domicílio do notificado, tornando definitiva a liminar anteriormente concedida nestes autos.

O princípio da territorialidade, no Registro de Títulos e Documentos, não se aplica no caso da notificação extrajudicial, bem como no caso de registro facultativo, para exclusiva guarda e conservação do documento. É o que estabelece o item 1.2, do Capítulo XIX, do Código de Normas de São Paulo, dispositivo este que vem se repetindo também em outros Códigos de Normas emanados das Corregedorias Gerais dos Estados.

> 1.2. O princípio da territorialidade não se aplica às notificações e ao registro facultativo de quaisquer documentos, para sua exclusiva guarda e conservação.

As características da notificação extrajudicial, aliadas à participação do oficial de registro de títulos e documentos no procedimento, garantem ampla segurança jurídica, sendo diferencial em comparação a outros meios de ciência:

> A entrega da notificação extrajudicial é pessoal. Isso significa que ela dá a certeza de que foi entregue ao destinatário ou às pessoas requeridas pelo notificante. Na eventualidade de o notificado recusar-se a assinar, prevalece a fé pública do oficial de ou seu preposto, ao declarar que houve efetivamente a entrega.[13]

Por essa razão, merecem críticas diplomas legais como a Lei Federal 13.043/14, que alterou, dentre outros, o § 2º do artigo 2º do Decreto Lei 911/69, no que tange à constituição em mora do devedor na alienação fiduciária, nos seguintes moldes:

Texto Anterior	Texto Atual
§ 2º A mora decorrerá do simples vencimento do prazo para pagamento e poderá ser comprovada por carta registada expedida por intermédio de Cartório de Títulos e Documentos ou pelo protesto do título, a critério do credor.	§ 2º A mora decorrerá do simples vencimento do prazo para pagamento e poderá ser comprovada por carta registrada com aviso de recebimento, não se exigindo que a assinatura constante do referido aviso seja a do próprio destinatário.

A ausência de obrigatoriedade da notificação extrajudicial no caso apresentado, assim como em outros esparsos pela legislação brasileira, não é sinônimo de que ela não poderá ser utilizada. Pelo contrário, recomenda-se a manutenção de seu uso, visando pacificar as relações entre particulares.

Tal raciocínio é perfeitamente aplicável à homologação do penhor legal por escritura pública, fruto do Código de Processo Civil de 2015, que assim dispõe:

> Art. 703. Tomado o penhor legal nos casos previstos em lei, requererá o credor, ato contínuo, a homologação.

---

13. ALVARES, Pércio Brasil; PAIVA, João Pedro Lamana. Registro de títulos e documentos. In: CASSETTARI, Christiano (Coord.). *Coleção Cartórios*. 3. ed. Indaiatuba, SP: Foco, 2020.

§ 1º Na petição inicial, instruída com o contrato de locação ou a conta pormenorizada das despesas, a tabela dos preços e a relação dos objetos retidos, o credor pedirá a citação do devedor para pagar ou contestar na audiência preliminar que for designada.

§ 2º A homologação do penhor legal poderá ser promovida pela *via extrajudicial* mediante requerimento, que conterá os requisitos previstos no § 1º deste artigo, do credor a *notário* de sua livre escolha.

§ 3º Recebido o requerimento, o notário promoverá a *notificação extrajudicial* do devedor para, no prazo de 5 (cinco) dias, pagar o débito ou impugnar sua cobrança, alegando por escrito uma das causas previstas no art. 704, hipótese em que o procedimento será encaminhado ao juízo competente para decisão.

§ 4º Transcorrido o prazo sem manifestação do devedor, o notário formalizará a homologação do penhor legal por *escritura pública*. (grifos nossos)

Acreditamos que a notificação extrajudicial citada no § 3º deva ser realizada pelo oficial de registro de títulos e documentos, de forma que haja harmonia na estrutura extrajudicial criada para o instituto. Em um dos poucos trabalhos localizados sobre o tema, entende-se que a notificação extrajudicial deva ser utilizada preferencialmente:

Notificação será feita (preferencialmente) pelo RTD, podendo ser solicitada pelo Tabelião ao Oficial do RTD por meio eletrônico e com pagamento de boleto, e, após efetuada a notificação, o resultado poderá ser encaminhado ao Tabelião também por meio eletrônico.[14]

4. REGISTRO DE IMÓVEIS

Ao analisar a escritura pública, afirmamos que ela tem grande relevância na transmissão imobiliária, por ser parte desse procedimento. A efetiva transferência da propriedade imobiliária, no entanto, assim como de outros direitos reais, ocorre com o seu registro, junto ao oficial de registro de imóveis competente:

Art. 1.227, Código Civil. Os direitos reais sobre imóveis constituídos, ou transmitidos por atos entre vivos, só se adquirem com o registro no Cartório de Registro de Imóveis dos referidos títulos (arts. 1.245 a 1.247), salvo os casos expressos neste Código.

Art. 1.245, Código Civil. Transfere-se entre vivos a propriedade mediante o registro do título translativo no Registro de Imóveis.

§ 1º Enquanto não se registrar o título translativo, o alienante continua a ser havido como dono do imóvel.

No Brasil existe um procedimento bifásico para a transmissão da propriedade, composto por título e posterior registro. Os títulos têm origem judicial, notarial e particular, gerando diferentes níveis de qualificação.

No caso dos títulos com origem notarial (escrituras públicas) é de suma relevância que o tabelião de notas oriente as partes sobre a importância do registro, sem o qual não existe a transferência da propriedade. A falta de esclarecimento pode levar muitos dos envolvidos em atos notariais a acreditar que a escritura pública, por ser um documento público, já é suficiente para que sejam considerados donos.

14. ASSUMPÇÃO, Letícia Franco Maculan; FARIA, Gustavo Machado de. *O novo CPC e o penhor legal em cartório de notas, com notificação do devedor pelo registrador de títulos e documentos*. Disponível em: https://www.anoreg.org.br/site/artigo-o-novo-cpc-e-o-penhor-legal-em-cartorio-de-notas-por-leticia-assumpcao-e-gustavo-de-faria/. Acesso em: 24 fev. 2023.

Aliás, o próprio tabelião de notas pode se encarregar de enviar a escritura pública a registro, não só pelo tradicional meio físico, mas também por meio eletrônico, sem necessidade de deslocamentos, e com grande agilidade.

O fato de o alienante continuar sendo legalmente proprietário é propício a ensejar problemas a todos os envolvidos no ato notarial:

> O comprador, por exemplo, ao não registrar sua escritura pública, não é considerado juridicamente dono do bem imóvel; caso esteja diante de um vendedor de má-fé, a omissão pode até gerar uma segunda venda do bem adquirido, pois a matrícula não recebeu a informação da escritura. Nesse mesmo exemplo, ainda que não haja má-fé, pode ocorrer do vendedor falecer, e caso os herdeiros desconheçam a escritura, podem arrolar o bem no patrimônio a ser inventariado. A ausência de registro pode gerar consequências desagradáveis também ao vendedor. Se o comprador deixar de pagar o IPTU, o Município poderá utilizar os dados da matrícula do imóvel como base para as medidas de cobrança, por exemplo, protesto extrajudicial e execução fiscal.[15]

A qualificação registral, ao lado da documentação autêntica, pode ser considerada barreira de entrada no registro imobiliário. Tais barreiras têm como função primordial garantir uma definição segura dos titulares de direitos reais, principal razão legal da existência dos oficiais de registro de imóveis.

> O Registro de Imóveis como órgão pacificador de conflitos – instituto destinado à garantia da segurança jurídica do tráfego imobiliário, bem como incumbido de exercer um filtro jurídico dos títulos que ingressam no fólio real – surge no direito de propriedade como importante ferramenta para estabilizar os negócios e atos jurídicos que envolvam imóveis, exercendo, nesse ponto, função essencial para a sociedade moderna.[16]

Economicamente, relevante o papel do registro imobiliário na sociedade, pois facilita o tráfego imobiliário. A certidão da matrícula de um bem imóvel é a prova de que um determinado indivíduo é proprietário, possibilitando que possa vendê-lo, ofertá-lo em garantia, dentre outros, fazendo prova de sua titularidade. Caso as matrículas não existissem, qual outro documento faria prova da propriedade imobiliária?

> Nasce, assim, a instituição registral imobiliária, como fenômeno mais ou menos recente.
>
> Surge como instituição específica e especializada a dar publicidade eficiente a determinadas situações jurídicas sobre imóveis, que devam ser oponíveis a terceiros, sendo reconhecida atualmente, em todo o mundo, como o mais eficaz instrumento de publicidade.[17]

Cada bem imóvel tem ou terá a sua própria matrícula, a qual contém um histórico de todas as situações relevantes, oponíveis a terceiros, tendo previsão na Lei Federal 6.015/73 (Lei dos Registros Públicos):

> Art. 227. Todo imóvel objeto de título a ser registrado deve estar matriculado no Livro n. 2 – Registro Geral – obedecido o disposto no art. 176.

---

15. DEL GUÉRCIO NETO, Arthur. Quem não registra não é dono! *Contos e causos notariais*. São Paulo: YK Editora, 2016.
16. MELO, Marcelo Augusto Santana de. *Teoria geral do registro de imóveis*: estrutura e função. Porto Alegre: Sergio Antonio Fabris Ed., 2016.
17. BRANDELLI, Leonardo. *Registro de imóveis*: eficácia material. Rio de Janeiro: Forense, 2016.

Art. 228. A matrícula será efetuada por ocasião do primeiro registro a ser lançado na vigência desta Lei, mediante os elementos constantes do título apresentado e do registro anterior nele mencionado.

A doutrina assim a define:

No registro de imóveis, cada imóvel deve ser descrito em matrícula própria, onde serão lançados todos os registros e averbações de forma narrativa e em ordem cronológica, tornando pública toda a sua história. As matrículas descrevem o imóvel, criando um sistema que gravita em torno do próprio imóvel, diferentemente das transcrições do sistema anterior, quando o sistema gravitava em razão dos nomes das pessoas.[18]

A relevância da matrícula fez com que ela, via certidão, fosse prevista como requisito obrigatório na lavratura de escrituras públicas:

Art. 1º, Lei Federal 7.433/85. Na lavratura de atos notariais, inclusive os relativos a imóveis, além dos documentos de identificação das partes, somente serão apresentados os documentos expressamente determinados nesta Lei.

§ 2º O Tabelião consignará no ato notarial a apresentação do documento comprobatório do pagamento do Imposto de Transmissão *inter vivos*, as certidões fiscais e as *certidões de propriedade* e de ônus reais, ficando dispensada sua transcrição. (grifo nosso)

Art. 1º, Decreto 93.240/86. Para a lavratura de atos notariais, relativos a imóveis, serão apresentados os seguintes documentos e certidões:

IV – a certidão de ações reais e pessoais reipersecutórias, relativas ao imóvel, e a de ônus reais, expedidas pelo Registro de Imóveis competente, cujo prazo de validade, para este fim, será de 30 (trinta) dias;

Recomenda-se cautela nos concursos públicos quanto ao prazo de validade da certidão citada no inciso IV: 30 (trinta) dias não é sinônimo de 1 mês!

Note-se que o § 2º do artigo 1º da Lei Federal 7.433/85, não mais prevê a apresentação das certidões pessoais. Tal situação é fruto da Lei Federal 13.097/15, a qual, em seu artigo 54 (alterado pela Lei Federal 14.382/22), contém a denominada concentração na matrícula (importante também a leitura do artigo 59):

Art. 54. Os negócios jurídicos que tenham por fim constituir, transferir ou modificar direitos reais sobre imóveis são eficazes em relação a atos jurídicos precedentes, nas hipóteses em que não tenham sido registradas ou averbadas na matrícula do imóvel as seguintes informações:

I – registro de citação de ações reais ou pessoais reipersecutórias;

II – averbação, por solicitação do interessado, de constrição judicial, de que a execução foi admitida pelo juiz ou de fase de cumprimento de sentença, procedendo-se nos termos previstos no art. 828 da Lei 13.105, de 16 de março de 2015 (Código de Processo Civil);

III – averbação de restrição administrativa ou convencional ao gozo de direitos registrados, de indisponibilidade ou de outros ônus quando previstos em lei; e

IV – averbação, mediante decisão judicial, da existência de outro tipo de ação cujos resultados ou responsabilidade patrimonial possam reduzir seu proprietário à insolvência, nos termos do inciso IV do *caput* do art. 792 da Lei 13.105, de 16 de março de 2015 (Código de Processo Civil).

§ 1º Não poderão ser opostas situações jurídicas não constantes da matrícula no registro de imóveis, inclusive para fins de evicção, ao terceiro de boa-fé que adquirir ou receber em garantia direitos reais

18. CASSETTARI, Christiano; Salomão, Marcos Costa. Registro de imóveis. In: CASSETTARI, Christiano (Coord.). *Coleção Cartórios*. 2. ed. Indaiatuba, SP: Foco, 2023.

sobre o imóvel, ressalvados o disposto nos arts. 129 e 130 da Lei 11.101, de 9 de fevereiro de 2005, e as hipóteses de aquisição e extinção da propriedade que independam de registro de título de imóvel.

§ 2º Para a validade ou eficácia dos negócios jurídicos a que se refere o *caput* deste artigo ou para a caracterização da boa-fé do terceiro adquirente de imóvel ou beneficiário de direito real, não serão exigidas:

I – a obtenção prévia de quaisquer documentos ou certidões além daqueles requeridos nos termos do § 2º do art. 1º da Lei 7.433, de 18 de dezembro de 1985; e

II – a apresentação de certidões forenses ou de distribuidores judiciais.

A concentração na matrícula não é novidade na realidade transmissiva imobiliária brasileira, sendo matéria sumulada pelo Superior Tribunal de Justiça (STJ):

Súmula 375. O reconhecimento da fraude à execução depende do registro da penhora do bem alienado ou da prova de má-fé do terceiro adquirente.

Vislumbram-se muitos benefícios na concentração na matrícula, a qual prestigia o sistema registral brasileiro, e confere maior segurança jurídica às partes envolvidas em uma transação imobiliária, sem contar a economia que gera aos contratantes.

Isso porque, em regra, somente serão oponíveis ao adquirente aqueles fatos previstos no artigo 54 da Lei Federal 13.097/15, os quais deverão ser registrados ou averbados na matrícula correspondente ao imóvel. A matrícula passa a desempenhar mais plenamente a sua função de ser um repositório de todos os fatos relevantes relativos ao imóvel que constitui seu objeto.

Até então, era necessário solicitar as certidões pessoais do alienante, no local do imóvel e de seu domicílio, caso distintos, o que nem sempre era sinônimo de uma aquisição 100% segura. Como garantir que um indivíduo não tivesse problemas em cidades diferentes daquelas em que era domiciliado ou proprietário de bem imóvel? Só haveria uma certeza plena de aquisição segura, se fossem solicitadas certidões de todos os municípios do Brasil, um grande absurdo!

A Lei 13.097/2015, que alterou artigos da Lei 7.433/85 (que dispõe dos requisitos para a lavratura de escrituras públicas), dentre outras questões, e que entrou em vigor em fevereiro de 2015, criou regra para determinar a *concentração dos atos na matrícula do imóvel*, objetivando que notícias processuais que podem afetar o patrimônio da pessoa, estejam num único local.[19]

A concentração na matrícula, no entanto, não foi prevista plenamente no atual Código de Processo Civil, gerando um cenário aparentemente conflitante com a legislação e jurisprudência favoráveis a tal concentração:

Art. 792. A alienação ou a oneração de bem é considerada fraude à execução:

IV – quando, ao tempo da alienação ou da oneração, tramitava contra o devedor ação capaz de reduzi-lo à insolvência;

Note-se que o artigo 792, inciso IV, do diploma legal, contém hipótese de fraude à execução, sem que haja necessidade de averbação na matrícula, o que tem levado

19. CASSETTARI, Christiano. *Elementos de direito civil*. 11. edição. Indaiatuba, SP: Foco, 2023.

operadores do Direito a indagar se o cenário anterior à Lei Federal 13.097/15 teria sido restabelecido.

Importante ainda a lembrança do artigo 185 do Código Tributário Nacional, o qual também não contempla a averbação na matrícula:

> Art. 185. Presume-se fraudulenta a alienação ou oneração de bens ou rendas, ou seu começo, por sujeito passivo em débito para com a Fazenda Pública, por crédito tributário regularmente inscrito como dívida ativa.
>
> Parágrafo único. O disposto neste artigo não se aplica na hipótese de terem sido reservados, pelo devedor, bens ou rendas suficientes ao total pagamento da dívida inscrita.

Com relação ao Código Tributário Nacional, essencial cautela a obtenção das certidões competentes a comprovar eventuais débitos fiscais, pois não há previsão da averbação na matrícula para preservar os interesses do adquirente de boa-fé.

Providência semelhante é recomendada quanto às certidões oriundas da Justiça do Trabalho, dado o alto grau de proteção ao trabalhador, aliado ao teor do artigo 449 da CLT:

> Art. 449. Os direitos oriundos da existência do contrato de trabalho subsistirão em caso de falência, concordata ou dissolução da empresa.
>
> § 1° Na falência constituirão créditos privilegiados a totalidade dos salários devidos ao empregado e a totalidade das indenizações a que tiver direito.
>
> § 2° Havendo concordata na falência, será facultado aos contratantes tornar sem efeito a rescisão do contrato de trabalho e consequente indenização, desde que o empregador pague, no mínimo, a metade dos salários que seriam devidos ao empregado durante o interregno.

Já quanto ao Código de Processo Civil, em especial após a Lei Federal 14.382/22, em tese ele não excepciona a concentração na matrícula. A um, pois o inciso IV do artigo 54 da Lei Federal 13.097/15, contempla a averbação da existência das ações previstas no estudado artigo 792, inciso IV, do Código de Processo Civil. São artigos legais a serem conciliados. Além disso, o novo § 2° ratifica expressamente a ausência de necessidade das certidões pessoais para a validade ou eficácia do negócio jurídico.

A atuação do oficial de registro de imóveis tem como robusto pilar o artigo 167 da Lei Federal 6.015/73 (Lei dos Registros Públicos), que traz em seu inciso I os atos passíveis de registro, e no inciso II, os de averbação.

Os atos passíveis de registro, repita-se, têm como escopo efetivar a transmissão da propriedade. Quanto à averbação:

> *Averbação como ato acessório* – A ocorrência que, por qualquer modo, altere o registro deve ser averbada ao pé daquele, dele sendo distinguida na forma do art. 232, esteja ou não incluída nas hipóteses do art. 167.
>
> A averbação é acessória, em relação ao registro, mas nem por isso deve ser examinada com menor atenção pelo serventuário.[20]

20. CENEVIVA, Walter. *Lei dos Registros Públicos comentada*. 16. ed. São Paulo: Saraiva, 2005.

Doutrina e jurisprudência debatem se os incisos I e II, do artigo 167, contêm rol taxativo ou exemplificativo. O Conselho Superior da Magistratura do Tribunal de Justiça do Estado de São Paulo já se posicionou da seguinte maneira:

> Apelação Cível 0035067-98.2010.8.26.0576
>
> Registro de imóveis. As hipóteses de registro são previstas, de modo taxativo, nos diversos itens do inciso I do artigo 167 da LRP, constituindo *numerus clausus*. O mesmo não ocorre nos casos de averbação, nos quais as hipóteses descritas no inciso II do mesmo artigo 167 são meramente exemplificativas, constituindo *numerus apertus*. Dúvida procedente. Negado provimento ao recurso.

Trilhando linha análoga, o Ilustre Afranio de Carvalho preceitua:

> Neste ponto cabe reiterar que a lista dos direitos registráveis é exaustiva e não exemplificativa, no sentido de que não se admitem outros por analogia dos que foram expressamente previstos como direitos reais ou conducentes a estes. Contudo, a lista não é fechada no tocante à averbação, porque o art. 246 liberta esse assento da taxatividade ao prever que sirva para o lançamento de "outras ocorrências, que, de qualquer modo, alterem o registro".[21]

É certo que o autor não vincula a taxatividade dos atos registráveis exclusivamente à Lei Federal 6.015/73, mas seu raciocínio em muito se assemelha ao mencionado da corte paulista.

Walter Ceneviva traz posição mais adequada aos olhos dos autores:

> *O enunciado do art. 167 não esgota as hipóteses possíveis* – A enumeração constante do n. I do art. 167 é exemplificativa, na medida em que não esgota todos os registros possíveis. A renúncia (CC/02, art. 1.275, II, e seu parágrafo único), embora objeto de disposição expressa vinda do CC/16 (art. 589, parágrafo único), não é incluída; também a perpetuidade de florestas, de que cuidou a Lei 9.985/00, em seu art. 21. Incompleta a relação, não atende ao fim a que se destinaria a pormenorização casuística: distinguir com clareza os atos registráveis dos averbáveis.[22]

Ainda que se defenda a taxatividade do rol de atos passíveis de registro, certo é que o mesmo não se limita somente ao inciso I do artigo 167. Prova disso são não apenas os exemplos citados no trecho doutrinário, mas também o recente direito real de laje, inserido no Código Civil pela Lei Federal 13.465/17:

> Art. 1.510-A. O proprietário de uma construção-base poderá ceder a superfície superior ou inferior de sua construção a fim de que o titular da laje mantenha unidade distinta daquela originalmente construída sobre o solo.
>
> § 1º O direito real de laje contempla o espaço aéreo ou o subsolo de terrenos públicos ou privados, tomados em projeção vertical, como unidade imobiliária autônoma, não contemplando as demais áreas edificadas ou não pertencentes ao proprietário da construção-base.
>
> § 2º O titular do direito real de laje responderá pelos encargos e tributos que incidirem sobre a sua unidade.
>
> § 3º Os titulares da laje, unidade imobiliária autônoma constituída em matrícula própria, poderão dela usar, gozar e dispor.

---

21. CARVALHO, Afranio de. *Registro de imóveis*. Rio de Janeiro: Forense, 1982.
22. CENEVIVA, Walter. Lei *dos Registros Públicos comentada*. 16. ed. São Paulo: Saraiva, 2005.

§ 4º A instituição do direito real de laje não implica a atribuição de fração ideal de terreno ao titular da laje ou a participação proporcional em áreas já edificadas.

§ 5º Os Municípios e o Distrito Federal poderão dispor sobre posturas edilícias e urbanísticas associadas ao direito real de laje.

§ 6º O titular da laje poderá ceder a superfície de sua construção para a instituição de um sucessivo direito real de laje, desde que haja autorização expressa dos titulares da construção-base e das demais lajes, respeitadas as posturas edilícias e urbanísticas vigentes.

O direito real de laje é contemplado na Lei Federal 6.015/73:

Art. 176. § 9º A instituição do direito real de laje ocorrerá por meio da abertura de uma matrícula própria no registro de imóveis e por meio da averbação desse fato na matrícula da construção-base e nas matrículas de lajes anteriores, com remissão recíproca.

O legislador, atento à realidade vivida por fatia considerável da população nacional, composta em sua maioria por indivíduos de baixa renda, buscou ofertar uma possibilidade de regularização de áreas com construções de titularidades distintas, conferindo aos seus titulares todos os benefícios inerentes a uma propriedade regular.

Não resta dúvida que o novo direito real de laje tem a função de regularizar situações de fato, voltado à população de baixa renda, que levantou construções sobre construções, com titularidades distintas. Não pode e não deve o instituto ser usado por empreendedores imobiliários como válvula de escape das rigorosas regras do condomínio edilício (art. 1.331 e seguintes) ou do negócio complexo de incorporação imobiliária (L. 4.591/64), muito menos do parcelamento do solo urbano (L. 6.766/79).[23]

A regularização da propriedade é um assunto que habitualmente nos remete à usucapião, sendo viável a sua realização pela via extrajudicial. Já abordamos a relevância do tabelião de notas para o procedimento, sendo igualmente fundamental a participação do oficial de registro de imóveis:

O procedimento ocorrerá no cartório de registro de imóveis da comarca em que estiver localizado o imóvel usucapiendo. Além da definição da competência territorial, elege-se o oficial de registro de imóveis como presidente do procedimento, aquele que dará a palavra final quanto à possiblidade da usucapião extrajudicial efetivamente garantir a propriedade imóvel àquele que a pleiteia.[24]

A atual redação do § 2º do artigo 216-A, da Lei Federal 6.015/73, conferida pela Lei Federal 13.465/17, foi um marco para a usucapião extrajudicial:

§ 2º Se a planta não contiver a assinatura de qualquer um dos titulares de direitos registrados ou averbados na matrícula do imóvel usucapiendo ou na matrícula dos imóveis confinantes, o titular será notificado pelo registrador competente, pessoalmente ou pelo correio com aviso de recebimento, para manifestar consentimento expresso em quinze dias, *interpretado o silêncio como concordância*. (grifo nosso)

O estudado parágrafo prevê como requisito obrigatório para a usucapião extrajudicial, dentre outros, a anuência do titular de direitos registrados ou averbados na

23. LOUREIRO, Francisco Eduardo. *Direito de laje e superfície*. Disponível em: https://www.anoreg.org.br/site/artigo-direito-de-laje-e-superficie-por-des-francisco-eduardo-loureiro/. Acesso em: 24 fev. 2023.
24. DEL GUÉRCIO NETO, Arthur. *Usucapião extrajudicial*. Disponível em: http://www.blogdodg.com.br/post.php?id=100. Acesso em: 24 fev. 2023.

matrícula do imóvel usucapiendo ou na matrícula dos imóveis confinantes, o que não parece razoável aos olhos de um cidadão comum, afinal de contas, quem concordaria com a perda de sua propriedade?

Anteriormente à alteração legislativa, não havendo a concordância expressa do titular, este era notificado a externar a sua posição, e o silêncio era interpretado como discordância. A presunção legal de discordância atualmente foi mudada, e o silêncio é tratado como anuência/concordância, fato que foi muito positivo para a valia da usucapião extrajudicial.

Importante esclarecer que a anuência do titular ainda é obrigatória, sendo que, no seu silêncio, haverá uma notificação; caso tal notificação não seja objeto de resposta, circunstância comum, o silêncio é tratado como concordância, e não mais como discordância.

> A notificação escrita tem um requisito específico introduzido pelo Provimento do CNJ: deverá constar, expressamente, a informação de que o transcurso do prazo de 15 dias, sem manifestação do titular do direito sobre o imóvel, consistirá em anuência ao pedido de reconhecimento extrajudicial da usucapião do bem imóvel.[25]

O Provimento 65 do Conselho Nacional de Justiça, trouxe alguns casos nos quais é dispensada a anuência do titular de direito sobre o imóvel. Vejamos:

> Art. 13. Considera-se outorgado o consentimento mencionado no *caput* do art. 10 deste provimento, dispensada a notificação, quando for apresentado pelo requerente justo título ou instrumento que demonstre a existência de relação jurídica com o titular registral, acompanhado de prova da quitação das obrigações e de certidão do distribuidor cível expedida até trinta dias antes do requerimento que demonstre a inexistência de ação judicial contra o requerente ou contra seus cessionários envolvendo o imóvel usucapiendo.
>
> § 1º São exemplos de títulos ou instrumentos a que se refere o *caput*:
>
> I – compromisso ou recibo de compra e venda;
>
> II – cessão de direitos e promessa de cessão;
>
> III – pré-contrato;
>
> IV – proposta de compra;
>
> V – reserva de lote ou outro instrumento no qual conste a manifestação de vontade das partes, contendo a indicação da fração ideal, do lote ou unidade, o preço, o modo de pagamento e a promessa de contratar;
>
> VI – procuração pública com poderes de alienação para si ou para outrem, especificando o imóvel;
>
> VII – escritura de cessão de direitos hereditários, especificando o imóvel;
>
> VIII – documentos judiciais de partilha, arrematação ou adjudicação.

Em qualquer um dos casos elencados, de suma relevância observar o preceito do § 2º, do Provimento 65 do CNJ:

> § 2º Em qualquer dos casos, deverá ser justificado o óbice à correta escrituração das transações para evitar o uso da usucapião como meio de burla dos requisitos legais do sistema notarial e registral e da tributação dos impostos de transmissão incidentes sobre os negócios imobiliários, devendo registrador alertar o requerente e as testemunhas de que a prestação de declaração falsa na referida justificação configurará crime de falsidade, sujeito às penas da lei.

---

25. COUTO, Marcelo de Rezende Campos Marinho. *Usucapião extrajudicial* – Doutrina e jurisprudência. In: EL DEBS, Martha (Coord.). Salvador: JusPodivm, 2018.

Capítulo VIII
O INGRESSO NA ATIVIDADE NOTARIAL E REGISTRAL – CONCURSOS PARA CARTÓRIOS (ARTIGOS 14 A 19; ARTIGO 44)

> Art. 14. A delegação para o exercício da atividade notarial e de registro depende dos seguintes requisitos:
>
> I – habilitação em concurso público de provas e títulos;
>
> II – nacionalidade brasileira;
>
> III – capacidade civil;
>
> IV – quitação com as obrigações eleitorais e militares;
>
> V – diploma de bacharel em direito;
>
> VI – verificação de conduta condigna para o exercício da profissão.

O artigo 14, que abre o Título II, da Lei Federal 8.935/94, é responsável por abordar temas de suma relevância para a atividade notarial e registral, como o ingresso na atividade, os prepostos, a responsabilidade, dentre outros.

No presente momento, o estudo será focado no ingresso na atividade notarial e registral, o que nos remete ao almejado "concurso para cartórios", sonho de muitos estudiosos da área jurídica.

O alicerce do sonho, não raras vezes, é construído em torno da ideia de que os ganhos de tabeliães e oficiais são vultosos, o que não é realidade na maioria das serventias extrajudiciais do Brasil.

No entanto, a visibilidade dos "concursos para cartórios", sejam lá quais forem as razões, tem um ponto extremamente positivo, qual seja, consolidar a ideia de que cartórios não são herdados, não "passam de pai para filho". Mesmo com a longínqua previsão de concursos públicos para a outorga de delegações, boa parte da população acredita que os titulares herdaram tal posição dos pais, ou receberam de "amigos influentes", crença que vem se dissipando com os concursos realizados Brasil afora.

A "habilitação em concurso público de provas e títulos", prevista do inciso I, do artigo 14, é a mais árdua das tarefas arroladas nos incisos do citado artigo, como parte do procedimento para que um indivíduo receba a delegação para o exercício da atividade notarial e registral.

A própria Lei Federal 8.935/94 norteia o assunto em seu artigo 15:

Art. 15. Os concursos serão realizados pelo Poder Judiciário, com a participação, em todas as suas fases, da Ordem dos Advogados do Brasil, do Ministério Público, de um notário e de um registrador.

§ 1º O concurso será aberto com a publicação de edital, dele constando os critérios de desempate.

§ 2º Ao concurso público poderão concorrer candidatos não bacharéis em direito que tenham completado, até a data da primeira publicação do edital do concurso de provas e títulos, dez anos de exercício em serviço notarial ou de registro.

A realização do concurso público ficará a cargo do Poder Judiciário, a quem incumbe também fiscalizar a atividade notarial e registral, nos termos dos artigos 37 e 38 da Lei Federal 8.935/94. Além de juízes e desembargadores, o certame contará com a participação de membros do Ministério Público, da Ordem dos Advogados do Brasil, de um registrador e de um notário.

Entende-se como positiva a eclética composição da banca do concurso público, à medida em que se oferta grande transparência a ele, além de garantir uma avaliação adequada de conhecimento do candidato por variados e seletos profissionais do Direito.

Considera-se aberto o concurso com a publicação do edital, do qual constarão não só os critérios de desempate, como toda e qualquer informação relevante para o concurso público, fazendo lei entre os candidatos. Outra primorosa função do edital encontra-se prevista no artigo 2º, § 1º, da Resolução 81 do Conselho Nacional de Justiça:

> § 1º Os concursos serão concluídos impreterivelmente no prazo de doze meses, com a outorga das delegações. O prazo será contado da primeira publicação do respectivo edital de aberturado concurso, sob pena de apuração de responsabilidade funcional.

A Resolução 81 do Conselho Nacional de Justiça, será trabalhada em outras oportunidades, tendo como objetivo padronizar os "concursos para cartório" realizados pelo Brasil. Aplaude-se a iniciativa, conferindo aos candidatos a segurança de uma normatização coesa nos certames, sem divergências bruscas em cada realidade estadual. Não se arranha o disposto no artigo 18 da Lei Federal 8.935/94, mas única e tão somente molda-se a ele:

Art. 18. A legislação estadual disporá sobre as normas e os critérios para o concurso de remoção.

A atuação do Conselho Nacional de Justiça na esfera dos concursos para cartórios pode ser observada ainda no Provimento 133 o qual disciplina a alimentação do Painel Nacional dos Concursos Públicos de Provas e Títulos para Outorga de Delegações de Serviços de Notas e de Registro, gerido pela Corregedoria Nacional de Justiça.

O § 2º do artigo 15 da Lei Federal 8.935/94, contempla a possibilidade de participação no concurso público de candidatos que não sejam bacharéis em direito, "que tenham completado, até a data da primeira publicação do edital do concurso de provas e títulos, dez anos de exercício em serviço notarial ou de registro". Trata-se de exceção à regra do artigo 14, inciso V, do mesmo diploma legal, que considera o diploma de bacharel em direito como requisito para concorrer ao concurso público. A exceção, que valoriza a experiência profissional, é repetida no artigo 7º, inciso IV, da Resolução 81 do Conselho Nacional de Justiça.

> A exceção era compreensível, senão a título definitivo, ao menos nos primeiros anos de aplicação da lei: aquele que exerceu funções de escrevente durante um decênio deve ter acumulado experiência suficiente para suprir as deficiências que naturalmente decorreriam da ausência do grau universitário.[1]

Valoriza-se a experiência adquirida pelo exercício da atividade notarial e registral, sem a qual não é possível prestar um atendimento qualificado. A própria estrutura do concurso público é voltada a um enaltecimento da sapiência conquistada com o exercício profissional, pois suas três etapas, objetiva (testes), escrita/prática e oral, são repletas de indagações mais facilmente respondidas por aqueles que detêm vivência prática.

No entanto, passados quase 30 anos da entrada em vigor da Lei dos Notários e Registradores, não há justificativa plausível para a manutenção da exceção legal. Tabeliães e oficiais de registro são profissionais do Direito, e, como tais, devem ter formação jurídica. O acesso ao estudo universitário é universal, amplo se comparado há décadas atrás, estando à disposição em inúmeros Municípios e para distintos perfis de poder aquisitivo. Com uma dose de esforço e dedicação, é possível ser bacharel em Direito, e assim se adequar ao perfil de profissional do Direito, inerente à atividade notarial e registral.

Fundamental a leitura do Recurso em Mandado de Segurança 18498 MG 2004/0087011-1, do Superior Tribunal de Justiça, abordando o alcance da regra excepcional, no sentido de que os auxiliares não poderão fazer uso dela.

Que fique claro, nada têm os autores contra os profissionais com vasta experiência prática; pelo contrário, estão na mais alta estima. Somente defende-se que o requisito "diploma de bacharel em direito" não deveria comportar exceções.

Lembre-se que nos "concursos para cartórios", não há necessidade de período mínimo de atividade jurídica, como ocorre em concursos da magistratura:

> Art. 93, Constituição Federal. Lei complementar, de iniciativa do Supremo Tribunal Federal, disporá sobre o Estatuto da Magistratura, observados os seguintes princípios:
>
> I – ingresso na carreira, cujo cargo inicial será o de juiz substituto, mediante concurso público de provas e títulos, com a participação da Ordem dos Advogados do Brasil em todas as fases, exigindo-se do bacharel em direito, no mínimo, *três anos de atividade jurídica* e obedecendo-se, nas nomeações, à ordem de classificação; (grifo nosso)

Em termos práticos, isso possibilita que recém-graduados se inscrevam para o concurso, ou até mesmo alunos na reta final de conclusão do curso, em virtude do disposto na Súmula 266, do Superior Tribunal de Justiça (STJ):

> O diploma ou habilitação legal para o exercício do cargo deve ser exigido na posse e não na inscrição para o concurso público.

1. CENEVIVA, Walter. *Lei dos Notários e Registradores comentada*. 9. ed. São Paulo: Saraiva, 2014.

Os artigos 16 e 17, da Lei Federal 8.935/94, merecem análise conjunta, sendo também pilares do estudo dos "concursos para cartórios":

> **Art. 16. As vagas serão preenchidas alternadamente, duas terças partes por concurso público de provas e títulos e uma terça parte por meio de remoção, mediante concurso de títulos, não se permitindo que qualquer serventia notarial ou de registro fique vaga, sem abertura de concurso de provimento inicial ou de remoção, por mais de seis meses.**
>
> **Parágrafo único. Para estabelecer o critério do preenchimento, tomar-se-á por base a data de vacância da titularidade ou, quando vagas na mesma data, aquela da criação do serviço.**
>
> **Art. 17. Ao concurso de remoção somente serão admitidos titulares que exerçam a atividade por mais de dois anos.**

Diferentemente do que ocorre em outras profissões jurídicas, não há uma carreira organizada para notários e registradores, talvez pelo fato de que cada serventia possua uma renda distinta, sendo unidade autônoma de prestação de serviço. Recebe-se uma delegação específica, e não um cargo.

Logo, mesmo sendo aprovado em concurso público, toda e qualquer mudança do titular para nova serventia extrajudicial deverá ser precedida de concurso público, em igualdade de condições com os demais candidatos. Não há promoção. Nesse cenário, relevante conhecer as figuras do provimento e da remoção.

Sempre que ocorrer a vacância da titularidade, as vagas serão destinadas na proporção de 2/3 (dois terços) à lista do provimento, e 1/3 (um terço) à lista da remoção, tomando-se como base a data da vacância.

Poderão concorrer às vagas destinadas ao provimento, os candidatos que se encaixarem nos requisitos do concurso público para serventias extrajudiciais, atendendo, dentre outros critérios, o bacharelado em Direito, ou a experiência profissional decenal. Já ao concurso de remoção, somente serão admitidos os titulares que exerçam a atividade por mais de dois anos, observados relevantes critérios territoriais presentes na Resolução 81 do Conselho Nacional de Justiça:

> Art. 3º O preenchimento de 2/3 (dois terços) das delegações vagas far-se-á por concurso público, de provas e títulos, destinado à admissão dos candidatos que preencherem os requisitos legais previstos no artigo 14 da Lei Federal 8.935/94; e o preenchimento de 1/3 (um terço) das delegações vagas far-se-á por concurso de provas e títulos de remoção, com a participação exclusiva daqueles que já estiverem exercendo a titularidade de outra delegação, de notas ou de registro, *em qualquer localidade da unidade da federação que realizará o concurso*, por mais de dois anos, na forma do artigo 17 da Lei Federal 8.935/94, na data da publicação do primeiro edital de abertura do concurso. (grifo nosso)

Somente serão admitidos a concorrer no critério de remoção, os candidatos titulares por mais de dois anos, na data da publicação do primeiro edital de abertura do concurso, dentro da unidade da federação que realizará o concurso. Um titular no Estado de Goiás, por exemplo, poderá pleitear a participação no concurso de remoção nesse mesmo Estado, não sendo possível, ainda que com mais de dois anos de profissão, almejar a remoção em outros Estados. Justa a limitação legal, pois cada Estado é uma realidade distinta quanto à organização das serventias extrajudiciais, incluindo a parte normativa e remuneratória.

O citado artigo 3º da Resolução 81 do Conselho Nacional de Justiça, também contém outro preceito relevantíssimo quanto ao concurso de remoção, dispondo que ele será de provas e títulos, e não somente de títulos, como expresso no artigo 16 da Lei dos Notários e Registradores. O entendimento do Conselho Nacional de Justiça parece se alinhar ao texto constitucional, o qual no artigo 236, § 3º, faz menção a "concurso público de provas e títulos".

Além disso, criar um concurso de remoção somente computando títulos, não soa adequado, pois é deixada de lado qualquer avaliação intelectual do candidato, o que vai de encontro à ideia do concurso público.

Observa-se que a única vantagem daqueles candidatos que já exercem a atividade notarial e registral é poder concorrer à integralidade das vagas disponíveis em um concurso público, 2/3 (dois terços) do provimento mais 1/3 (um terço) da remoção.

Como consequência de um maior número de concursos públicos realizados pelo Brasil, os concursos de remoção tornam-se cada vez mais concorridos, dado à elevada quantidade de titulares. Em Estados como São Paulo, com mais de uma dezena de concursos já concluídos, as disputas por vagas na remoção são tão acirradas quanto no provimento.

Sendo o concurso público de provas e títulos, há critérios fixados pela Resolução 81 do Conselho Nacional de Justiça, quanto à valoração de tais provas e títulos, os quais foram alterados pela Resolução 478, também do Conselho Nacional de Justiça:

> Art. 10. A classificação dos candidatos observará os seguintes critérios:
>
> I – as provas terão peso 9 (nove) e os títulos peso 1 (um);
>
> II – os títulos terão valor máximo de 10 (dez) pontos;
>
> 1º Será considerado habilitado o candidato que obtiver, no mínimo, nota final cinco;
>
> 2º A nota final será obtida pela soma das notas e pontos, multiplicados por seus respectivos pesos e divididos por dez;
>
> 3º Havendo empate na classificação, decidir-se-á pelos seguintes critérios:
>
> I – a maior nota no conjunto das provas ou, sucessivamente, na prova escrita e prática, na prova objetiva e na prova oral;
>
> II – exercício na função de jurado, e
>
> III – mais idade.

Crucial a leitura do item 9.1 do anexo à Resolução 81 do Conselho Nacional de Justiça, local onde encontra-se a sugestão de minuta do edital:

> 9. Classificação final
>
> 9.1. A nota final do candidato será a média ponderada das notas das provas e dos pontos dos títulos, de acordo com a seguinte fórmula:
>
> NF = [(P1X5) + (P2X4) + (TX1)] / 10:

onde:

NF = Nota Final

P1 = Prova Escrita e Prática

P2 = Prova Oral

T = Títulos

O peso conferido às provas é muito maior do que o atribuído aos títulos. Além disso, as notas das provas são o primeiro critério de desempate. Acredita-se justa a distribuição de pesos, pois o desempenho nas provas deve realmente ser o diferencial para a classificação do candidato, o que ocorre quando o peso inerente às mesmas for elevado.

No entanto, mesmo com a alta valoração às provas, os títulos terem um peso 1 (um), representa diferencial significativo àqueles que os possuem, podendo alçar um candidato com notas nas provas não tão boas, a posições superiores às de um candidato com melhores notas nas provas, mas sem títulos.

Importante a leitura do Enunciado 75 da I Jornada de Direito Notarial e Registral, realizada pelo Centro de Estudos Judiciários (CEJ), da Justiça Federal:

> A atividade do notário e do registrador, bacharel em direito, tem natureza jurídica para a contagem de tempo de serviço em concursos públicos.

Em um concurso público no qual não basta simplesmente ser aprovado, mas sim obter uma boa aprovação, nos primeiros lugares, ponto que logo será tratado com mais detalhes, os critérios de classificação são fundamentais, e devem ser objeto de constante aperfeiçoamento, visando à aprovação dos candidatos mais adequadamente preparados.

Encerrado o concurso público, os candidatos realizarão a sua escolha, obedecida rigorosamente a ordem de classificação. A obviedade da frase é transcrita na presente obra, por ser reflexo de artigo da Lei Federal 8.935/94, objeto de nosso estudo:

Art. 19. Os candidatos serão declarados habilitados na rigorosa ordem de classificação no concurso.

Antonio Albergaria Pereira resumiu com simplicidade e felicidade: "Esse dispositivo 'choveu no molhado'".[2]

Em outra abordagem da Resolução 81 do Conselho Nacional de Justiça, transcrevem-se os artigos 13 a 15, com metódica sequência desencadeada com o término do concurso público, culminando no efetivo início do exercício da atividade notarial e/ou registral pelo candidato aprovado:

> Art. 13. Encerrado o concurso, o Presidente do Tribunal de Justiça expedirá ato outorgando a delegação.
>
> Art. 14. A investidura na delegação, perante a Corregedoria-Geral da Justiça, dar-se-á em 30 (trinta) dias, prorrogáveis por igual período, uma única vez.

2. PEREIRA, Antonio Albergaria. *Comentários à Lei 8.935, Serviços Notariais e Registrais*. Bauru, SP: EDIPRO, 1995.

> Parágrafo único. Não ocorrendo a investidura no prazo marcado, será tornada sem efeito a outorga da delegação, por ato do Presidente do Tribunal de Justiça.
>
> Art. 15. O exercício da atividade notarial ou de registro terá início dentro de 30 (trinta) dias, contados da investidura.
>
> § 1º É competente para dar exercício ao delegado o Corregedor-Geral de Justiça do Estado ou do Distrito Federal, ou magistrado por ele designado.
>
> § 2º Se o exercício não ocorrer no prazo legal, o ato de delegação do serviço será declarado sem efeito pelo Presidente do Tribunal de Justiça.

Findo o concurso público, haverá a outorga da delegação pelo Presidente do Tribunal de Justiça competente, relativa à serventia extrajudicial escolhida pelo candidato. Tal procedimento, por si só, não garante o efetivo início do exercício da atividade. A Corregedoria-Geral da Justiça procederá a investidura na delegação, e posteriormente será dado início ao exercício da atividade pela autoridade competente. Em São Paulo, o Código de Normas, no Capítulo XIV, confere à Corregedoria Permanente a tarefa de consignar início ao exercício da atividade:

> 4. Nos títulos de outorga da delegação, serão certificados pela Corregedoria-Geral da Justiça a data da investidura e, pela Corregedoria Permanente, a data de início do exercício.
>
> 5.1. É competente, para dar início ao exercício da delegação, o Juiz Corregedor Permanente do serviço, que preencherá e assinará o termo de apostilamento contido no verso do título de outorga.
>
> 5.1.1. O titular investido em nova delegação deverá encaminhar cópia do título de outorga, apostilado com o início de exercício, à Corregedoria-Geral da Justiça, no prazo de 48 (quarenta e oito) horas.

Ainda que atribuído à Corregedoria Permanente o encargo de dar início ao exercício da delegação, tal circunstância deverá ser reportada à Corregedoria-Geral da Justiça.

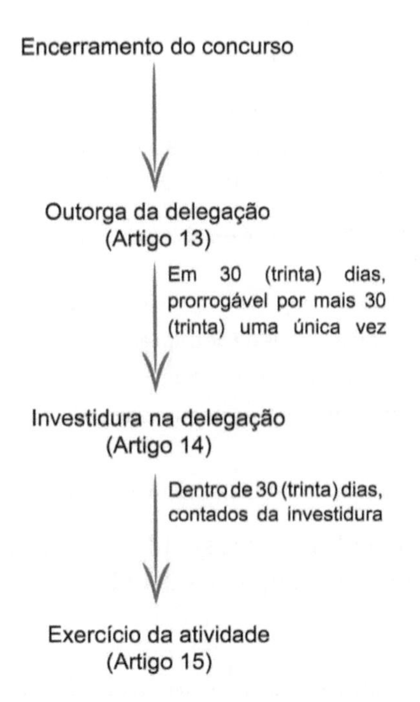

Estudada em detalhes a "habilitação em concurso público de provas e títulos", prevista do inciso I do artigo 14 da Lei Federal 8.935/94, o que também nos possibilitou abordar o requisito "diploma de bacharel em direito" (inciso V), resta tratar dos demais incisos do artigo 14, com a integralidade dos requisitos para receber a outorga de uma delegação para o exercício da atividade notarial e registral.

O inciso II prevê a "nacionalidade brasileira".

> Nacionalidade pode ser definida como o vínculo jurídico-político que liga um indivíduo a determinado Estado, fazendo com que esse indivíduo passe a integrar o povo daquele Estado e, por consequência, desfrute de direitos e submeta-se a obrigações.[3]

A Constituição Federal, em seu artigo 12, contempla os brasileiros natos e naturalizados. Dentro do contexto estudado, válida a informação de que a delegação para o exercício da atividade notarial e registral não é restrita aos brasileiros natos, sendo também passível de outorga aos naturalizados. Isso porque ela não se encontra no rol do § 3º, não podendo ser criada qualquer distinção:

> § 2º A lei não poderá estabelecer distinção entre brasileiros natos e naturalizados, salvo nos casos previstos nesta Constituição.
>
> § 3º São privativos de brasileiro nato os cargos:
>
> I – de Presidente e Vice-Presidente da República;
>
> II – de Presidente da Câmara dos Deputados;
>
> III – de Presidente do Senado Federal;
>
> IV – de Ministro do Supremo Tribunal Federal;
>
> V – da carreira diplomática;
>
> VI – de oficial das Forças Armadas;
>
> VII – de Ministro de Estado da Defesa.

O inciso III, da Lei Federal 8.935/94, cita a "capacidade civil", profundamente alterada pela Lei Federal 13.146/2015 (Estatuto da Pessoa com Deficiência), e hoje regrada pelo Código Civil nos seguintes moldes:

> Art. 3º São absolutamente incapazes de exercer pessoalmente os atos da vida civil os menores de 16 (dezesseis) anos.
>
> Art. 4º São incapazes, relativamente a certos atos ou à maneira de os exercer:
>
> I – os maiores de dezesseis e menores de dezoito anos;
>
> II – os ébrios habituais e os viciados em tóxico;
>
> III – aqueles que, por causa transitória ou permanente, não puderem exprimir sua vontade;
>
> IV – os pródigos.
>
> Parágrafo único. A capacidade dos indígenas será regulada por legislação especial.

Os casos de incapacidade foram reduzidos sensivelmente após a entrada em vigor do Estatuto do Deficiente, sendo hoje considerados, como absolutamente incapazes, em

---

3. LENZA, Pedro. *Direito Constitucional esquematizado*. 17. ed. rev., atual. e ampl. São Paulo: Saraiva, 2013.

nosso ordenamento jurídico, somente os menores de 16 anos. Pessoas com enfermidade ou deficiência mental, sem o necessário discernimento para praticar certos atos, num primeiro momento, são capazes e, portanto, aptas a isoladamente realizá-los.

> A crítica a se fazer ao Estatuto da Pessoa com Deficiência é que este, no intuito de promover a inclusão social da pessoa com necessidades especiais, acabou retirando dela um manto protetivo que existia na legislação, não para promover uma discriminação, mas para impedir que pudesse ser enganada por quem, sem nenhum escrúpulo, desejasse levar sobre ela algum tipo de vantagem.[4]

No que tange aos deficientes físicos, o Estatuto da Pessoa com Deficiência merece aplausos, pois toda e qualquer medida de inclusão social logra reconhecimento. No entanto, os deficientes mentais parecem ter ficado desamparados com a legislação que deveria protegê-los, devendo ser objeto de tratativa cautelosa por parte de notários e registradores, em especial pela responsabilidade relativa à prática de seus atos laborais.

Tal fragilidade tem sido reconhecida pela doutrina sob o aspecto negocial:

"Já os deficientes mentais, levados à plena capacidade, poderão negociar validamente. Há aí algum indício de proteção?"[5]

A resposta para a pergunta é negativa! Sob a névoa da aparente proteção criada pela lei, deixou-se o deficiente mental em situação de desamparo.

A plena capacidade civil conferida ao deficiente mental não se limita a gerar situações confusas no campo negocial, mas também em outras esferas do mundo jurídico, como a ora estudada.

Ora, se a lei prevê como requisito para a delegação do exercício da atividade notarial e registral a capacidade civil, como impedir a inscrição em um concurso público de um indivíduo que, vivendo no século XXI, pensa ser Napoleão Bonaparte? É certo que tal ser humano talvez não obtivesse êxito nas árduas etapas do certame, mas obtendo, há como não aprová-lo diante da circunstância atípica? Quem sabe no exame psicotécnico? Reflexões que têm origem na concessão de plena capacidade a quem de fato não a possui, gerando desproteção a quem precisa ser protegido.

Avançando no estudo dos incisos do artigo 14 da Lei Federal 8.935/94, o inciso IV prevê a "quitação com as obrigações eleitorais e militares".

O citado inciso não demanda maiores explicações. Os artigos 14 e seguintes da Constituição Federal abordam os Direitos Políticos, destacando-se:

> Art. 14. A soberania popular será exercida pelo sufrágio universal e pelo voto direto e secreto, com valor igual para todos, e, nos termos da lei, mediante:
>
> I – plebiscito;
>
> II – referendo;
>
> III – iniciativa popular.
>
> § 1º O alistamento eleitoral e o voto são:

---

4. CASSETTARI, Christiano. *Elementos de Direito Civil*. 11. ed. Indaiatuba, SP: Foco, 2023.
5. BORGARELLI, Bruno de Ávila. KÜMPEL, Vitor Frederico. *As aberrações da Lei 13.146/2015*. Disponível em: http://www.migalhas.com.br/dePeso/16,MI224905,61044-As+aberracoes+da+lei+131462015. Acesso em: 1º mar. 2023.

I – obrigatórios para os maiores de dezoito anos;

II – facultativos para:

a) os analfabetos;

b) os maiores de setenta anos;

c) os maiores de dezesseis e menores de dezoito anos.

Nota-se o enorme valor conferido pelo legislador ao voto, sendo a "certidão de quitação eleitoral" o documento que comprova se o candidato está quite com a Justiça Eleitoral. Em outro contexto, o documento é citado pelo legislador federal, valendo a transcrição do artigo para fins de um melhor entendimento do assunto:

Art. 11. Lei Federal 9.504/97.

§ 7º A certidão de quitação eleitoral abrangerá exclusivamente a plenitude do gozo dos direitos políticos, o regular exercício do voto, o atendimento a convocações da Justiça Eleitoral para auxiliar os trabalhos relativos ao pleito, a inexistência de multas aplicadas, em caráter definitivo, pela Justiça Eleitoral e não remitidas, e a apresentação de contas de campanha eleitoral.

A tratativa do assunto quitação com as obrigações militares igualmente tem raiz constitucional:

Art. 143, Constituição Federal. O serviço militar é obrigatório nos termos da lei.

§ 1º Às Forças Armadas compete, na forma da lei, atribuir serviço alternativo aos que, em tempo de paz, após alistados, alegarem imperativo de consciência, entendendo-se como tal o decorrente de crença religiosa e de convicção filosófica ou política, para se eximirem de atividades de caráter essencialmente militar.

§ 2º As mulheres e os eclesiásticos ficam isentos do serviço militar obrigatório em tempo de paz, sujeitos, porém, a outros encargos que a lei lhes atribuir.

Recomenda-se a leitura das Leis Federais 8.239/91 e 4.375/64, em especial o artigo 75 da última:

Art. 75. Constituem prova de estar o brasileiro em dia com as suas obrigações militares:

a) o Certificado de Alistamento, nos limites da sua validade;

b) o Certificado de Reservista;

c) o Certificado de Isenção;

d) o Certificado de Dispensa de Incorporação.

Finalizando o estudo dos incisos do artigo 14 da Lei Federal 8.935/94, o VI traz a "verificação de conduta condigna para o exercício da profissão".

Tal requisito é de cunho extremamente subjetivo, afinal de contas, o que pode ser caracterizado como conduta condigna nos tempos atuais? São os mesmos critérios de décadas atrás? A citada subjetividade é observada em outros pontos da Lei Federal 8.935/94, recebendo contornos legais e jurisprudenciais, para que se chegue a um resultado concreto. No caso do inciso VI, mais uma vez a Resolução 81 do Conselho Nacional de Justiça, é relevante, com o item 4.1.1, letra "e", da minuta de edital sugerida ao final da Resolução. Vejamos o item 4 da minuta de edital, essencial à análise dos requisitos para ingressar na atividade notarial e registral:

4. Requisitos para outorga das delegações

4.1. No prazo indicado no item 3.1.6.3, o candidato deverá comprovar ou apresentar:

4.1.1. Para o concurso de provimento:

a) Identificação do estado civil e nacionalidade brasileira (certidão de nascimento ou de casamento, atualizada, ou título de cidadania);

b) Exercício pleno de direitos civis e políticos;

c) Quitação com as obrigações do serviço militar, se do sexo masculino;

d) Aptidão física e mental para o exercício das atribuições do cargo, por meio de órgão médico oficial;

e) Inexistência de antecedentes criminais ou civis incompatíveis com a outorga da Delegação, mediante a apresentação de certidão dos distribuidores civil e criminal (10 anos), da Justiça Federal e Estadual, bem como de protestos de títulos (05 anos), expedidas nos locais em que o candidato manteve domicílio nos últimos dez anos;

f) Certificado de conclusão do curso de bacharel em Direito, ou certificado de conclusão – (colação de grau), por instituição de ensino superior oficial ou devidamente reconhecida pelo MEC, até a data da outorga (Súmula 266/STJ); ou certidão do exercício, por dez anos, completados até a data da inscrição, de função em serviço notarial ou de registro.

4.1.2. Para o concurso de remoção:

a) Certidão de que cumpre o requisito previsto no artigo 17 da Lei Federal 8.935/94.

As certidões (item 4.1.1, letra "e") possibilitarão apurar parte da lisura da conduta do candidato. No entanto, outros meios poderão ajudar na tarefa, por exemplo, as famosas redes sociais, cujo acesso é fácil, e permitem obter uma noção ampla do estilo de vida. Em tempos nos quais as redes sociais são utilizadas sem qualquer moderação, cautela!

Por outro lado, aparentemente, uma certidão positiva não seria necessariamente indício de que a conduta do candidato não é condigna. As pessoas podem em momentos de suas vidas perder o controle financeiro, ou viver alguma dificuldade, por inúmeras razões, sem que isso demonstre mau-caratismo.

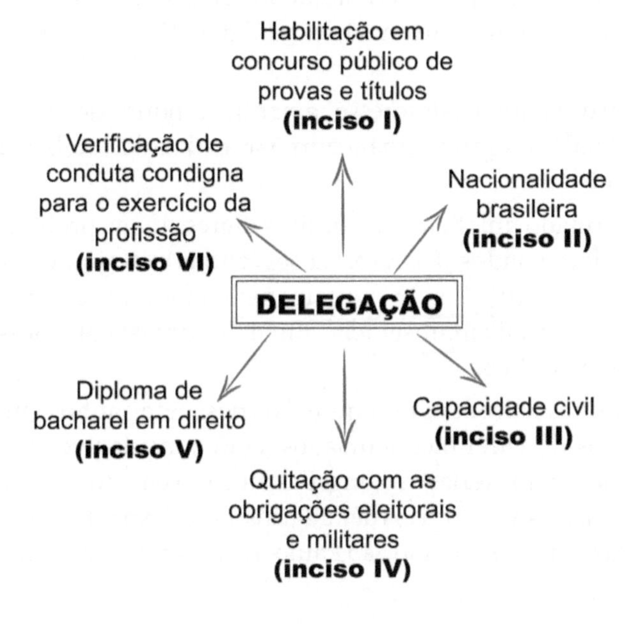

A Lei Federal 8.935/94 também contém disposição relativa ao concurso público em seu artigo 44:

> **Art. 44. Verificada a absoluta impossibilidade de se prover, através de concurso público, a titularidade de serviço notarial ou de registro, por desinteresse ou inexistência de candidatos, o juízo competente proporá à autoridade competente a extinção do serviço e a anexação de suas atribuições ao serviço da mesma natureza mais próximo ou àquele localizado na sede do respectivo Município ou de Município contíguo.**
>
> **§ 1º (Vetado).**
>
> **§ 2º Em cada sede municipal haverá no mínimo um registrador civil das pessoas naturais.**
>
> **§ 3º Nos municípios de significativa extensão territorial, a juízo do respectivo Estado, cada sede distrital disporá no mínimo de um registrador civil das pessoas naturais.**

A capilaridade das serventias extrajudiciais em território nacional é considerável, vez que não haverá sede municipal sem ao menos um registrador civil das pessoas naturais.

A existência de tantas serventias extrajudiciais poderia nos levar à falsa ideia de que há amplo espaço para o ingresso financeiramente saudável na atividade notarial e registral. Essa equivocada premissa, causaria espanto aos leitores do *caput* do artigo 44, que prevê a proposta pelo juízo competente à autoridade competente, da extinção do serviço notarial ou de registro por impossibilidade do provimento por concurso público, face ao desinteresse ou inexistência de candidatos. Eventual extinção respeitará o disposto no § 2º.

Qual razão levaria a um desinteresse tamanho, a ponto de gerar a extinção uma serventia extrajudicial? O aspecto financeiro, tão badalado, e a baixa perspectiva de evolução são os motivos.

Como já foi afirmado, infelizmente, muitos ingressam na profissão iludidos pelos supostos ganhos diferenciados. De fato, há serventias extrajudiciais que propiciam números expressivos ao titular, o qual certamente tem grande competência e responsabilidade para lidar com tal circunstância, afinal de contas, colocou-se nas primeiras posições do concurso público.

No entanto, muitas serventias extrajudiciais possuem ganhos iguais ou inferiores a outros profissionais do Direito concursados, com considerável responsabilidade e sem muitos benefícios, como férias prolongadas, décimo terceiro salário, aposentadoria diferenciada etc. Há inclusive cartórios deficitários, cuja despesa é maior do que a renda, situação amenizada em Estados como São Paulo, nos quais há um fundo complementar à renda:

Lei Estadual 11.331, de 26 de dezembro de 2002

Artigo 25. Considera-se deficitária a serventia cuja receita bruta não atingir o equivalente a 13 (treze) salários mínimos mensais.

Por qual motivo um indivíduo em sã consciência assumiria um cartório deficitário, ou seja, um trabalho que gere prejuízo? Pela perspectiva de melhora por intermédio do concurso de remoção, o qual, como já exposto, é cada vez mais acirrado.

O trecho a seguir resume o quadro com rara felicidade:

> Deste ponto, surge outra reflexão. Os concursos para outorga de delegações de notas e registros figuram entre os concursos públicos de maior exigência das carreiras jurídicas. O profissional que nele adentra, necessita de um imenso preparo e experiência, ao menos, jurídica. O retorno do investimento em tempo, estudos, livros, cursos, hoje é extremamente incerto. Assumir uma serventia deficitária para ganhar experiência é de extrema valia, pois o trabalho na Serventia é específico e sua rotina, como a maioria das profissões, só se aprende com a vivência diária. O que se torna duvidosa é a progressão na carreira, por dois fatores. Primeiramente, pois, ao contrário de outras carreiras jurídicas, como a magistratura, a promoção não se dá por merecimento ou antiguidade. De forma que o interessado deverá se submeter a um novo concurso, praticamente "começando do zero", em que pese existir o critério de remoção, que cria um grupo aparte, como uma espécie daqueles que sobreviveram a um estágio probatório, mas que igualmente se sujeita às regras do certame. E, principalmente, pois a relação da demanda e oferta se torna cada vez mais desproporcional. Exceto nos Estados que inauguram os concursos atualmente, a oferta de serventias é limitadíssima. A progressão na carreira é extremamente dificultosa, reservada a poucos extremamente capazes e estudiosos, e que, além do grande conhecimento, adicionalmente demonstram postura, equilíbrio, ponderação e capacidade de superar adversidades. Observando-se aqueles que logram sucesso em um concurso de tal nível de exigência, diria que esses poucos beiram a genialidade, além de terem recebido todas as bênçãos divinas.[6]

Muitos concursos públicos de cartórios obtêm altos índices de preenchimento nas vagas ofertadas, como relatado a seguir:

> De maneira inédita no Estado de São Paulo, todas as unidades extrajudiciais disponíveis no 9º Concurso Público de Provas e Títulos para Outorga de Delegações de Notas e de Registro, organizado pelo Egrégio Tribunal de Justiça bandeirante, foram preenchidas. O referido concurso teve início nos primeiros meses de 2014, e contou com 222 unidades extrajudiciais. Dos quase 5.500 candidatos inscritos, 510 lograram êxito quanto à aprovação, e todos aqueles que escolheram uma Serventia, passam agora a exercer a atividade.[7]

Tão surpreendente quanto os números apresentados, são as renúncias realizadas por candidatos em prazo curtíssimo após o início da delegação. Alguns sequer iniciam a atividade. Tal conduta retira a possibilidade de candidatos realmente interessados no exercício da atividade notarial e registral, de realizarem o seu objetivo (situação amenizada pelos §§ 3º e 4º do artigo 2º da Resolução 81 do Conselho Nacional de Justiça). Por essa razão, a escolha deve ser um ato pensado, consciente, visando auxiliar o Poder

---

6. LAMANAUSKAS, Milton Fernando. *O acesso à carreira notarial e registral* – algumas reflexões. Disponível em: https://www.notariado.org.br/artigo-o-acesso-a-carreira-notarial-e-registral-algumas-reflexoes-milton-fernando-lamanauskas/. Acesso em: 1º mar. 2023.
7. CHOSSANI, Frank Wendel. *Registradores, tabeliães e o concurso público* – Profissionalismo de ponta. Disponível em: https://www.notariado.org.br/artigo-registradores-tabeliaes-e-o-concurso-publico-profissionalismo-de-ponta-frank-wendel-chossani/. Acesso em: 1º mar. 2023.

Público na escolha não só dos melhores candidatos, mas daqueles que efetivamente queiram trabalhar nas serventias ofertadas.

A função notarial e registral é belíssima, com momentos ímpares de auxílio à sociedade, mas como qualquer trabalho, deve ser vislumbrada a médio-longo prazo. Essa visão é aquela que desejamos permeie a mente dos leitores da presente obra, dentre os quais, alguns certamente estão em busca da tão sonhada aprovação.

Capítulo IX
GESTÃO DE CARTÓRIOS (ARTIGOS 20 E 21)

Art. 20. Os notários e os oficiais de registro poderão, para o desempenho de suas funções, contratar escreventes, dentre eles escolhendo os substitutos, e auxiliares como empregados, com remuneração livremente ajustada e sob o regime da legislação do trabalho.

§ 1º Em cada serviço notarial ou de registro haverá tantos substitutos, escreventes e auxiliares quantos forem necessários, a critério de cada notário ou oficial de registro.

§ 2º Os notários e os oficiais de registro encaminharão ao juízo competente os nomes dos substitutos.

§ 3º Os escreventes poderão praticar somente os atos que o notário ou o oficial de registro autorizar.

§ 4º Os substitutos poderão, simultaneamente com o notário ou o oficial de registro, praticar todos os atos que lhe sejam próprios exceto, nos tabelionatos de notas, lavrar testamentos.

§ 5º Dentre os substitutos, um deles será designado pelo notário ou oficial de registro para responder pelo respectivo serviço nas ausências e nos impedimentos do titular.

Art. 21. O gerenciamento administrativo e financeiro dos serviços notariais e de registro é da responsabilidade exclusiva do respectivo titular, inclusive no que diz respeito às despesas de custeio, investimento e pessoal, cabendo-lhe estabelecer normas, condições e obrigações relativas à atribuição de funções e de remuneração de seus prepostos de modo a obter a melhor qualidade na prestação dos serviços.

Nenhum tabelião ou oficial de registro realiza o seu trabalho de forma isolada, sozinho. Por menor que seja a sua equipe, sempre é necessário ter à disposição um ponto de apoio, pessoas que verdadeiramente entendam o real significado de exercer uma tão importante função pública.

Nesse contexto, é de extrema valia conhecer e estudar o artigo 20 da Lei Federal 8.935/94, o qual contempla as figuras dos auxiliares, escreventes e substitutos. Ao lado destes, ainda é possível contar com a figura dos estagiários.

Tão valiosa quanto a montagem da equipe de colaboradores, é a gestão de tais pessoas, assunto que se encaixa no gerenciamento administrativo e financeiro dos serviços notariais e de registro, razão pela qual, no mesmo momento, faremos um estudo do artigo 21 da Lei Federal 8.935/94. É interessante notar que notários e registradores são profissionais do Direito, porém, desempenhando funções de gestão em boa parte do tempo que dedicam ao seu labor. Seria prudente exigir de tais profissionais uma formação administrativa? Fica a sugestão para reflexão.

Diferentemente do que boa parte das pessoas imagina, não há concurso público para ser colaborador de uma serventia extrajudicial. Os tabeliães e oficiais de registro possuem ampla liberdade, em regra, para contratar quantas pessoas entenderem conveniente, negociar remuneração e condições de trabalho, ajustar quaisquer detalhes que sejam pertinentes à prestação dos serviços inerentes a sua especialidade, incluindo o trabalho remoto.

> A contratação de auxiliares e escreventes e a nomeação entre esses de substitutos é faculdade a ser utilizada na medida de interesses e necessidades, sem qualquer imposição legal, sempre voltada para o desempenho das funções específicas e da maneira mais adequada.[1]

Importante recordar as limitações para contratações e gastos impostas aos interinos ou designados, já abordadas em momento anterior.

A ausência de necessidade de concurso público para as contratações não implica em chegar-se à conclusão de que tal ato deva ser despido de cuidados. Recomenda-se que o processo seletivo de colaboradores de serventias extrajudiciais seja rigoroso, com uma pesquisa prévia da vida do candidato, aplicação de provas que apurem o intelecto e ainda uma franca conversa voltada a compreender as reais intenções do indivíduo. Trabalhar em uma serventia extrajudicial é missão *sui generis*, não podendo haver comparação com qualquer outra profissão disponível no mercado de trabalho.

Outra informação enraizada na mente da sociedade é a de que a formação em Direito é a única que habilitaria alguém a pleitear uma vaga de trabalho em uma serventia extrajudicial. Reconhecemos que tal formação universitária é de extrema valia para a área, talvez a mais aderente, porém, outras pessoas sem formação no mundo jurídico podem almejar trabalhar na esfera notarial e registral, desde que demonstrem aptidão para tanto. É muito comum observar pessoas que optam por trabalhar em um cartório sem cursar o Direito e, após algum tempo, visando melhor desenvolver as suas funções, escolhem voluntariamente esse curso universitário.

Estudar é essencial para bem desempenhar as funções ora estudadas, e inúmeros colaboradores de serventias extrajudiciais cursam especializações, mestrados e até doutorados, escrevendo livros e lecionando em grandes instituições.

O olhar do tabelião ou oficial de registro no momento da contratação é crucial, pois as pessoas escolhidas sempre falarão em seu nome, sendo uma real extensão de seu ser.

---

1. OLIVEIRA, Lourival Gonçalves de. *Notários e registradores*: Lei 8.935, de 18.11.1994. São Paulo: Juarez de Oliveira Ed., 2009.

Após a escolha da pessoa para trabalhar, ela pode ingressar no quadro funcional da serventia como estagiário, auxiliar, escrevente e até mesmo substituto. Não há a necessidade de começar num cargo hierarquicamente inferior, para escalar numa jornada progressiva. É natural encontrar pessoas que iniciaram como jovens auxiliares, aprendizes, e ao longo dos anos chegam ao posto de substitutos. Cada indivíduo tem o seu valor perante a equipe, a qual é livremente formada em aspectos numéricos e qualitativos pelo tabelião ou oficial de registro.

O estagiário cumprirá uma jornada de trabalho diferenciada, com regramento próprio. Trata-se de uma função de apoio, não havendo a prática direta de nenhum ato notarial. Recomenda-se a leitura da legislação a seguir:

> Art. 1º Lei Federal 11.788/08. Estágio é ato educativo escolar supervisionado, desenvolvido no ambiente de trabalho, que visa à preparação para o trabalho produtivo de educandos que estejam frequentando o ensino regular em instituições de educação superior, de educação profissional, de ensino médio, da educação especial e dos anos finais do ensino fundamental, na modalidade profissional da educação de jovens e adultos.
>
> § 1º O estágio faz parte do projeto pedagógico do curso, além de integrar o itinerário formativo do educando.
>
> § 2º O estágio visa ao aprendizado de competências próprias da atividade profissional e à contextualização curricular, objetivando o desenvolvimento do educando para a vida cidadã e para o trabalho.

Os auxiliares serão contratados pelo regime da CLT, com as condições de trabalho regradas em um contrato de trabalho, assim como ocorre com os escreventes e substitutos. De maneira análoga aos estagiários, não haverá a prática de nenhum ato de forma direta pelo auxiliar, o qual compõe um corpo de suporte à efetiva realização dos atos por escreventes e substitutos, e até mesmo pelo notário ou registrador.

Os escreventes poderão praticar todos os atos autorizados pelo tabelião ou oficial de registro, exceto o testamento, por meio de uma portaria de trabalho. É interessante que, diante do teor do § 3º do estudado artigo 20 da Lei Federal 8.935/94, a nomenclatura pela qual as pessoas normalmente conhecem tais profissionais é a de "escreventes autorizados". Esse profissional realmente realiza o ato notarial ou registral, sempre norteado pelos preceitos e autorizações competentes.

Os substitutos detêm importante função no quadro funcional da serventia extrajudicial, compondo uma liderança direta do notário ou registrador; além de todas as aptidões e competências inerentes à perfeita desenvoltura de seus misteres, acrescenta-se um tempero adicional a essa relação profissional: a confiança.

É certo que a confiança é um elemento que deve pautar todas as relações de trabalho existentes em uma serventia extrajudicial, porém, para a escolha dos substitutos, ela ganha uma potência ainda maior.

O número de substitutos escolhidos com base no § 4º é ilimitado, e tais substitutos poderão praticar todos os atos inerentes à função notarial e registral, sem a especificação pontual de ato por ato, como ocorre com o escrevente, o qual somente irá praticar os atos para os quais recebeu expressa autorização.

Já o substituto do § 5º é único. Além de praticar todo e qualquer ato da respectiva serventia, responderá pelo serviço nas ausências e impedimentos do titular, incluindo o período de descanso. Poderíamos afirmar que se trata da função mais elevada em aspectos hierárquicos na estrutura do cartório, pois há momentos em que tal substituto efetivamente responde por ele.

Interessante o item do Código de Normas do Estado de São Paulo, em seu Capítulo XIV, sobre a identificação dos prepostos:

> 2. Os notários e os oficiais de registro poderão expedir cédulas de identificação a seus prepostos sem o uso da expressão "Poder Judiciário" ou da insígnia das armas e do brasão do Estado e da República.

O § 4º cita que os substitutos podem praticar todo e qualquer ato notarial, exceção ao testamento. Tal vedação nunca soou razoável, pois o usuário do cartório não deve ser prejudicado por eventuais ausências do tabelião de notas. O testamento é um ato que pode ser marcado pela urgência, e criar limitações à sua confecção não se coaduna com uma das finalidades da atividade notarial, a de bem atender aqueles que a ela se socorrem, garantindo segurança jurídica.

Por essa razão, o Código Civil trouxe regra que afronta tal limitação:

> Art. 1.864. São requisitos essenciais do testamento público:
>
> I – ser escrito por tabelião *ou por seu substituto legal* em seu livro de notas, de acordo com as declarações do testador, podendo este servir-se de minuta, notas ou apontamentos; (grifo nosso)

A especialidade do Código Civil nos leva a aplicá-lo nesse conflito normativo, até mesmo por se tratar de lei mais recente. Acreditamos que qualquer substituto seja apto a lavrar testamentos públicos, apesar do teor do Código de Normas do Estado de São Paulo, em seu Capítulo XIV, novamente citado:

> 14.3. Compete ao escrevente substituto, a que se refere o § 5º, do art. 20, da Lei 8.935/94, responder pelo respectivo expediente nas ausências e impedimentos do titular da delegação, podendo, inclusive, lavrar testamentos.

O item legal cita que o substituto do § 5º pode, "inclusive", lavrar testamento, e não exclusivamente. O Código Civil não distingue qual substituto pode praticar o ato notarial, razão pela qual ninguém, aparentemente, poderá fazer tal distinção. Além disso, o próprio Código de Normas do Estado de São Paulo, no Capítulo XVI, aborda o tema em linha análoga à defendida pelos autores:

> 6.1. Os substitutos podem praticar todos os atos próprios do tabelião de notas, inclusive testamentos, independentemente da ausência e do impedimento do titular.

Lembre-se que "os notários e os oficiais de registro encaminharão ao juízo competente os nomes dos substitutos", nos termos do § 2º do estudado artigo 20.

Formar um adequado quadro funcional faz parte da rotina de notários e registradores, os quais devem se esmerar ao máximo para criar uma unidade coesa e célere de trabalho. Ao lado da formação da equipe, de suma relevância a sua gestão, com todas as nuances inerentes a tal atribuição.

Notários e registradores perseguem com afinco a melhor qualidade na prestação de seus serviços, desempenhando múltiplos papéis em tal jornada. São profissionais do Direito, mas ao mesmo tempo desenvolvem funções administrativas, de ordem financeira e até mesmo motivacionais, afinal de contas, lidam com seres humanos na integralidade de seus dias.

Por contarem, em sua maioria, somente com formação jurídica, não raras vezes se socorrem de profissionais mais especializados em certas áreas, como a contábil e a trabalhista. Tal medida parece salutar, porém, não retira dos tabeliães e oficiais de registro a responsabilidade por seus atos de forma integral.

Organizar as finanças de uma serventia extrajudicial é embate a ser desempenhado com profissionalismo, pois, nesse aspecto, assemelha-se a uma empresa como outra qualquer. Deve haver planejamento financeiro, estudo de opções economicamente viáveis e constante negociação, tudo para que a saúde contábil da serventia mantenha-se intacta.

> Executar uma gestão financeira é trabalhoso e necessita de foco diário, como tudo na vida que gera resultado a longo prazo e que é transformador.
>
> Segundo Caldas (2017), 74% dos titulares têm média ou grande dificuldade para saber se alcançaram, ou não, seus objetivos. Parte disso, porque mais de 80% têm dificuldade de dedicar tempo para acompanhar o desempenho e mais de 90% sentem dificuldade em saber o que de fato deve ser monitorado.[2]

Lembre-se de que dos valores pagos por qualquer ato notarial e registral, uma fatia é destinada aos repasses obrigatórios; o percentual exato e destinatários dos valores oscilam de Estado para Estado. Vejamos o exemplo de São Paulo, Lei Estadual 11.331/02:

> Artigo 19 Os emolumentos correspondem aos custos dos serviços notariais e de registro na seguinte conformidade:
>
> I – relativamente aos atos de Notas, de Registro de Imóveis, de Registro de Títulos e Documentos e Registro Civil das Pessoas Jurídicas e de Protesto de Títulos e Outros Documentos de Dívidas:

2. CALDAS, Talita. SCIASCIA, Daniela. *Finanças para cartórios*. Salvador: JusPodivm, 2018.

a) 62,5% (sessenta e dois inteiros e meio por cento) são receitas dos notários e registradores;

b) 17,763160% (dezessete inteiros, setecentos e sessenta e três mil, cento e sessenta centésimos e milésimos percentuais) são receita do Estado, em decorrência do processamento da arrecadação e respectiva fiscalização; c) 9,157894% (nove inteiros, cento e cinquenta e sete mil, oitocentos e noventa e quatro centésimos de milésimos percentuais) são contribuição à Secretaria da Fazenda;

d) 3,289473% (três inteiros, duzentos e oitenta e nove mil, quatrocentos e setenta e três centésimos de milésimos percentuais) são destinados à compensação dos atos gratuitos do registro civil das pessoas naturais e à complementação da receita mínima das serventias deficitárias; e) 4,289473% (quatro inteiros, duzentos e oitenta e nove mil, quatrocentos e setenta e três centésimos de milésimos percentuais) são destinados ao Fundo Especial de Despesa do Tribunal de Justiça, em decorrência da fiscalização dos serviços;

f) 3% (três por cento) são destinados ao Fundo Especial de Despesa do Ministério Público do Estado de São Paulo, em decorrência da fiscalização dos serviços;

II – relativamente aos atos privativos do Registro Civil das Pessoas Naturais:

a) 83,3333% (oitenta e três inteiros, três mil e trezentos e trinta e três centésimos de milésimos percentuais) são receitas dos oficiais registradores;

b) 16,6667% (dezesseis inteiros, seis mil seiscentos e sessenta e sete centésimos de milésimos percentuais) são contribuição à Secretaria da Fazenda;

Parágrafo único. São considerados emolumentos, e compõem o custo total dos serviços notariais e de registro, além das parcelas previstas neste artigo:

1º – a parcela dos valores tributários incidentes, instituídos pela lei do município da sede da serventia, por força de lei complementar federal ou estadual;

2º – a parcela destinada à Secretaria da Fazenda em montante correspondente a 4,8% (quatro inteiros e oito décimos percentuais) sobre o valor da parcela prevista na alínea "a" do inciso I deste artigo.

O faturamento das atividades notariais e registrais abrange as receitas próprias e inerentes à prestação do serviço público (emolumentos, complementação de receita e ressarcimento de atos gratuitos), receitas de serviços diversos deferidos à atuação dos Notários e Oficiais, tal como aquelas provenientes de arrecadação de tributos incidentes sobre os atos que praticara, em que figure na condição de contribuinte ou substituto tributário. Neste último caso retidas pelo Oficial diretamente dos usuários do serviço, porém, cujo destinatário do produto da arrecadação seja o poder público. Na compreensão do faturamento, não estão compreendidas quaisquer deduções.[3]

Descontados os repasses obrigatórios, carinhosamente conhecidos como "selagem", temos o valor que fica sob gestão do notário ou registrador, com o qual arcará com toda e qualquer despesa do cartório (aluguel, folha de pagamento, móveis, maquinários, sistemas etc.). Trata-se da receita bruta. Abatidas tais despesas chegamos à receita líquida, a qual equivale à remuneração do tabelião ou oficial de registro, sobre a qual incidem os reflexos tributários inerentes ao Imposto de Renda.

É corriqueiro ter-se a ideia de que a gestão com excelência de um cartório passe por amplos investimentos financeiros, mas isso nem sempre é verdade. É certo que determinadas aquisições demandam aporte monetário considerável, o que não é uma regra para todo e qualquer ato de gestão.

3. FREITAS, Matheus. *Regime tributário dos notários e registradores*. In: EL DEBS, Martha (Coord. Geral). Salvador: JusPodivm, 2018.

De fato, a estrutura física do cartório, o efetivo local da prestação do serviço, pode demandar um aporte monetário significativo. Computadores, móveis, aparelhos de ar-condicionado, equipamentos de segurança, materiais de escritório/papelaria/limpeza, são exemplos que consomem dinheiro, em prol de um bom atendimento. Se possível, a oferta de alguns mimos aos usuários do cartório, como um café ou uma bolacha, ajuda na construção de uma imagem zelosa.

No entanto, a real essência da gestão com excelência, passa por pontos que estão distantes de serem considerados custosos. Pelo contrário, a grande maioria nada custa. Na sequência citaremos alguns exemplos relevantes que colaboram para o conceito de gestão com excelência de uma serventia extrajudicial:

1) *Tratar seres humanos como seres humanos*

As cada vez mais atribuladas vidas das pessoas fazem com que esqueçamos que lidamos com pessoas, e isso requer um grande tato e zelo. Amor, carinho, olho no olho e genuinamente prestar a atenção quando necessário compõem um pacote de ações para a equipe se sentir valorizada e consequentemente mais feliz. Nem é preciso dizer quais os principais beneficiados por tal conduta: gestores, liderados e sociedade. Jogo de "ganha, ganha".

Reuniões corriqueiras com os colaboradores são de extremo valor, sempre no intuito de repassar informações pertinentes, elogiar, ajustar detalhes, um infinito universo. Críticas sempre em conversas particulares!

Benefícios também são bem-vindos, auxiliando no engajamento da equipe. Vale-transporte, vale-refeição, plano de saúde, apoio em cursos e especializações, celebrações para aniversariantes do mês, certificados para quem completa um ciclo anual no cartório, dia de folga no aniversário, são exemplos de como prestigiar e cativar pessoas.

A realização de pesquisas de clima anuais, para apurar o que cada membro da equipe pensa de seus colegas e estrutura de trabalho, é interessante para entender os anseios da equipe.

Apesar de sua relevância, nem tudo são planilhas e indicadores!

Dentro desse contexto humanizado, recomenda-se que os colaboradores do cartório participem ativamente da vida da comunidade local, aderindo à campanhas e ações sociais. Tal atitude, além de gerar rara satisfação pelo gesto de ajudar o próximo, colabora para uma formação de imagem positiva do cartório, o qual se mostra como entidade atenta aos fatos que o circundam.

2) *Presença do tabelião ou oficial de registro e das lideranças de forma habitual no cartório, demonstrando acessibilidade*

A pessoalidade é uma das características da delegação recebida pelo tabelião ou oficial de registro titulares, assim como da função de confiança desempenhada pelo interino designado. Por essa razão, entende-se como legal a sua presença corriqueira no ambiente do cartório, liderando, gerindo, trabalhando, inspirando.

Mais do que legal, no aspecto jurídico, é legal no sentido de ser uma boa medida, pois a presença de um líder em seu ambiente de trabalho gera enorme comprometimento na equipe. É certo que no momento do tempo em que vivemos, também é viável realizar gestões qualificadas via trabalho remoto, mas entendemos como fundamental a presença física rotineira.

Tal afirmação vale inclusive para os substitutos e lideranças positivas da equipe, os quais, ao lado do notário ou registrador, deverão assumir as rédeas do bom serviço prestado por todos no cartório.

Não basta estar presente, é necessário ser acessível. Um tabelião ou oficial de registro, assim como seus substitutos, devem ter contato direto com a equipe, visando orientá-los da maneira que entenderem como mais pertinente. É certo que em dados períodos do dia, ou semana, poderão manter-se mais reclusos, caso o silêncio e concentração sejam necessários a uma tarefa, mas jamais devem perder de vista a importância de serem alcançáveis por aqueles que estão ao seu redor.

3) *Elaborar Instruções de Trabalho escritas, além de um Código de Ética*

A atividade notarial e registral é fartamente regulamentada: leis, códigos de normas, provimentos, decisões e até mesmo a Constituição Federal contêm preceitos inerentes às funções desenvolvidas por tabeliães e oficiais de registro.

No entanto, é de extrema valia que cada serventia extrajudicial possua Instruções de Trabalho escritas, visando detalhar o perfil de trabalho de seus responsáveis. A riqueza de conteúdo das Instruções de Trabalho certamente será um grande facilitador da rotina de trabalho de todos os colaboradores.

Primeiramente, pois será uma cartilha para novos membros da equipe, gerando maior celeridade na adaptação ao cotidiano. Será base escrita também para comprovar aquilo que se admite que seja, ou não, realizado no desenvolvimento de atos notariais e registrais. Por fim, gerará a participação e engajamento de todos os colaboradores no processo de trabalho, pois é relevante a oitiva deles no desenhar de cada Instrução de Trabalho.

Recomenda-se que cada ato notarial e registral, assim como cada procedimento de relevância na rotina do cartório, seja objeto de uma Instrução de Trabalho.

O documento, que denominamos como "Código de Ética", poderia receber outras denominações, pois o que realmente possui valor inestimável é o seu conteúdo. Aspectos comportamentais, tanto com relação aos colegas de trabalho, como com o público externo, compõem a base, porém, o tabelião ou registrador terá liberdade para regrar tudo que tenha pertinência ao seu olhar envolvendo a gestão da equipe de colaboradores: trajes, horários, áreas de convivência, como atender ao telefone ou responder e-mails, aspectos da Lei Geral de Proteção de Dados... não há limites para a abordagem!

4) *Investir no treinamento da equipe, realizando avaliações semestrais de conhecimento, e premiando as melhores notas*

Bons colaboradores são fruto de uma política de treinamento constante. Há cartórios nos quais a própria equipe organiza encontros habituais, como uma maneira de integrar as pessoas e gerar conhecimento; não raras vezes, os responsáveis pelos cursos são membros do corpo funcional da serventia extrajudicial. É recomendável buscar palestrantes e professores externos, como uma maneira de diversificar o conteúdo ofertado.

No momento atual do tempo, não há desculpas para uma postura omissa quanto ao estudo de estagiários, auxiliares, escreventes, substitutos, tabeliães e oficiais de registro. Não há mais distâncias para o ensino, pois cursos on-line estão acessíveis para quem quiser, moldando o tempo e horário do ensino. Isso não exclui o estudo presencial, o qual jamais perderá o seu valor, e até mesmo charme.

Ofertado o conhecimento, nada mais justo do que cobrá-lo, avaliá-lo, até mesmo para apurar-se a real absorção do conteúdo pela equipe. Recomenda-se pelo menos duas avalições semestrais de conhecimento: uma no formato de testes, abrangente, para uma noção geral; outra mais aprofundada, moldada em torno de questões escritas, abrindo a chance de se analisar também aspectos da redação e gramática do colaborador.

As melhores notas merecem uma premiação, dentro das condições de cada cartório, assim como o reconhecimento das lideranças da equipe. Trata-se de um momento extremamente satisfatório.

5) *Ter uma boa estrutura de trabalho, confortável, limpa e organizada. A boa estrutura inclui presença no ambiente virtual. Ofertar ao público a possibilidade de avaliação com pesquisas de satisfação, físicas e online*

A estrutura física de uma serventia extrajudicial é essencial para uma excelente rotina de trabalho. A oferta de conforto e segurança àqueles que se dirigem ao cartório caminha ao encontro de ideais da atividade notarial e registral, dentre eles a eficiência.

Cada realidade possui as suas nuances, as quais serão balizadoras do que se pode chamar de estrutura adequada. No entanto, cuidados com conforto, limpeza e organização são universais, e devem ser respeitados.

É importante implementar entre colaboradores a ideia de que todos são parte desse processo de construção de um ambiente de trabalho harmonioso, zelando para que a estrutura física sempre se encontre em moldes apropriados. Um exemplo para elucidar: mesmo o cartório tendo uma equipe de limpeza, nada impede que um escrevente, ao notar um papel jogado no chão, recolha e jogue no lixo. O ideal precisa estar enraizado.

A estrutura envolve não só aspectos físicos, mas também tecnológicos. O Provimento 74 do Conselho Nacional de Justiça, é um grande marco para o tema:

> Art. 1° Dispor sobre padrões mínimos de tecnologia da informação para a segurança, integridade e disponibilidade de dados para a continuidade da atividade pelos serviços notariais e de registro do Brasil.

É prudente criar uma estrutura dentro do ambiente virtual, em especial possuindo um site de qualidade e presença nas redes sociais. O site pode ser um relevante canal de comunicação, ofertando funcionalidades como consultas e agendamento de atendimentos. Já as redes sociais servem como ponto extra de criação de conteúdo, sempre com caráter informativo, evitando-se aspectos puramente comerciais.

Recomenda-se a oferta de pesquisas de satisfação aos clientes da serventia extrajudicial, impressas (espalhadas pelo ambiente de trabalho) e virtuais (inseridas no site). Além de avaliar os serviços prestados, as pesquisas são riquíssima fonte de melhorias, pois em muitas ocasiões os usuários captam inconsistências não observadas pela equipe. Eventuais reclamações devem ser objeto de retorno personalizado, visando sanar quaisquer dúvidas.

Encerra-se o presente capítulo com a apresentação de um pequeno quadro, com informações sobre a mecânica de contratação de colaboradores, declaração de Imposto de Renda e inscrição no CNPJ, nuances essenciais para uma gestão adequada de uma serventia extrajudicial:

Tabeliães e Oficiais de Registro Titulares	Informações	Base Legal
Como contratam a sua equipe	A própria pessoa natural do titular é a parte empregadora na relação de trabalho, sendo, no contrato, qualificada com o número de sua inscrição no CPF.	Não há previsão legal expressa, mas deduz-se que assim seja por conta das previsões atuais, sobretudo do eSocial, que determinam que a Pessoa Física do empregador obtenha a sua inscrição no Cadastro das Atividades Econômicas das Pessoas Físicas (CAEPF)[4].
Como declaram o seu Imposto de Renda	O IR incide sobre o valor mensal dos emolumentos e segue a sistemática do IRPF Recolhimento Mensal Obrigatório (Carnê-leão)	Regulamento do Imposto de Renda – RIR/2018, aprovado pelo Decreto 9.580/2018, art. 118, inciso I. Vide ainda Cosit 55 de 19 de Janeiro de 2017.
Inscrição no CNPJ	A inscrição no CNPJ pelos serviços notariais e de registro é compulsória, contudo, não tem o condão de atribuir personalidade jurídica a eles. Os "Cartórios" são entes despersonalizados. Utilizada, dentre outros, para recolhimento de custas e repasses.	IN-RFB 2.119/2022 (Anexo I, inciso X).

4. Mais informações em: https://www.gov.br/esocial/pt-br/documentacao-tecnica/manuais/mos-s-1-0-consolidada-ate-a-no-s-1-0-09-2021.pdf e http://normas.receita.fazenda.gov.br/sijut2consulta/link.action?visao=anotado&idAto=94704. Acesso em: 03 mar. 2023.

Capítulo X
RESPONSABILIDADE DE NOTÁRIOS E REGISTRADORES E FISCALIZAÇÃO PELO PODER JUDICIÁRIO (ARTIGOS 22 A 24; 37 E 38)

Art. 22. Os notários e oficiais de registro são civilmente responsáveis por todos os prejuízos que causarem a terceiros, por culpa ou dolo, pessoalmente, pelos substitutos que designarem ou escreventes que autorizarem, assegurado o direito de regresso.

Parágrafo único. Prescreve em três anos a pretensão de reparação civil, contado o prazo da data de lavratura do ato registral ou notarial.

1. RESPONSABILIDADE CIVIL

Os tabeliães e registradores são civilmente responsáveis pelos atos realizados nas serventias de que são titulares, não só pelos que diretamente praticarem, mas também por aqueles efetuados por seus colaboradores. Daí a enorme importância de escolher rigorosamente os membros de uma equipe.

A responsabilidade é sempre inerente ao período de titularidade do notário ou oficial de registro, não alcançado atos praticados por pretéritos delegatários.

A atual redação do artigo 22 da Lei Federal 8.935/94, contém a expressão "dolo ou culpa", o que nos remete à ideia de uma responsabilidade subjetiva. Nem sempre foi assim, tendo a mudança ocorrido com a entrada em vigor da Lei Federal 13.286/16, a qual ainda inseriu o parágrafo único no estudado artigo 22. Duas, portanto, as mudanças importantes promovidas pelo diploma legal de 2016:

a) definição de que a responsabilidade de notários e registradores é subjetiva, mudando, assim, o entendimento que preponderava até então, de que se tratava de uma responsabilidade objetiva; e,

b) fixação de um prazo prescricional de três anos para a pretensão de reparação civil, sendo essencial delimitar que a contagem do prazo ocorre da data da lavratura do ato notarial ou registral, e não da ciência dele pelos indivíduos eventualmente interessados na reparação.

No caso de o ato notarial ou registral ensejador da reparação ter sido praticado por colaborador da serventia extrajudicial, o notário ou registrador poderá exercer o direito de regresso.

Recente decisão do Supremo Tribunal Federal, no Recurso Extraordinário 842.846/SC, gerou tese fixada no tema de repercussão geral número 777:

> O Estado responde, objetivamente, pelos atos dos tabeliães e registradores oficiais que, no exercício de suas funções, causem dano a terceiros, assentado o dever de regresso contra o responsável, nos casos de dolo ou culpa, sob pena de improbidade administrativa.

Assentou-se entendimento no sentido de que o Estado responde objetivamente pelos danos causados no exercício das atividades notariais e de registro, devendo exercer o direito de regresso contra os titulares das respectivas delegações, nos casos de dolo ou culpa, sob pena de improbidade administrativa.

Logo, a ação seria ajuizada em face do Estado (responsabilidade objetiva), com o dever de exercer o direito de regresso em face do titular nos casos de dolo ou culpa (responsabilidade subjetiva).

> O entendimento de que a responsabilidade do Estado seria subsidiária foi sufragado. O que o voto do Min. Relator Luiz Fux aponta é para a adoção da teoria do risco administrativo para o Estado, com o correspondente dever de ação de regresso de modo a perquirir a responsabilidade subjetiva dos titulares de cartórios com base em uma "teoria da solidariedade e da justiça das decisões".[1]

Tal posição não parece adequada aos olhos dos autores. O tabelião ou oficial de registro são particulares prestando serviço público, por uma delegação do Estado. Como particulares que são, devem ser responsabilizados pelos atos que praticarem, sem que haja necessidade de convocação primária do Estado para tal finalidade; podem, inclusive, contratar um seguro de responsabilidade civil, para minimizar os efeitos financeiros de eventual equívoco. No entanto, respeita-se o atual posicionamento do Supremo Tribunal Federal.

Vislumbra-se sentido na responsabilização objetiva do Estado em decorrência de atos notariais e registrais, no caso dos já estudados interinos ou designados, ocasião em que não estamos diante de particulares recebendo uma delegação:

> Pois bem, nesses casos aludidos, o vínculo que se estabelecerá entre a pessoa natural que administrará o serviço e o Estado não terá a natureza de delegação, já devidamente estudada no momento oportuno. O vínculo criado, em verdade, é de preposição.
>
> Nesse diapasão, parece-nos possível concluir que haverá um outro regime jurídico de responsabilidade civil, agora pautado na desnecessidade de demonstração de culpa, qual seja, a objetiva.[2]

1. ALMEIDA, Rachel Leticia Curcio Ximenes de Lima. Comentários críticos à Tese com Repercussão Geral do RE 842.846: A responsabilidade objetiva do estado por atos de tabeliães e registradores. In: DEL GUÉRCIO NETO, Arthur e DEL GUÉRCIO, Lucas Barelli (Coord.). *O direito notarial e registral em artigos*. São Paulo: YK Editora, 2020. v. IV.
2. RODRIGUES NETO, Assuero. *Responsabilidade civil dos delegatários dos serviços extrajudiciais*. Belo Horizonte: Editora Dialética, 2021.

Também no momento em que abordamos os interinos, nos comentários ao artigo 5º, citamos o fato de os cartórios não terem personalidade jurídica, colacionando inclusive posicionamento do Superior Tribunal de Justiça. Dada à importância do assunto, retomamos com pequeno trecho doutrinário para consolidar o aprendizado:

> O entendimento predominante de nossa doutrina e jurisprudência firma a posição de que os cartórios extrajudiciais não possuem personalidade jurídica. Os cartórios (ou ofícios) constituem unidades de serviços notariais ou registrais que, por concurso público, se atribuem à determinada pessoa, a fim de que esta, titularizando o cartório, por delegação do Poder Público, desempenhe suas atividades funcionais.
>
> Assim, pelos atos praticados no ofício notarial ou de registro, responde pessoalmente o titular da serventia extrajudicial, não se afigurando tecnicamente correto que o cartório integre o polo passivo de qualquer demanda, uma vez que não detém personalidade jurídica própria.[3]

O notário ou registrador responsável civilmente por consequências dos atos notariais e registrais praticados é aquele titular à época da prática ou lavratura. Lembre-se de que os cartórios não possuem personalidade jurídica, ainda que tenham inscrição no CNPJ, sendo cada entrada/saída de um titular um marco temporal para segmentar períodos de responsabilidade, não se cogitando da sucessão, dada a pessoalidade da delegação.

Importante citar a regra de competência prevista no Código de Processo Civil:

> Art. 53. É competente o foro:
>
> III – do lugar:
>
> f) da sede da serventia notarial ou de registro, para a ação de reparação de dano por ato praticado em razão do ofício;

Outra tormentosa questão dentro do contexto, ensejadora de debates, paira em torno da eventual aplicabilidade do Código de Defesa do Consumidor a notários e registradores. Existem louváveis posições em ambos os sentidos, prevalecendo o entendimento do Superior Tribunal de Justiça, exarado no Recurso Especial 625.144/SP:

> Processual. Administrativo. Constitucional. Responsabilidade civil. Tabelionato de notas. Foro competente. Serviços notariais. – *A atividade notarial não é regida pelo CDC.* (Vencidos a Ministra Nancy Andrighi e o Ministro Castro Filho). – O foro competente a ser aplicado em ação de reparação de danos, em que figure no polo passivo da demanda pessoa jurídica que presta serviço notarial é o do domicílio do autor. – Tal conclusão é possível seja pelo art. 101, I, do CDC, ou pelo art. 100, parágrafo único do CPC, bem como segundo a regra geral de competência prevista no CPC. Recurso especial conhecido e provido. (grifo nosso)

Recomenda-se a leitura integral do julgado, para melhor compreensão do assunto, sendo a decisão anterior ao atual Código de Processo Civil, aplicável, por essa razão, a regra de competência do citado artigo 53, inciso III, letra "f".

Novamente nos valemos da doutrina de Assuero Rodrigues Neto, para solidificar a posição do Superior Tribunal de Justiça:

3. BENÍCIO, Hercules Alexandre da Costa. *Responsabilidade civil do estado decorrente de atos notariais e de registro*. São Paulo: Ed. RT, 2005.

(...) nos posicionamos no sentido de que a leitura do multicitado parágrafo 1º, do artigo 236, da Constituição Federal, remete o regime da responsabilidade civil dos notários e registradores a uma lei específica, tendo sido o mandamento devidamente atendido pelo artigo 22 da Lei 8.935/1994, que promoveu a devida regulamentação.

Por tudo isso, entendemos que os serviços prestados pelos delegatários das serventias extrajudiciais não podem ser inseridos num contexto de mercado de consumo, razão pela qual, entendemos não ser admissível a incidência do Código de Defesa do Consumidor.[4]

2. RESPONSABILIDADE CRIMINAL

Além do artigo 22 a Lei Federal 8.935/94 aborda o tema responsabilidade criminal dos notários e registradores, nos subsequentes artigos 23 e 24:

Art. 23. A responsabilidade civil independe da criminal.

Art. 24. A responsabilidade criminal será individualizada, aplicando-se, no que couber, a legislação relativa aos crimes contra a administração pública.

Parágrafo único. A individualização prevista no *caput* não exime os notários e os oficiais de registro de sua responsabilidade civil.

A responsabilidade civil independe da criminal, ou seja, são esferas de apuração distintas; em muitos casos, um determinado fato pode acarretar uma reparação civil, e não configurar nenhum ilícito na esfera criminal.

Além disso, a responsabilidade criminal será individualizada, não se responsabilizando, nessa seara, notários e registradores, por atos praticados por seus colaboradores. Justo tal preceito, considerando que os reflexos da condenação na esfera criminal ensejam, em menor ou maior proporção, limitações à liberdade do ser humano.

No que couber, aplicar-se-á a legislação relativa aos crimes contra a administração pública, atentos ao teor do artigo 327 do Código Penal:

Art. 327. Considera-se funcionário público, para os efeitos penais, quem, embora transitoriamente ou sem remuneração, exerce cargo, emprego ou função pública.

Notários, registradores e as suas equipes de colaboradores são particulares que exercem uma relevante função pública, por delegação do Estado; para fins penais, são considerados funcionários públicos.

Embora os notários e registradores sejam classificados, sob o viés administrativo, como particulares em colaboração com o Estado, no âmbito penal eles são considerados funcionários públicos (CP, art. 327, *caput*), tendo em vista a maior amplitude desse conceito, como já examinado. Por conta disso, referidos profissionais do Direito poderão responder pelos chamados crimes funcionais, ou seja, aqueles praticados por funcionário público, no exercício da função e contra a Administração Pública

4. RODRIGUES NETO, Assuero. Responsabilidade Civil dos Delegatários dos Serviços Extrajudiciais. Belo Horizonte: Editora Dialética, 2021.

(*delicta in officio*), compreendendo tanto aqueles descritos no Capítulo I, do Título XI, do Código Penal, como outros que eventualmente possam ser cometidos por funcionários públicos no exercício da função, v.g., violação de domicílio (CP, art. 150, § 2° [revogado]), moeda falsa (CP, art. 289, § 3°), falso reconhecimento de firma ou letra (CP, art. 300), entre outros, que igualmente são classificados como delitos funcionais.[5]

A Lei Federal 8.935/94 trata expressamente das responsabilidades civil e criminal (artigos 22 a 24), mas, além delas, são passíveis de estudo, pela relevância, a tributária e a administrativa. Esses quatro campos são aqueles mais essenciais à atividade notarial e registral.

3. RESPONSABILIDADE TRIBUTÁRIA

Quanto à responsabilidade tributária, o ponto de partida é a leitura do artigo 134, inciso VI, do Código Tributário Nacional (Lei 5.172/66):

> Art. 134. Nos casos de impossibilidade de exigência do cumprimento da obrigação principal pelo contribuinte, respondem solidariamente com este nos atos em que intervierem ou pelas omissões de que forem responsáveis:
>
> VI – os tabeliães, escrivães e demais serventuários de ofício, pelos tributos devidos sobre os atos praticados por eles, ou perante eles, em razão do seu ofício;

Apesar do diploma legal citar uma responsabilidade solidária, o Superior Tribunal de Justiça já se posicionou no sentido de ser tal responsabilidade subsidiária, dentre outros, no Recurso Especial 909.215/MG:

> Tributário. Imposto sobre Transmissão *Causa Mortis* e Doação, de quaisquer bens e direitos. Responsabilidade de terceiros. Art. 134 do CTN. Responsabilidade subsidiária. Precedente da Primeira Seção do STJ.
>
> (...)
>
> 1. *Conquanto o art. 134 do CTN estabeleça que a responsabilidade dos tabeliães, escrivães e demais serventuários de ofício, pelos tributos devidos sobre os atos praticados por eles ou perante eles em razão do seu ofício, seja solidária, é este mesmo dispositivo legal que aponta que tal responsabilidade será solidária para os "casos de impossibilidade de exigência do cumprimento da obrigação principal*

5. SCHOEDL, Thales Ferri. *Responsabilidade penal dos notários e registradores*. São Paulo: YK Editora, 2017.

pelo contribuinte", definindo, com isso, o benefício de ordem. Nessa orientação, a jurisprudência do STJ é questão no sentido de que a responsabilidade é, no caso, subsidiária. Confira-se, na parte que importa ao julgamento do presente recurso, precedente da Primeira Seção do STJ:

"10. Flagrante ausência de tecnicidade legislativa se verifica no artigo 134, do CTN, em que se indica hipótese de responsabilidade solidária "nos casos de impossibilidade de exigência do cumprimento da obrigação principal pelo contribuinte", uma vez cediço que o instituto da solidariedade não se coaduna com o benefício de ordem ou de excussão. Em verdade, o aludido preceito normativo cuida de responsabilidade subsidiária." (EREsp 446.955/SC, Primeira Seção, Rel. Min. Luiz Fux, DJe de 19.05.2008.) (grifo nosso)

Logo, justamente pelo fato do Código Tributário Nacional citar que a responsabilidade solidária se dá no caso da impossibilidade do cumprimento da obrigação principal pelo contribuinte, caminha acertadamente a jurisprudência sólida do Superior Tribunal de Justiça, no sentido de ser subsidiária a responsabilidade tributária de notários e registradores.

Ainda que subsidiária, a responsabilidade existe, razão pela qual os tabeliães e oficiais de registro devem ser criteriosos na análise dos tributos que recaem sobre os atos de sua competência, atentos ao princípio da legalidade. Lembre-se de que, não raras vezes, os entes responsáveis pela fiscalização tributária tratam os notários e registradores como solidariamente responsáveis em procedimentos fiscalizatórios administrativos, havendo a necessidade de remessa dos casos para o Poder Judiciário, fato que demanda dispêndio de tempo, energia e recursos financeiros.

Dois impostos que habitualmente são objeto de análise na atuação notarial e registral são o ITBI – Imposto de Transmissão de Bens Imóveis e o ITCMD – Imposto de Transmissão *Causa Mortis* e Doação (nomenclatura pode variar em cada Estado), momento em que as legislações municipais e estaduais, respectivamente, devem ser estudadas e observadas.

Igualmente merecem destaque, dentro do contexto estudado, o preenchimento da DOI – Declaração sobre Operação Imobiliária e a análise de Certidões Negativas de Débitos emitidas pelo INSS, SRF e PGFN, ocasiões nas quais notários e registradores devem dispender especial atenção.

4. RESPONSABILIDADE ADMINISTRATIVA

Quando se confrontam as responsabilidades civil e administrativa do registrador público, logo pode verificar-se diferenciarem-se em que as eventuais faltas na prestação do serviço registral se consideram enquanto repercutem, no plano civil, quanto aos prejuízos padecidos pelo utente do serviço, de maneira que o conflito direto se estabelece entre o registrador e o usuário (quase sempre, um particular); disto deriva que o interesse direto a proteger ou reparar, nesta hipótese, é o do usuário, e a sanção correspondente, pecuniária, de caráter indenizatório ou compensatório.

Diversamente, na órbita administrativa, *prevalece* o interesse público, a sanção tem *também* peculiar natureza preventiva, e o confronto se dá entre o registrador e a autoridade administrativa de tutória.[6]

6. DIP, Ricardo. *Conceito e natureza da responsabilidade disciplinar dos registradores públicos*. São Paulo: Quartier Latin, 2017.

O trecho da obra do Desembargador Ricardo Dip diferencia com clareza a responsabilidade civil da administrativa e, ao fazê-lo, concede adequada noção da responsabilidade administrativa de notários e registradores (apesar do trecho citar somente os últimos, é claramente aderente aos tabeliães).

O foco passa a ser a atuação do tabelião ou oficial de registro perante a Administração Pública, se esta encontra-se dentro dos parâmetros esperados no agir de um profissional do Direito que recebe uma delegação do Poder Público.

O Poder Público deve sempre ser representado por profissionais que atuem norteados pelos princípios da Administração Pública, zelando pela estrutura construída em torno da atividade notarial e registral, destinada a ofertar segurança jurídica e tranquilidade nas relações a ela submetidas.

Havendo o descumprimento daquilo que se espera, a própria Lei Federal 8.935/94 traça o caminho a ser percorrido, o qual será estudado em nossa obra.

> A Lei dos Notários e Registradores (Lei 8.935/1994) traz o *rol das infrações disciplinares e dos deveres do notário e do registrador durante o exercício da atividade* (arts. 30 e 31 da LNR). As penalidades de repreensão, multa, suspensão e perda da delegação (art. 33 da LNR) serão aplicadas pela autoridade fiscalizadora após o devido procedimento administrativo e seguirá como prova para se apurar a responsabilidade civil e criminal que como visto são independentes entre si.[7]

5. DA FISCALIZAÇÃO PELO PODER JUDICIÁRIO

> **Art. 37. A fiscalização judiciária dos atos notariais e de registro, mencionados nos arts. 6º a 13, será exercida pelo juízo competente, assim definido na órbita estadual e do Distrito Federal, sempre que necessário, ou mediante representação de qualquer interessado, quando da inobservância de obrigação legal por parte de notário ou de oficial de registro, ou de seus prepostos.**
>
> **Parágrafo único. Quando, em autos ou papéis de que conhecer, o Juiz verificar a existência de crime de ação pública, remeterá ao Ministério Público as cópias e os documentos necessários ao oferecimento da denúncia.**
>
> **Art. 38. O juízo competente zelará para que os serviços notariais e de registro sejam prestados com rapidez, qualidade satisfatória e de modo eficiente, podendo sugerir à autoridade competente a elaboração de planos de adequada e melhor prestação desses serviços, observados, também, critérios populacionais e socioeconômicos, publicados regularmente pela Fundação Instituto Brasileiro de Geografia e Estatística.**

---

7. LAMANAUSKAS, Milton Fernado. PEDROSO, Regina. *Direito notarial e registral* (série universitária). Rio de Janeiro: Elsevier Campus, 2013 (destaques conforme original).

No momento em que estudamos a responsabilidade de notários e registradores, destacamos a fiscalização pelo Poder Judiciário, a qual é objeto dos artigos 37 e 38, da Lei Federal 8.935/94.

O Poder Judiciário não só fiscalizará, como também zelará por uma adequada prestação de serviço, a qual já foi objeto de estudo no presente trabalho.

Códigos de Normas de todo o Brasil trazem normatização própria sobre o tema. No Estado de Goiás, por exemplo, o Livro I é destinado exclusivamente à fiscalização pelo Poder Judiciário, destacando-se o seguinte artigo:

> Art. 19. O exercício da função correicional é permanente e se exteriorizará das seguintes formas:
>
> I – Correição ordinária:
>
> a) geral;
>
> b) periódica.
>
> II – Correição extraordinária:
>
> a) geral;
>
> b) parcial;
>
> III – Visita Correicional.
>
> § 1º As correições ordinárias gerais serão realizadas pela Corregedoria-Geral da Justiça e designadas a critério do Corregedor-Geral.
>
> § 2º As correições ordinárias periódicas serão realizadas anualmente pelo Diretor do Foro em todas as serventias extrajudiciais da comarca e seus distritos judiciários.
>
> 3º As correições extraordinárias consistem na fiscalização excepcional, realizável a qualquer momento, podendo ser geral ou parcial, conforme abranja todos os serviços extrajudiciais da comarca, ou apenas alguns.
>
> § 4º As visitas correicionais consistem na fiscalização direcionada à verificação da regularidade de funcionamento da serventia extrajudicial, à verificação de saneamento de irregularidades constatadas em correições ou ao exame da regularidade ou da continuidade dos serviços e atos praticados.

A estrutura apresentada, análoga à de outros Estados, mostra que a fiscalização pode ocorrer de múltiplas maneiras, sendo ordinária, extraordinária, total, parcial... busca-se ampliar ao máximo as formas de fiscalização, considerando que esta visa primordialmente apurar o bom funcionamento de cartórios de todas as especialidades.

Capítulo XI
DAS INCOMPATIBILIDADES E IMPEDIMENTOS (ARTIGOS 25 A 27)

Art. 25. O exercício da atividade notarial e de registro é incompatível com o da advocacia, o da intermediação de seus serviços ou o de qualquer cargo, emprego ou função públicos, ainda que em comissão.

§ 1º (Vetado).

§ 2º A diplomação, na hipótese de mandato eletivo, e a posse, nos demais casos, implicará no afastamento da atividade.

1. INCOMPATIBILIDADES

O artigo 25 da Lei Federal 8.935/94, contempla as hipóteses de incompatibilidades no exercício da atividade notarial e registral com outras atividades. Trata-se de previsões mais universais se comparadas aos impedimentos, os quais resvalam em casos pontuais.

Note-se que o texto legal fala em "exercício da atividade notarial e registral", remetendo à ideia de que não só tabeliães e oficiais de registro, mas qualquer colaborador da serventia extrajudicial, enquadram-se na limitação.

Na opinião dos autores, o rol de incompatibilidades do artigo 25 não é taxativo, devendo haver um bom senso de notários e registradores na escolha de atividades paralelas àquelas inerentes à sua função, as quais já preenchem boa parte de seu tempo hábil laboral. Além do bom senso, o tempo destinado a eventuais atividades paralelas deve ser diminuto em comparação ao utilizado para a função notarial e registral, vez que a pessoalidade é uma das marcas registradas da delegação outorgada.

Um exemplo de atividade compatível seria a docência, a qual faz parte da rotina de inúmeros notários e registradores, incluindo os autores. Aos olhos desses últimos, uma atividade incompatível, ainda que não prevista na Lei Federal 8.935/94, seria a corretagem imobiliária, a qual possui interesses possivelmente conflitantes com a atividade notarial e registral.

No *caput* do artigo 25 encontramos duas atividades expressamente previstas como incompatíveis com a notarial e registral:

a) *a advocacia e a intermediação de seus serviços* – notários e registradores, incluindo os seus colaboradores, não podem advogar, assim como intermediar serviços para advogados.

É usual que advogados sejam contratados por tabeliães e oficiais de registro para trabalhar em serventias extrajudiciais, em especial pelo fato de estarem inseridos num contexto de trabalho jurídico. Para tanto, em atendimento ao estudado artigo 25, é necessário que os advogados requeiram junto à Ordem dos Advogados do Brasil (OAB) a suspensão temporária da carteira profissional, o que não implica no cancelamento do documento, sendo esse último de caráter definitivo.

A proibição de intermediação de serviços para advogados, dentre outros locais, é expressa em artigos como o citado na sequência, oriundo da Resolução 35 do Conselho Nacional de Justiça:

> Art. 9º É vedada ao tabelião a indicação de advogado às partes, que deverão comparecer para o ato notarial acompanhadas de profissional de sua confiança. Se as partes não dispuserem de condições econômicas para contratar advogado, o tabelião deverá recomendar-lhes a Defensoria Pública, onde houver, ou, na sua falta, a Seccional da Ordem dos Advogados do Brasil.

b) *qualquer cargo, emprego ou função públicos, ainda que em comissão* – tabeliães e oficiais de registros, assim como os seus respectivos colaboradores, não podem exercer de forma simultânea à atividade notarial e registral qualquer cargo, emprego ou função públicos, incluindo, neste momento do tempo, a vereança. Se assim o quiserem, deverão se afastar do labor notarial e registral.

Importante ser delineado o marco temporal para o afastamento da atividade, previsto no § 2º: "A diplomação, na hipótese de mandato eletivo, e a posse, nos demais casos, implicará no afastamento da atividade". O próprio texto legal cita o afastamento da atividade, e não a extinção da delegação.

O citado § 2º do artigo 25 foi declarado constitucional na Ação Direta de Inconstitucionalidade nº 1.531/DF:

> Ação direta de inconstitucionalidade. 2. Artigo 25, § 2º, da Lei 8.935, de 18.11.1994. Afastamento das atividades notariais e de registro em virtude de diplomação em mandato eletivo. Pretensão de que seja conferida interpretação conforme à Constituição ao dispositivo para que se admita o exercício do mandato de vereador municipal. Impossibilidade. 3. O art. 54 da Constituição Federal estabelece como regra a incompatibilidade da atividade legiferante com o exercício de função ou cargo em entidades públicas ou privadas que utilizem, gerenciem ou administrem dinheiros, bens e valores públicos. Exceções expressamente previstas no texto constitucional (arts. 38, III; e 56, I). 4. Princípio da simetria. Aplicação aos mandatos de deputado estadual e vereador. Art. 27, § 1º, e art. 29, IX, da Constituição. 5. Art. 5º, XIII, c/c 22, XVI, da Constituição. Exigência de lei de competência da União para o estabelecimento de restrição ao livre exercício de qualquer trabalho, ofício ou profissão. 6. Art. 236, § 1º, c/c art. 22, XXV, da Constituição. Atribuição ao legislador ordinário federal para regular as atividades dos notários e dos oficiais de registro. 7. Previsão, por meio de lei federal, da incompatibilidade do exercício simultâneo da atividade estatal de notários e registradores, exercida por meio de

delegação, com a atividade legiferante. Possibilidade. 8. Revogação da medida cautelar concedida. 9. Ação direta de inconstitucionalidade julgada improcedente.

Na citada ADIN, o foco principal da discussão era a possibilidade de tabeliães e oficiais de registro exercerem a sua atividade de forma cumulativa com a vereança, situação que até foi permitida liminarmente:

> Entretanto, e em específico no que concerne ao exercício de mandato eletivo para o cargo de vereador, o Supremo Tribunal Federal – no julgamento da Ação Direta de Inconstitucionalidade 1.531-1 –, por seu Tribunal Pleno e por maioria, deferiu em parte o pedido de liminar para "sem redução de texto, dar interpretação conforme à Constituição Federal ao § 2º do art. 25 da Lei 8.935, de 18.11.94, para excluir de sua incidência a hipótese do art. 38, III, primeira parte, da Carta Magna".
>
> Aplicando o princípio ou técnica da interpretação conforme a Constituição, recomendou a Suprema Corte, mormente quanto à parte final do art. 25, § 2º, da Lei 8.935/1994 – cuja redação parecia irredutível: "implicará no afastamento da atividade" – que o sentido a ser observado para esta norma, que a torna constitucional, é o seguinte: *a)* é possível que notários e registradores exerçam mandatos eletivos em geral, desde que se afastem de sua atividade; *b)* quanto ao caso específico de mandato eletivo para vereador é possível seu exercício, sem a necessidade de afastamento de sua atividade, desde que haja compatibilidade de horários.[1]

No entanto, a decisão definitiva caminhou em sentido oposto ao citado no artigo, vedando a cumulação da vereança com a atividade notarial e registral.

O Provimento 78/2020[2] do Conselho Nacional de Justiça, traz ainda contornos relevantes sobre o tema, merecendo ser estudado:

> Art. 1º O notário e/ou registrador que desejarem exercer mandato eletivo deverão se afastar do exercício do serviço público delegado desde a sua diplomação.
>
> § 1º Quando do afastamento do delegatário para o exercício do mandato eletivo, a atividade será conduzida pelo escrevente substituto com a designação contemplada pelo art. 20, § 5º, da Lei Federal 8.935/1994.
>
> § 2º O notário e/ou o registrador que exercerem mandato eletivo terão o direito à percepção integral dos emolumentos gerados em decorrência da atividade notarial e/ou registral que lhe foi delegada.

---

1. RIBEIRO, Moacyr Petrocelli de Ávila. *Notários e registradores podem ser vereadores?* Disponível em: http://www.notariado.org.br/blog/notarial/notarios-e-registradores-podem-ser-vereadores. Acesso em: 06 mar. 2023.
2. Inicialmente, o Provimento 78 do Conselho Nacional de Justiça, editado em novembro de 2018, admitia que notários e/ou registradores pudessem exercer, cumulativamente, a vereança com a atividade notarial, havendo compatibilidade de horários. Veja-se:

   "Art. 1º O notário e/ou registrador que desejarem exercer mandato eletivo deverão se afastar do exercício do serviço público delegado desde a sua diplomação.

   § 1º O notário e/ou registrador poderão exercer, cumulativamente, a vereança com a atividade notarial e/ou de registro, havendo compatibilidade de horários, e nos demais tipos de mandatos eletivos deverão se afastar da atividade segundo os termos do *caput*."

   Entretanto, em 30 de abril de 2020, o Conselho Nacional de Justiça publicou novamente o Provimento 78, adequando a sua redação ao julgamento do Pedido de Providências 0009976-31.2018.2.00.000, realizado em 28 de abril de 2020. A principal modificação foi a supressão do parágrafo que admitia o exercício simultâneo da atividade cartorária com o mandato de vereador.

   De acordo com a redação trazida em 2020, o notário e/ou registrador que desejarem exercer mandato eletivo deverão se afastar do exercício do serviço público delegado desde a sua diplomação.

   As duas versões do Provimento podem ser encontradas no site do Conselho Nacional de Justiça, a versão de 2018 e a atual, de 2020, ambas com a situação vigente.

Art. 2º Este provimento entra em vigor na data de sua publicação, permanecendo válidos os atos editados pelas Corregedorias de Justiça no que forem compatíveis.

Algumas informações importantes podem ser extraídas do estudado Provimento:

a) o *caput* encontra-se alinhado com o artigo 25 da Lei Federal 8.935/94: caso o tabelião ou oficial de registros queira exercer mandato eletivo, incluindo a vereança, deverá se afastar da atividade notarial e registral a partir da diplomação;

b) ao longo do afastamento, a condução da serventia será realizada pelo escrevente substituto do artigo 20, § 5º, da Lei Federal 8.935/94. Chama a atenção o fato de que o período de afastamento do titular será longo, com não menos de 4 (quatro) anos, podendo chegar até 8 (oito), caso seja eleito senador. Não seria tal afastamento uma afronta à pessoalidade que se espera da delegação, podendo acarretar a sua extinção? Tal afronta seria compreensível diante da relevância do servir a sociedade no mandato eletivo? Indagações que merecem a nossa reflexão.

c) o notário e/ou registradores que exercerem o mandato eletivo terão o direito à percepção integral dos emolumentos, ainda que não participem da concreta condução da serventia. No entanto, aos olhos dos autores, não receberão a remuneração inerente ao mandato eletivo, em decorrência do artigo 37, inciso XVI, da Constituição Federal:

Artigo 37, inciso XVI – é vedada a acumulação remunerada de cargos públicos, exceto, quando houver compatibilidade de horários, observado em qualquer caso o disposto no inciso XI:

Antes de abordarmos pontos valiosos inerentes aos impedimentos, transcrevemos o teor do artigo 26 da Lei Federal 8.935/94:

Art. 26. Não são acumuláveis os serviços enumerados no art. 5º.

Parágrafo único. Poderão, contudo, ser acumulados nos Municípios que não comportarem, em razão do volume dos serviços ou da receita, a instalação de mais de um dos serviços.

O *caput* do artigo menciona a proibição da acumulação das especialidades elencadas no já estudado artigo 5º, trazendo regra de exceção no parágrafo único. Em boa parte dos Estados do Brasil, há a acumulação de especialidades.

2. IMPEDIMENTOS

Art. 27. No serviço de que é titular, o notário e o registrador não poderão praticar, pessoalmente, qualquer ato de seu interesse, ou de interesse de seu cônjuge ou de parentes, na linha reta, ou na colateral, consanguíneos ou afins, até o terceiro grau.

Os impedimentos inviabilizam a atuação pessoal dos notários e registradores nos casos citados no estudado artigo 27 da Lei Federal 8.935/94.

Apesar do artigo citar "no serviço de que é titular", acreditam os autores que os impedimentos também são aplicáveis aos interinos designados, ainda que atuem em nome do Estado numa função alicerçada na confiança, pois devem ser evitadas situações que gerem conflitos de interesses entre os responsáveis pela prática do ato notarial ou registral e as partes envolvidas.

Os impedimentos abarcam atos de interesse:

a) do próprio titular ou do interino;

b) do cônjuge do titular ou interino. Numa visão alinhada com o moderno Direito de Família, recomenda-se que o impedimento seja aplicado ao companheiro (a); e,

c) parentes, na linha reta ou na colateral, consanguíneos ou afins, até o terceiro grau, do titular ou do interino. A lista de impedimento nesse item é de maior volume, englobando, pais, avós, filhos, netos, tios, sobrinhos etc. Caso um parente de grau mais remoto, mas de grande proximidade afetiva, como um primo, seja parte no ato notarial ou registral, recomenda-se a prática por outro colaborador da serventia que não seja o titular ou interino, visando evitar questionamentos desnecessários.

O principal ponto a ser estudado no âmbito do artigo 27 é o fato de ele vedar a prática do ato pelo titular, e a nosso ver pelo "interino", "pessoalmente".

Não há a proibição da prática do ato notarial ou registral de interesse da lista de pessoas estudada na serventia extrajudicial em que o titular/interino desempenhe a sua função, mas sim a vedação de que estes pessoalmente atuem no ato em questão.

No âmbito registral, tal informação é de grande valor, pois as regras de territorialidade existentes nos oficiais de registro inviabilizam a busca por outros profissionais.

Já na esfera de atuação dos tabeliães de notas, a livre escolha permite que, em caso de potenciais impedimentos, os envolvidos busquem um outro profissional para afastar questionamentos. Ainda assim, lembre-se sempre que o impedimento envolve a prática pessoal do ato pelo titular, de forma que outro membro do quadro de colaboradores poderia atuar nos atos de interesse do titular/interino e dos familiares citados no artigo ora estudado.

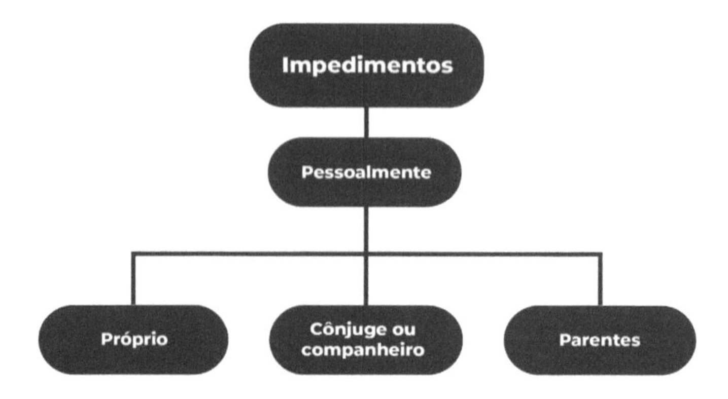

Capítulo XII
DIREITOS E DEVERES DE NOTÁRIOS E REGISTRADORES (ARTIGOS 28 A 30)

Houve preocupação do legislador quando da edição da Lei Federal 8.935/94 em elencar direitos e deveres dos notários e registradores, a partir do seu artigo 28. Porém, percebe-se que o fez de forma confusa ao descrever quais são os direitos; quanto aos deveres impostos, taxou-os de forma expressa, em uma lista ampla, que será vista adiante.

Comparando a quantidade dos direitos reconhecidos, com a dos deveres impostos, pode-se inferir que o legislador pátrio aderiu à ideia de que os bônus gerados pela atividade notarial e registral justificam os ônus que recaem sobre ela.

1. DIREITOS

Os direitos dos notários e registradores vêm previstos nos artigos 28 e 29, da Lei Federal 8.935/94, e antes de passar ao estudo pontual do artigo 28, interessante observar o que Walter Ceneviva ensina com simplicidade e maestria:[1]

"O art. 28 mostra-se heterogêneo e confuso, tratando de independência junto com os emolumentos, mas insistindo na restrição da perda da delegação às hipóteses legais."

Diz o artigo 28:

> **Art. 28. Os notários e oficiais de registro gozam de independência no exercício de suas atribuições, têm direito à percepção dos emolumentos integrais pelos atos praticados na serventia e só perderão a delegação nas hipóteses previstas em lei.**

Da sua leitura podemos extrair três direitos:

a) *independência no exercício de suas atribuições*: os notários e registradores têm independência para trabalhar da forma que entenderem mais segura e eficaz, desde que respeitadas as regras e padrões impostos pelo ordenamento jurídico para o exercício da atividade. Entenda-se por ordenamento jurídico tudo o que possa influenciar na prática dos atos notariais e de registro. Esse direito está intimamente ligado a diversos princípios que foram estudados neste livro, como os da preparação profissional, caráter pessoal da atuação notarial e registral, segurança jurídica, eficácia, legalidade, dentre outros.

---

1. CENEVIVA, Walter. *Lei dos Notários e Registradores comentada*. 9. ed. São Paulo: Saraiva, 2014.

Importante salientar que tal independência, em tese, não permite aos notários e registradores se opor à lavratura de atos notariais ou de registro que cumpram seus requisitos legais.

Ainda no tocante ao estudo da independência no exercício das atribuições, o artigo 41 da Lei dos Notários e Registradores, reforça a ideia de os titulares das serventias extrajudiciais não dependerem de autorização para praticar atos, organizar e executá-los na sua serventia, dizendo:

> **Art. 41. Incumbe aos notários e aos oficiais de registro praticar, independentemente de autorização, todos os atos previstos em lei necessários à organização e execução dos serviços, podendo, ainda, adotar sistemas de computação, microfilmagem, disco ótico e outros meios de reprodução.**

No Estado de São Paulo, os itens 14 e 14.1, do Capítulo XIII, do Código de Normas, são um bom exemplo de como tal independência demanda padrões, dispondo que:

> 14. Os notários e registradores disponibilizarão a adequada e eficiente prestação do serviço público notarial ou de registro, mantendo instalações, equipamentos, meios e procedimentos de trabalho dimensionados ao bom atendimento, bem como número suficiente de prepostos.
>
> 14.1. Observadas as peculiaridades locais, ao Juiz Corregedor Permanente caberá a verificação dos padrões necessários ao atendimento deste item, em especial quanto a: a) local, condições de segurança, conforto e higiene da sede da unidade do serviço notarial ou de registro; b) número mínimo de prepostos; c) adequação de móveis, utensílios, máquinas e equipamentos, fixando prazo para a regularização, se for o caso; d) adequação e segurança de "softwares", sistemas de cópias de segurança e de recuperação de dados eletrônicos, bem como de procedimentos de trabalho adotados, fixando, se for o caso, prazo para a regularização ou a implantação; e) existência de computador conectado à "internet" e de endereço eletrônico da unidade para correspondência por "e-mail"; f) eficiência dos módulos de correição eletrônica e de geração de relatórios pelo sistema informatizado, para fins de fiscalização, em relação aos livros, índices e classificadores escriturados, gravados e arquivados em meio digital, na forma regulamentada pela Corregedoria-Geral da Justiça; g) fácil acessibilidade aos portadores de necessidades especiais, mediante existência de local para atendimento no andar térreo (cujo acesso não contenha degraus ou, caso haja, disponha de rampa, ainda que removível); rebaixamento da altura de parte do balcão, ou guichê, para comodidade do usuário em cadeira de rodas; destinação de pelo menos uma vaga, devidamente sinalizada com o símbolo característico na cor azul (naquelas serventias que dispuserem de estacionamento para os veículos dos seus usuários) e, finalmente, um banheiro adequado ao acesso e uso por tais cidadãos.

b) direito à percepção dos emolumentos integrais pelos atos praticados

Na prestação dos seus serviços, notários e registradores têm a sua remuneração feita pelo pagamento de emolumentos, que são fixados por lei específica.

É de suma importância no estudo dos emolumentos saber qual a sua natureza jurídica, pois a compreensão dos temas relacionados a essa matéria passa por isso, e, há muito tempo, os tribunais superiores se manifestam no sentido de os emolumentos terem natureza tributária, da espécie taxa.

Isso é o que se depreende da posição do Supremo Tribunal Federal na Ação Direta de Inconstitucionalidade 1.378-5/ES:

Ação direta de inconstitucionalidade 1.378-5: Espírito Santo (Medida Liminar) Relator: Min. Celso de Mello; Requerente: Procurador-Geral da República; Requerido: Governador do Estado do Espírito Santo; Requerida: Assembleia Legislativa do Estado do Espírito Santo; Ementa: Ação Direta de Inconstitucionalidade – Custas; Judiciais e Emolumentos Extrajudiciais – Natureza tributária; (taxa) – Destinação parcial dos recursos oriundos da arrecadação desses valores a instituições privadas – Inadmissibilidade –Vinculação desses mesmos recursos ao custeio de atividades diversas daquelas cujo exercício justificou a instituição das espécies tributárias em referência – Descaracterização da função constitucional da taxa – Relevância jurídica do pedido – Medida liminar deferida. Natureza jurídica das custas judiciais e dos emolumentos extrajudiciais. A jurisprudência do Supremo Tribunal Federal firmou orientação no sentido de que as custas judiciais e os emolumentos concernentes aos serviços notariais e registrais possuem natureza tributária, qualificando-se como taxas remuneratórias de serviços públicos, sujeitando-se, em consequência, quer no que concerne à sua instituição e majoração, quer no que se refere a sua exigibilidade, ao regime jurídico-constitucional pertinente a essa especial modalidade de tributo vinculado, notadamente aos princípios fundamentais que proclamam, dentre outras, as garantias essenciais (a) da reserva de competência impositiva, (b) da legalidade, (c) da isonomia e (d) da anterioridade. Precedentes. Doutrina. Serventias extrajudiciais. – A atividade notarial e registral, ainda que executada no âmbito de serventias extrajudiciais não oficializadas, constitui, em decorrência de sua própria natureza, função revestida de estatalidade, sujeitando-se, por isso mesmo, a um regime estrito de direito público. A possibilidade constitucional de a execução dos serviços notariais e de registro ser efetivada "em caráter privado, por delegação do poder público" (CF, art. 236), não descaracteriza a natureza essencialmente estatal dessas atividades de índole administrativa; As serventias extrajudiciais, instituídas pelo Poder destinadas "a garantir a publicidade, a autenticidade, a segurança e a eficácia dos atos jurídicos" (Lei 8.935/94, art. 1º), constituem órgãos públicos titularizados por agentes que se qualificam, na perspectiva das relações que mantêm com o Estado, como típicos servidores públicos. Doutrina e Jurisprudência. Destinação de custas e emolumentos a finalidades incompatíveis com a sua natureza tributária. Qualificando-se as custas judiciais e os emolumentos extrajudiciais como taxas (RTJ 141/430), nada pode justificar seja o produto de sua arrecadação afetado ao custeio de serviços públicos diversos daqueles a cuja remuneração tais valores se destinam especificamente (pois, nessa hipótese, a função constitucional da taxa – que é tributo vinculado – restaria descaracterizada) ou, então, a satisfação das necessidades financeiras ou à realização dos objetivos sociais de entidades meramente privadas. É que, em tal situação, subverter-se-ia a própria finalidade institucional do tributo, sem se mencionar o fato de que esse privilegiado (e. inaceitável) tratamento dispensado a simples instituições particulares (Associação de Magistrados e Caixa de Assistência dos Advogados) importaria em evidente transgressão estatal ao postulado constitucional da igualdade. Precedentes.

Valiosa visão é ofertada por Luiz Guilherme Loureiro:[2]

Entretanto, além da natureza jurídica de taxa, os emolumentos extrajudiciais também refletem peculiar feição remuneratória de trabalho realizado em caráter privado. Os notários exercem, por delegação, serviços públicos notariais em caráter privado (art. 236 da CF), e é nos emolumentos relativos aos atos praticados que eles colhem a remuneração do seu trabalho, ou seja, rendimento resultante de trabalho exercido em caráter privado.

Por terem tal natureza jurídica, devem ser regrados por lei. Apenas no ano de 2000, doze anos após a promulgação da Constituição Federal de 1988, foi promulgada a Lei Federal 10.169/2000, tratando dos emolumentos de forma geral, dispondo em seu artigo 1º o seguinte:

2. LOUREIRO, Luiz Guilherme. *Manual de direito notarial*: da atividade e dos documentos notariais. Salvador: JusPodivm, 2016.

> Art. 1º Os Estados e o Distrito Federal fixarão o valor dos emolumentos relativos aos atos praticados pelos respectivos serviços notariais e de registro, observadas as normas desta Lei.
>
> Parágrafo único: O valor fixado para os emolumentos deverá corresponder ao efetivo custo e à adequada e suficiente remuneração dos serviços prestados.

Qual seria a intenção do legislador com a utilização da expressão "corresponder ao efetivo custo e à adequada e suficiente remuneração dos serviços prestados"? Um dos poucos que respondeu tal questionamento foi Walter Ceneviva:[3]

> a) satisfação do efetivo custo, ou seja, o desembolso real para a realização eficiente de cada atividade atribuída ao delegado e o da operação da serventia (custos fixos e variáveis); e b) adequada e suficiente remuneração dos serviços prestados, atualizada segundo índices oficiais da variação do poder aquisitivo da moeda.

Mas tal resposta, em tempos atuais, deve ser desenvolvida, pois a atividade notarial e registral demanda maiores investimentos dos seus titulares, independentemente do tamanho da serventia. Temos dois bons exemplos disso. O primeiro dele, relacionado à Lei Geral de Proteção de Dados, pois para adequar uma serventia aos ditames de tal legislação, é imperioso contratar um especialista na matéria ou, ao menos, um treinamento direcionado. Já o outro diz respeito aos enormes gastos que um titular da serventia tem para a adequar em todas as exigências tecnológicas previstas no ordenamento jurídico nacional.

Na prática, cada Estado editou a sua lei acerca da cobrança de emolumentos, pautando a cobrança em tabelas escalonadas por faixas, atualizadas, a cada ano, de acordo com critérios preestabelecidos (no Estado de São Paulo, por exemplo, utiliza-se a UFESP – Unidade Fiscal do Estado de São Paulo, como índice atualizador).

Logo, dentro do mesmo Estado, são cobrados valores exatamente iguais para os serviços notariais e registrais; cada Estado possui sua tabela própria de emolumentos, de acordo com suas peculiaridades locais, o que acarreta considerável diferença de valor de um Estado para o outro.

A cobrança não é feita sobre um percentual do negócio que está sendo praticado:[4]

> No respeitante à base de cálculo para a fixação do valor de emolumentos para serviço específico, importante ressaltar a pertinência jurídica do critério das faixas de valor aplicado sobre o maior entre o valor do negócio como declarado ou sobre o valor venal atribuído pela municipalidade. Este critério é absolutamente diverso daquele adotado como base de cálculo do Imposto de Transmissão, que não contempla as faixas de valores e se atém exclusivamente aos percentuais sobre o valor do negócio como declarado ou o valor venal atribuído pela municipalidade, no caso específico de imóvel urbano, o que maior. Tanto significativa a observação que os valores de imposto e de taxa tendem à não equivalência.

A expressão "emolumentos integrais" gera a falsa ideia de que tudo que é cobrado fica para o titular da serventia, o que não procede, pois os emolumentos são compostos, além do percentual que fica para o titular, de outros percentuais que são destinados a diversos tipos de repasses obrigatórios, como ao Estado e Tribunal de Justiça.

---

3. CENEVIVA, Walter. Lei dos *Notários e Registradores comentada*. 9. ed. São Paulo: Saraiva, 2014.
4. OLIVEIRA, Lourival Gonçalves de. *Notários e registradores*: Lei 8.935, de 18.11.1994. São Paulo: Juarez de Oliveira Ed., 2009.

Alterando um pouco o viés do estudo de tema tão importante, é necessário ainda tratar de como são concedidas gratuidades de emolumentos nas serventias extrajudiciais.

O Registro Civil das Pessoas Naturais, conhecido como "Ofício da Cidadania", possui diversas regras que impõem ao seu titular a obrigação de não cobrar do usuário determinados atos, como o nascimento e óbito com suas respectivas certidões, além de, para aqueles que se declararem pobres, os casamentos.

Por serem as serventias de registro civil, amplamente acessadas pela população, uma falsa percepção da realidade foi criada, qual seja, a de que as outras serventias extrajudiciais poderiam conceder gratuidades apenas com declaração das partes, ou ainda com alguma espécie de comprovação acerca de não possuírem condições para pagamento do ato.

Usando mais uma vez os ensinamentos de Luiz Guilherme Loureiro:[5]

> Vários outros exemplos de isenções parciais ou totais podem ser citados, como é o caso da gratuidade da procuração por instrumento público que confere poderes de representação junto ao INSS, e isenções parciais de emolumentos na escritura pública relativa à primeira aquisição de imóvel mediante financiamento do Sistema Financeiro Imobiliário e pelo programa "Minha casa, minha vida", do Governo Federal. A nosso ver, entretanto, é inconstitucional a lei federal que concede isenção de emolumentos, por violar o princípio federativo: apenas a pessoa jurídica de direito público competente para instituir o tributo pode conceder isenção ou diferimento. Não obstante, em regra a Corregedoria-Geral da Justiça considera que não há irregularidade na isenção prevista na lei federal.

Importante ter a singela compreensão de que por terem natureza jurídica de tributo, a gratuidade de emolumentos poderá ocorrer, então, quando houver previsão legal ou por sentença concedida especificamente para esse fim. Recomenda-se a leitura do Código de Processo Civil, no trecho destacado a seguir:

> Art. 98. A pessoa natural ou jurídica, brasileira ou estrangeira, com insuficiência de recursos para pagar as custas, as despesas processuais e os honorários advocatícios tem direito à gratuidade da justiça, na forma da lei.
>
> § 1º A gratuidade da justiça compreende:
>
> IX – os emolumentos devidos a notários ou registradores em decorrência da prática de registro, averbação ou qualquer outro ato notarial necessário à efetivação de decisão judicial ou à continuidade de processo judicial no qual o benefício tenha sido concedido.

Para encerrar o estudo desse tema, desde 2019, algumas importantes inovações quanto à forma de pagamento dos emolumentos nas serventias extrajudiciais vêm sendo feitas. O Provimento 86 do Conselho Nacional de Justiça, aplicado aos tabelionatos de protesto, em seu artigo 5º dispôs que:

> Art. 5º Ficam os tabeliães de protesto ou os responsáveis interinos pelo expediente da serventia autorizados a conceder parcelamento de emolumentos e demais acréscimos legais aos interessados, através de cartão de débito ou de crédito, desde que sejam cobrados na primeira parcela os acréscimos legais que estão contemplados no art. 2º.

Já o Provimento 127, também do Conselho Nacional de Justiça, possibilitou, no seu artigo 1º, variadas opções de pagamento aos seus usuários:

5. LOUREIRO, Luiz Guilherme. *Manual de direito notarial*: da atividade e dos documentos notariais. Salvador: JusPodivm, 2016.

Art. 1º O Operador Nacional do Sistema de Registro Eletrônico de Imóveis (ONR) fica autorizado a desenvolver e gerir a Plataforma do Sistema Integrado de Pagamentos Eletrônicos – SIPE, destinada a receber e repassar os valores recebidos dos usuários dos serviços de registro de imóveis praticados pelos registradores de imóveis e solicitados por meio do Serviço de Atendimento Eletrônico Compartilhado – SAEC, adotados os seguintes meios de pagamento:

I – PIX;

II – cartão de crédito, emitido por operadoras ou administradoras autorizadas a funcionar pelo Banco Central do Brasil, de livre escolha do usuário;

III – boleto bancário;

IV – faturamento; e

V – outras modalidades de pagamento, crédito ou financiamento, autorizadas pelo Banco Central do Brasil, contratadas para que sejam oferecidas aos interessados na plataforma.

A própria Lei Federal 8.935/94 abordou o tema, conforme se verá adiante.

c) perda da delegação nas hipóteses previstas na lei

Tais situações serão tratadas no momento pertinente desta obra, sendo necessário somente observar a falta de critério técnico do legislador ao inserir esta situação nesse momento, como um direito dos titulares das serventias extrajudiciais.

Por sua vez, o artigo 29 dispõe:

Art. 29. São direitos do notário e do registrador:

I – exercer opção, nos casos de desmembramento ou desdobramento de sua serventia;

II – organizar associações ou sindicatos de classe e deles participar.

O estudo do direito de opção previsto no artigo 29 deve ser iniciado com a lembrança de que acumular especialidades em serventias extrajudiciais deve, como já visto anteriormente, acontecer única e tão somente para viabilizar economicamente o exercício da profissão. Por isso, é comum verificar que em comarcas do interior existam ainda serventias cumulando funções, o que dificilmente será visto em capitais e grandes cidades.

Tal artigo traz no seu inciso I duas situações que irão ensejar o direito de opção dos notários e registradores, e devem ser distinguidas, quais sejam, desmembramento e desdobramento. Para Lourival Gonçalves de Oliveira:[6]

Necessária a distinção entre desmembramento e desdobramento, as duas situações ensejadoras do direito de opção, que se distinguem da desacumulação do art. 49. Desmembramento ocorre na hipótese de divisão da Comarca, quando é criada uma nova e igual serventia para a nova circunscrição judiciária. Assim, tem relação com Comarca nova. Desdobramento é a criação de nova e igual serventia, oriunda de outra anterior, na mesma Comarca. Em qualquer das hipóteses, como também nos casos da acumulação e da desacumulação relevante o atendimento dos princípios maiores da moralidade e da transparência, além do cumprimento Princípio da Legalidade. Portanto, tem relação com simples

6. OLIVEIRA, Lourival Gonçalves de. *Notários e registradores*: Lei 8.935, de 18.11.1994.. São Paulo: Juarez de Oliveira Ed., 2009.

divisão da unidade de serviço anterior. Em qualquer dos casos, sempre de determinada serventia, a cujo titular é garantido o direito de opção. Todavia, necessário ter cuidado para com o uso desses termos, nem sempre corretamente ordenados; a própria lei os utiliza como sinônimos noutros artigos.

A finalidade da previsão do inciso I é garantir ao titular da serventia sujeita ao desmembramento ou desdobramento, direitos próprios à delegação anterior – direito adquirido, e, ao mesmo tempo, assegurar ao Poder Público a necessária liberdade para o desenvolvimento de suas atividades, no caso a organização dos serviços extrajudiciais e judiciais diante de novas necessidades, evitando indevido engessamento.

Muito interessante o que o autor orienta, quanto à finalidade do inciso I ter duplo viés, um que garante ao titular da serventia não perder a sua delegação anterior ou ainda escolher pela nova delegação se entender que será melhor para sua carreira e o outro que possibilita ao Poder Público tomar as melhores decisões para organizar os serviços extrajudiciais.

Quanto à possibilidade de organizar associações ou sindicatos de classe e deles participar, pouco há de se comentar, pois tal direito tem origem na garantia constitucional prevista no artigo 8º da Constituição Federal, de ser livre a associação profissional ou sindical, desde que observados alguns requisitos.

O fomento à filiação por parte dos profissionais do extrajudicial, titulares ou empregados, aos seus órgãos de classe, é algo que deve ser incentivado, visando um incremento na defesa dos direitos e garantias dos seus membros.

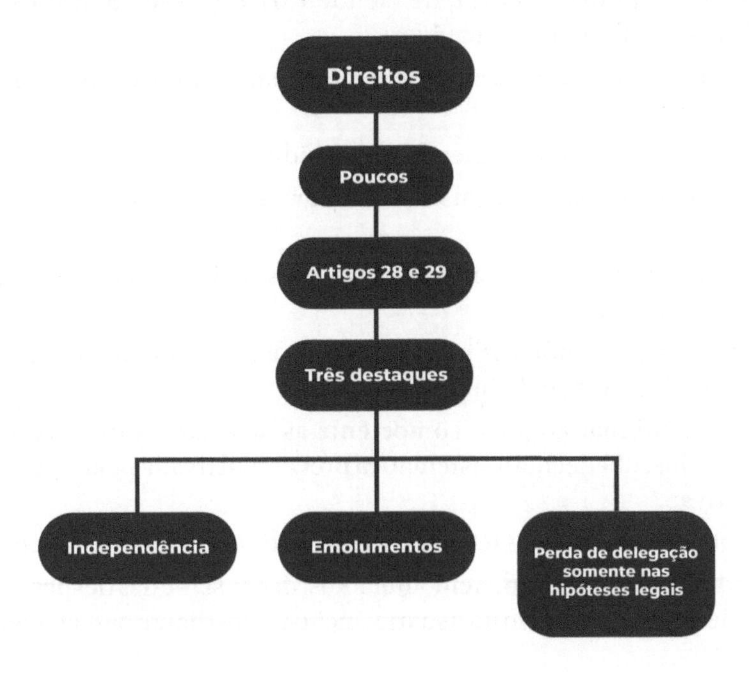

2. DEVERES

São muitos os deveres elencados no artigo 30 da Lei dos Notários e Registradores, recentemente alterado pela Lei Federal 14.382/22:

Art. 30. São deveres dos notários e dos oficiais de registro:

I – manter em ordem os livros, papéis e documentos de sua serventia, guardando-os em locais seguros;

II – atender as partes com eficiência, urbanidade e presteza;

III – atender prioritariamente as requisições de papéis, documentos, informações ou providências que lhes forem solicitadas pelas autoridades judiciárias ou administrativas para a defesa das pessoas jurídicas de direito público em juízo;

IV – manter em arquivo as leis, regulamentos, resoluções, provimentos, regimentos, ordens de serviço e quaisquer outros atos que digam respeito à sua atividade;

V – proceder de forma a dignificar a função exercida, tanto nas atividades profissionais como na vida privada;

VI – guardar sigilo sobre a documentação e os assuntos de natureza reservada de que tenham conhecimento em razão do exercício de sua profissão;

VII – afixar em local visível, de fácil leitura e acesso ao público, as tabelas de emolumentos em vigor;

VIII – observar os emolumentos fixados para a prática dos atos do seu ofício;

IX – dar recibo dos emolumentos percebidos;

X – observar os prazos legais fixados para a prática dos atos do seu ofício;

XI – fiscalizar o recolhimento dos impostos incidentes sobre os atos que devem praticar;

XII – facilitar, por todos os meios, o acesso à documentação existente às pessoas legalmente habilitadas;

XIII – encaminhar ao juízo competente as dúvidas levantadas pelos interessados, obedecida a sistemática processual fixada pela legislação respectiva;

XIV – observar as normas técnicas estabelecidas pelo juízo competente;

XV – admitir pagamento dos emolumentos, das custas e das despesas por meio eletrônico, a critério do usuário, inclusive mediante parcelamento.

Vamos tratar de cada um deles de forma individualizada:

I – manter em ordem os livros, papéis e documentos de sua serventia, guardando-os em locais seguros: notários e registradores observam hoje diversas regras sobre manutenção adequada de tudo que possuem em sua serventia, sejam elas nacionais (Provimentos do Conselho Nacional de Justiça), sejam estaduais (Códigos de Normas). Destaca-se o Provimento 50 do Conselho Nacional de Justiça.

Quanto à guarda física dos livros, papéis e documentos, observa-se que os locais de funcionamento das serventias devem ser seguros, proporcionando um bom ambiente (seco, com boa ventilação, com controle de acesso etc.) para que não haja degradação dos arquivos da serventia.

Hoje, o inciso I é igualmente aplicado para todas as mídias digitais que notários e registradores têm acesso. Para alguns autores, como Afonso Celso F. Rezende e Carlos Fernando Brasil Chaves,[7] houve o nascimento de um novo princípio de Direito Notarial, que na opinião dos autores, pode ser estendido a novo princípio de Direito Notarial e Registral:

> Princípio da segurança digital – Sob os mesmos moldes em que se assenta o princípio notarial da segurança, aparece o princípio notarial contemporâneo da segurança digital. Com o aperfeiçoamento e desenvolvimento tecnológico, houve a necessidade de imprimir segurança às relações ocorridas em âmbito virtual. Apoiada na tecnicidade dos sistemas informatizados, procurou-se desenvolver um conjunto de providências de segurança destinado a garantir determinadas ações ocorridas na esfera digital. O papel do tabelião ganha ainda mais relevo no contexto da sociedade contemporânea e se insere de forma absolutamente necessária no contexto das relações ocorridas em âmbito virtual.

Como exemplo de regras acerca da segurança digital dos livros e atos eletrônicos, podem ser citados os artigos 38 e 40 da Lei Federal 11.977/2009,[8] além do artigo 3º do Provimento 74 do Conselho Nacional de Justiça:

> Art. 3º Todos os livros e atos eletrônicos praticados pelos serviços notariais e de registro deverão ser arquivados de forma a garantir a segurança e a integridade de seu conteúdo.
>
> § 1º Os livros e atos eletrônicos que integram o acervo dos serviços notariais e de registro deverão ser arquivados mediante cópia de segurança (*backup*) feita em intervalos não superiores a 24 horas.
>
> § 2º Ao longo das 24 horas mencionadas no parágrafo anterior, deverão ser geradas imagens ou cópias incrementais dos dados que permitam a recuperação dos atos praticados a partir das últimas cópias de segurança até pelo menos 30 minutos antes da ocorrência de evento que comprometa a base de dados e informações associadas.
>
> § 3º A cópia de segurança mencionada no § 1º deverá ser feita tanto em mídia eletrônica de segurança quanto em serviço de cópia de segurança na internet (*backup* em nuvem).
>
> § 4º A mídia eletrônica de segurança deverá ser armazenada em local distinto da instalação da serventia, observada a segurança física e lógica necessária.
>
> § 5º Os meios de armazenamento utilizados para todos os dados e componentes de informação relativos aos livros e atos eletrônicos deverão contar com recursos de tolerância a falhas.

Importante ainda a leitura do artigo 46 da Lei Federal 8.935/94:

---

7. CHAVES, Carlos Fernando Brasil. REZENDE, Afonso Celso F. *Tabelionato de notas e o notário perfeito*. 7. ed. São Paulo: Saraiva, 2013.
8. Art. 38. Os documentos eletrônicos apresentados aos serviços de registros públicos ou por eles expedidos deverão atender aos requisitos estabelecidos pela Corregedoria Nacional de Justiça do Conselho Nacional de Justiça, com a utilização de assinatura eletrônica avançada ou qualificada, conforme definido no art. 4º da Lei 14.063, de 23 de setembro de 2020.

   Art. 40. Serão definidos em regulamento os requisitos quanto a cópias de segurança de documentos e de livros escriturados de forma eletrônica.

Art. 46. Os livros, fichas, documentos, papéis, microfilmes e sistemas de computação deverão permanecer sempre sob a guarda e responsabilidade do titular de serviço notarial ou de registro, que zelará por sua ordem, segurança e conservação.

Parágrafo único. Se houver necessidade de serem periciados, o exame deverá ocorrer na própria sede do serviço, em dia e hora adrede designados, com ciência do titular e autorização do juízo competente.

Tamanha é a preocupação do legislador com a adequada guarda do acervo notarial e registral, que determina a sua eventual perícia na própria sede do serviço, sem que haja trânsito documental entre distintos espaços físicos.

II – atender as partes com eficiência, urbanidade e presteza: muitos podem ler esse inciso e imaginar o porquê da necessidade de vir expressamente determinado algo que é decorrência lógica de tudo o que já foi estudado nessa obra. O notário e o registrador não prestam o serviço diretamente em todos os casos, razão pela qual precisam sempre estar atentos à forma que sua equipe está trabalhando. Por isso, tal inciso II está também intrinsicamente ligado ao treinamento da equipe que irá prestar os serviços diretamente na serventia.

A premissa básica é a de que notários e registradores devem ser eficientes. Hoje, ser eficiente pode ter diversos significados, mas seguindo uma ordem lógica da obra, pode-se afirmar, com a mais absoluta certeza, que o notário ou registrador que observa prazos e pratica atos de forma segura, evitando problemas para a coletividade, é eficiente.

Ser urbano traduz a ideia de trabalhar com educação, seja internamente, fiscalizando como os funcionários se tratam, seja externamente, fiscalizando como é feito o tratamento com o público, o que demanda rigoroso treinamento na área de qualidade do atendimento. Uma das maiores lições no atendimento ao cliente é sempre ser educado com os usuários do serviço.

Por fim, por presteza entende-se que o atendimento tem que ser ágil, independentemente das qualidades pessoais do cliente da serventia, surpreendendo-o sempre de forma positiva, resultado que sempre se atinge quando a equipe da serventia é qualificada.

III – atender prioritariamente as requisições de papéis, documentos, informações ou providências que lhes forem solicitadas pelas autoridades judiciárias ou administrativas para a defesa das pessoas jurídicas de direito público em juízo: todas as requisições feitas em uma serventia extrajudicial devem ser prontamente atendidas, independentemente de quem as realiza. Porém, em benefício do interesse público, quando tais requisições forem feitas por autoridades judiciárias ou administrativas, para a defesa das pessoas jurídicas de direito público em juízo, devem ser prioritariamente cumpridas por notários e registradores. Outras requisições feitas por tais autoridades, que tenham finalidade diversa da exposta no inciso, não gozam de tal prioridade.

Quando se fala em prioridade, deve-se lembrar que a Lei Federal 8.935/94 não estabelece prazos para notários e registradores cumprirem. Uma vez recebido o pedido que tenha atendimento prioritário, deve ser colocado à frente dos demais.

IV – manter em arquivo as leis, regulamentos, resoluções, provimentos, regimentos, ordens de serviço e quaisquer outros atos que digam respeito à sua atividade: à época em que tal inciso foi inserido no artigo, o legislador não poderia imaginar quantas leis, regulamentos, resoluções, provimentos, regimentos, ordens de serviço e quaisquer outros atos que digam respeito à sua atividade seriam emitidos e publicados.

Foram muitos (por exemplo, são aproximados 140 Provimentos do Conselho Nacional de Justiça). Exercer a atividade notarial e registral demanda amplo conhecimento de tudo o que possa existir no ordenamento pátrio.

O que antigamente demandava o arquivamento físico, em classificador próprio da serventia, hoje pode ser feito por arquivamento digital. Quando o notário e registrador se depararem com algum tipo de comando direcionado a sua serventia, devem baixar o arquivo em pasta digital e possibilitar o acesso a todos os seus colaboradores. Inclusive, há empresas especializadas em tal prestação de serviço.

V – proceder de forma a dignificar a função exercida, tanto nas atividades profissionais como na vida privada: responder o que é dignificar a função exercida pode trazer múltiplas visões. Para uns, como Luiz Guilherme Loureiro,[9] significa o respeito à instituição notarial e registral de forma geral, enquanto para outros, como Walter Ceneviva,[10] se relaciona às condutas que notários e registradores têm no seu seio social.

As duas interpretações podem ser somadas, dando ao inciso a correta noção que dignificar a função significa trabalho com respeito às normas técnicas que existem, somada à conduta adequada desses profissionais na comunidade em que vivem. Resumidamente, notários e registradores devem ser ótimos exemplos para todos à sua volta, seja profissionalmente, seja pessoalmente.

VI – guardar sigilo sobre a documentação e os assuntos de natureza reservada de que tenham conhecimento em razão do exercício de sua profissão: o sigilo imposto aos notários e registradores deve ser cumprido à risca, não podendo tais profissionais e colaboradores compartilhar documentos e informações que recebem quando prestam um atendimento.

Uma vez praticado o ato notarial ou de registro, em decorrência da já estudada publicidade, com algumas exceções legais, seu conteúdo se torna passível de conhecimento geral.

---

9. "Trata-se, na verdade, de um dever de lealdade e cooperação que é implícito a toda atividade em que há a participação de um agente público, ou seja, que age em nome do Estado. O respeito ao dever fundamental de lealdade incumbe a todos os notários face à sua instituição e aos demais profissionais da classe, constituindo uma manifestação particular que se impõe não apenas às tarefas específicas confiadas ao profissional, mas se estende também à toda esfera das relações existentes entre o notário e a instituição da qual é representante. Em virtude desse dever, o notário deve se abster, de maneira geral, de condutas atentatórias à dignidade e ao respeito devido ao notariado e aos seus membros."

10. "O inciso V está evidentemente mal colocado. Explicita norma geral de conduta, esperável de todo cidadão prestante, respeitador da ética e da lei, que deveria figurar, se fosse o caso de o incluir, como inciso I. O predicado proceder indica o comportamento do delegado segundo os parâmetros do inciso V, o que o sujeita a critérios não uniformes para ações de gravidade variável dos conceitos pessoais de seu corregedor, em cada comarca e para cada juiz que por ela passe. O fim visado pelo dispositivo é obviamente louvável como o de dar dignidade a sua função. Por ser, contudo, desprovido de objetividade, tem dado ensejo a soluções contraditórias no mesmo Estado, conforme a orientação das Corregedorias-Gerais se altere no tempo e em tribunais diferentes, no dia a dia da atividade fiscalizadora."

É importante salientar que notários e registradores não devem com base no sigilo que lhes é imposto, nem com base na Lei Geral de Proteção de Dados, se negar a fornecer informações para seus usuários quando haja previsão legal para tanto, por exemplo, no fornecimento de certidões dos atos notariais e registrais.

Interessante demarcação é feita por Lourival Gonçalves de Oliveira,[11] ao diferenciar a publicidade passiva da ativa:

> (...) Ao notário e ao oficial de registro cabe a garantia da publicidade por meio de seus atos, mas apenas da publicidade passiva, não da publicidade ativa. (...) Aquele documento que tem entrada na serventia ou que contém o ato notarial ou registral praticado deve permanecer sob reserva dos delegados do serviço e de seus prepostos, no aguardo de iniciativa de conhecimento de outros interessados. Mas o sigilo que se pode entrever na publicidade passiva é claramente relativo, limitado pela iniciativa de terceiros interessados.

VII – afixar em local visível, de fácil leitura e acesso ao público, as tabelas de emolumentos em vigor: neste inciso iniciam-se disposições no tocante a emolumentos e cobrança dos atos notariais, seguindo nos incisos VIII, IX e XV. Quanto ao inciso VII, as serventias devem proporcionar um local para o público consultar as tabelas de emolumentos, possibilitando fiscalização da sociedade quanto à correta cobrança dos atos notariais e registrais. Normalmente, ao entrar em uma serventia, haverá um espaço destinado para essa afixação.

Também é importante orientar os colaboradores da serventia extrajudicial que, quando questionados acerca da cobrança do ato, saibam indicar o local em que se encontra a tabela, bem como os sites institucionais que fornecem o *download* gratuito de tabelas para a população em geral.

A regra prevista para os registradores imobiliários de analisar previamente um título para exame e cálculo, não existe para outras especialidades do extrajudicial. Uma ferramenta interessante, com aplicação digital, é inserir no site da serventia um local para cálculo das custas que envolvem o ato notarial ou de registro.

Finalizando o estudo desse inciso, embora a tabela seja acessível à população, esta não tem conhecimento de como aplicá-la ao seu caso concreto, e os colaboradores da serventia precisam ter conhecimento prático e teórico do seu conteúdo, para uma vez instados a responder qualquer questionamento sobre o assunto, não o façam de forma simples, dizendo: "veja a tabela ao lado"; mas, com qualidade, explicando o necessário, digam com carinho: "caso tenha ficado alguma dúvida, veja a tabela ao lado e conte com a minha ajuda".

VIII – observar os emolumentos fixados para a prática dos atos do seu ofício: esse dever nem deveria ter sido uma preocupação do legislador. Isso porque, notários e registradores, com base em todo o arcabouço jurídico que norteia a atividade, nunca deveriam possibilitar a cobrança indevida pela prática de atos em suas serventias. Mas, para evitar brechas legais, inseriu como dever expresso na legislação o inciso VIII.

Ainda no tocante aos emolumentos decorrentes da prática de atos notariais e de registro, muito já foi dito quando do estudo do artigo 28.

11. OLIVEIRA, Lourival Gonçalves de. *Notários e registradores*: Lei 8.935, de 18.11.1994. São Paulo: Juarez de Oliveira Ed., 2009.

O artigo 10 da Lei Estadual bandeirante 11.331/02, diz que:

Art. 10. Na falta de previsão nas notas explicativas e respectivas tabelas, somente poderão ser cobradas as despesas pertinentes ao ato praticado, quando autorizadas pela Corregedoria Geral da Justiça.

Já a Nota 11, da Tabela de Custas dos tabeliães de notas do mesmo Estado dispõe:

Nota 11. Despesas de serviços extranotariais – 11.1. O notário que se incumbir da prestação de serviços que não são de sua competência exclusiva e nem de sua obrigação, mas necessários ao aperfeiçoamento do ato, cobrará as despesas efetuadas e custas efetivas, desde que autorizado pela parte interessada.

Isso significa que o tabelião de notas poderá prestar serviços para a conclusão do ato notarial que irá lavrar e, desde que tenha autorização prévia dos envolvidos, cobrar por eles. No entanto, há de se ter extrema cautela com essa possibilidade, evitando cobranças indevidas por escreventes e auxiliares da serventia por coisas que não demandam custo algum para os usuários.

Por exemplo, atualmente, certidões de registro civil, registro de imóveis, títulos e documentos, registro civil de pessoas jurídicas e protesto são solicitadas de forma on-line; além delas, as certidões de cunho pessoal de um alienante de bem imóvel, também são solicitadas de forma on-line. Não deveria o escrevente, ao ofertar para o cliente providenciar algumas dessas certidões para a conclusão do ato notarial, solicitar algum valor a mais pela prestação desse serviço, além daquele relativo à certidão em si.

IX – dar recibo dos emolumentos percebidos: na parte dos deveres, esse é o penúltimo dos incisos relacionados ao tema emolumentos. Dele se extrai a obrigação dos tabeliães e registradores fornecerem recibo dos emolumentos pagos por seus clientes, também arquivando uma via para controle interno de sua contabilidade.

Agregado aos emolumentos recebidos, devem também constar outros valores que tenham sido pagos em decorrência da prática do ato notarial e registro. Isso acontece com muito mais frequência no tabelionato de notas, pois o recibo irá englobar além dos emolumentos, o valor do imposto que incide no ato notarial, custas aproximadas do registro, dentre outros.

Hoje, em inúmeros Estados, o recibo também irá conter o número do selo digital fornecido pelo Tribunal de Justiça competente e QR CODE respectivo desse selo, possibilitando em tempo real, após a emissão do recibo, consulta de comunicação.

A legislação não menciona a necessidade de ser emitida nota fiscal do ato notarial ou de registro. Porém, com a incidência de regras atinentes à fiscalização tributária, em especial nos municípios onde o Imposto Sobre Serviços-ISS é recolhido na prestação dos serviços extrajudiciais, torna-se também um dever a emissão da nota fiscal quando praticado um ato notarial ou de registro.

X – observar os prazos legais fixados para a prática dos atos do seu ofício: o legislador atribui de forma genérica o dever dos tabeliães e registradores observar prazos fixados, sem determinar ou indicar quais seriam esses prazos.

Algumas observações devem ser feitas nesse momento.

A primeira delas é a de que os prazos previstos para a prática de atos notariais e registrais não são interrompidos. Exemplificativamente, uma certidão solicitada ao registrador imobiliário, terá que observar os prazos previstos no já citado artigo 19, § 10, da Lei Federal 6.015/73.

Mesmo existindo atendimentos legais preferenciais, não irão incidir prazos diferenciados para as pessoas que solicitam o serviço nas serventias extrajudiciais.

E, por fim, mesmo com a existência de prazos impostos pela legislação, devem os notários e registradores tentar sempre estar à sua frente, possibilitando maior satisfação social. Isso porque a população demanda no atual momento repostas rápidas e com qualidade, e quanto mais satisfeita estiver com a prestação dos serviços extrajudiciais, maior apoio será destinado aos prestadores desse serviço.

Pensemos na seguinte situação: quanto tempo demora para ser lavrada e registrada uma escritura de inventário e partilha? Pela legislação pátria, não existe imposição de prazo legal para a prática desse ato por tabelião de notas. Caso queira prestar um serviço que gere boa fama, deve o tabelião de notas fazê-lo no menor tempo possível, possibilitando satisfação social. Já os registradores têm prazo determinado para análise e registro do título e, mesmo assim, podem instituir mecânica de trabalho que possibilite resposta em tempo menor do que o esperado.

XI – fiscalizar o recolhimento dos impostos incidentes sobre os atos que devem praticar: um dos principais temas de ordem tributária relacionado às serventias extrajudiciais é até que ponto e quão profunda deve ser feita a fiscalização dos tabeliães e registradores quanto ao recolhimento dos tributos que incidem nos atos que praticam.

Para a maioria doutrinária, notários e registradores não devem fazer as vezes da autoridade tributária competente. Ceneviva[12] dispõe:

> Fiscalizar, desse modo, não corresponde a entrar no mérito do encargo tributário, ao qual o ato se refere, mas apenas exigir o documento expedido pelo órgão federal, estadual ou municipal que tenha competência para tanto.

Na mesma linha, Luiz Guilherme Loureiro:[13]

> (...) No entanto, não pode o notário se alvorar no papel de fiscal do Estado: não lhe cabe calcular se o montante do imposto recolhido está correto, mas tão somente verificar se houve o recolhimento por meio da apresentação da guia apropriada e com a devida autenticação bancária.

Há de se concordar em parte com respeitáveis doutrinadores e desenvolver um pouco tal percepção, pois ainda que não sejam autoridades fazendárias, notários e registradores possuem alta capacidade jurídica para análise tributária dos documentos que lhe são apresentados, inclusive uma das matérias questionadas no concurso para ingresso na atividade notarial e registral é o Direito Tributário, o que possibilita, em casos concretos, a verificação de que pode ter havido erro na emissão do documento pela autoridade competente, inviabilizando sua utilização.

---

12. CENEVIVA, Walter. Lei dos *Notários e Registradores comentada*. 9. ed. São Paulo: Saraiva, 2014.
13. LOUREIRO, Luiz Guilherme. *Manual de direito notarial*: da atividade e dos documentos notariais. Salvador: JusPodivm, 2016.

Ao se deparar então com o erro da autoridade fazendária, pode se negar a utilizar o documento apresentado.

Outra observação deve ser feita: a maioria dos impostos que incidem em atos notariais são chamados de impostos lançados por homologação, o que significa que o contribuinte faz o preenchimento das informações e a guia para pagamento é gerada. Ora, não deve o tabelião ou registrador ser raso na sua análise, só se preocupando com o valor ali preenchido. Isso pode gerar situações de difícil reparabilidade.

Por último, no tocante a essa matéria, é robusto o argumento de que a fiscalização deve ser rigorosa, haja vista a já estudada responsabilidade tributária de tabeliães e registradores, prevista no Código Tributário Nacional.

XII – facilitar, por todos os meios, o acesso à documentação existente às pessoas legalmente habilitadas: o ordenamento pátrio não fornece rol de quem são pessoas legalmente habilitadas. O melhor entendimento é de que são pessoas interessadas na prestação do serviço pelos tabeliães e registradores, observados os preceitos da Lei Geral de Proteção de Dados e do Provimento 134 do Conselho Nacional de Justiça.

Quanto ao acesso aos documentos e informações existentes dentro de um tabelionato de notas ou serventia de registro, recomenda-se a leitura acerca do princípio da publicidade.

E, para finalizar o estudo desse inciso, usar a expressão "facilitar, por todos os meios, o acesso" não foi a mais acertada. Hoje o acesso a documentos dentro de uma serventia extrajudicial tem regras próprias e é dever dos profissionais da área tratar todos de forma semelhante na prestação do serviço. Portanto, uma vez respeitados os ditames que regem sua atuação, a facilitação do acesso nas serventias deve ser franqueada a todos que precisam e não só a uma parte de pessoas.

XIII – encaminhar ao juízo competente as dúvidas levantadas pelos interessados, obedecida a sistemática processual fixada pela legislação respectiva: o procedimento de dúvidas previsto na Lei Federal 6.015/73 ainda é restrito aos registradores civis das pessoas naturais, imobiliários, civis das pessoas jurídicas e de títulos e documentos. Nada foi disposto acerca de procedimento de dúvidas perante tabeliães de notas e protestos.

De forma inovadora, o Provimento Vice-Corregedoria 41, de 18 de abril de 2022, do Estado do Piauí, criou procedimento de dúvida para o tabelião de notas:

> Art. 114-B. Após a data do protocolo, o tabelionato de notas deve, em até 10 (dez) dias úteis, analisar a documentação apresentada e:
>
> I – disponibilizar o ato notarial para assinatura do(s) interessado(s), que deve ocorrer em até 20 (vinte) dias úteis, sob pena do ato ser declarado incompleto;
>
> II – emitir nota, por escrito, indicando as exigências a serem cumpridas pelo(s) interessado(s) visando à lavratura do ato.
>
> Art. 114-C. Uma vez recebida a nota de exigências, o interessado deverá, em até 10 (dez) dias úteis, sob pena de arquivamento do protocolo:
>
> I – apresentar a documentação exigida para nova análise pelo tabelião, que será realizada no prazo de 5 (cinco) dias úteis;

II – manifestar discordância quanto ao teor da nota de exigências, requerendo ao tabelião a suscitação de dúvida ao Juízo Corregedor Permanente.

Há de se esperar para averiguar a adesão de outros Estados da Federação ao texto criado. Porém, uma das principais características do serviço do tabelionato de notas é ser dinâmico sem perder seu norte principal, qual seja, a segurança jurídica dos atos que pratica. E o procedimento do Estado do Piauí poderá tornar mais moroso o atendimento prestado aos usuários.

No tocante ao procedimento de dúvida, algumas observações devem ser feitas. A primeira delas é saber diferenciar a dúvida direta da dúvida inversa:[14]

> A dúvida até agora estudada corresponde à chamada dúvida direta, em contraposição à denominada dúvida inversa. A primeira tem previsão legal, mais especificadamente nos arts. 198 a 204, 207 e 296 da Lei 6.015/1973, e se inicia com a atuação do registrador em atendimento à rogação do interessado, quando este não se conforma com a qualificação negativa do título. Já a dúvida inversa, ou indireta, é desprovida de previsão legal, sendo uma figura criada na praxe forense nos casos em que o interessado apresenta sua irresignação diretamente ao juiz de registros públicos, ouvindo-se o oficial no curso do procedimento. Essa possibilidade é fundamentada no entendimento de que é irrelevante a forma pela qual o dissenso é levado ao conhecimento do juízo competente (se é pelo oficial ou diretamente pelo interessado). Em qualquer caso, portanto, há possibilidade de revisão hierárquica do juízo qualificador negativo do oficial de registro. A dúvida inversa, dessa forma, envolve a irresignação do interessado, em relação à negativa do registro pelo oficial, diretamente perante o juízo competente. Trata-se de uma criação administrativa, fundada em uma analogia em relação à dúvida direta, podendo ser considerada um costume *praeter legem*. Admite-se, assim, que a irresignação do interessado não fique condicionada ao princípio da rogação, exprimindo uma medida de economia processual. Argumenta-se, ainda, que a admissibilidade da dúvida inversa é corroborada pelo caráter administrativo do processo de dúvida, que permite moldá-lo de modo elástico, a fim de não causar prejuízo ao interessado ou ao terceiro. Mesmo que admitida a postulação direta perante o juízo competente, não se exclui a manifestação do oficial no procedimento, com a indicação dos fundamentos registrais que obstaram o registro. Caberá ao juiz determinar a autuação do pedido e, posteriormente, abrir vistas dos autos ao registrador. Este deverá prenotar imediatamente o título, bem como prestar as informações rogadas e fundamentar as exigências formuladas anteriormente.

O Código de Normas do Estado de São Paulo prevê o procedimento de dúvida inversa no item 39.1, do Capítulo XX:

> 39.1. Se a dúvida for suscitada diretamente pelo interessado, em meio físico, o oficial prenotará o título, assim que a receber do juiz para informações, e observará o disposto nos incisos II e III do item 39.

Da sentença que julga o procedimento de dúvida caberá recurso de apelação ao órgão julgador, que decidirá pela procedência ou não do pedido. Utilizando o item 40, Capítulo XX, do mesmo Código de Normas de São Paulo, é relevante saber distinguir:

> 40. Transitada em julgado a decisão da dúvida, o oficial procederá do seguinte modo:
>
> a) se for julgada procedente, assim que tomar ciência da decisão, a consignará no Protocolo e cancelará a prenotação;

14. FERRARI, Carla Modina. KÜMPEL, Vitor Frederico. *Tratado notarial e registral*. São Paulo: YK Ed., 2020. v. 5, t. I.

b) se for julgada improcedente, procederá ao registro quando o título for reapresentado e declarará o fato na coluna de anotações do Protocolo, arquivando o respectivo mandado ou certidão da sentença.

No Estado de São Paulo, em sede de registro imobiliário, em casos que envolvam atos de registro em sentido estrito, será competente para o julgamento do recurso o Conselho Superior da Magistratura, enquanto para outros atos, a Corregedoria-Geral de Justiça.

XIV – observar as normas técnicas estabelecidas pelo juízo competente: para o estudo do penúltimo inciso dos deveres impostos aos notários e registradores, é necessário estabelecer o que são normas técnicas. São procedimentos criados para otimizar a prestação de um serviço, a partir de métodos que possibilitem melhor organização dos procedimentos, potencializando os resultados almejados. No Brasil, temos inclusive a Associação Brasileira de Normas Técnica – ABNT, que estabelece diversas diretrizes para os mais variados serviços.

Para os notários e registradores, essas normas técnicas devem caminhar ao lado de normas jurídicas, por todo o arcabouço legal que tramita em torno da atividade extrajudicial.

São estabelecidas pelo juízo competente, como mencionado no inciso, que pode ser local (Juiz Corregedor Permanente), estadual (Corregedoria-Geral de Justiça) ou nacional (Conselho Nacional de Justiça). Como já dito na presente obra, hoje não é tarefa simples observar todas as regras atinentes à prestação do serviço extrajudicial, devendo tabeliães e registradores se manter atualizados com tudo que acontece e pode refletir diretamente na sua atuação.

XV – admitir pagamento dos emolumentos, das custas e das despesas por meio eletrônico, a critério do usuário, inclusive mediante parcelamento: recém-inserido pela Lei Federal nº 14.382/22, esse é o último dever legal previsto para tabeliães e registradores.

O pagamento de emolumentos, custas e despesas por meios eletrônicos veio previsto expressamente também no Provimento 127 do Conselho Nacional de Justiça, que dispõe em seu artigo 2º:

> Art. 2º Ao menos um dos meios de pagamento previstos no art. 1º será disponibilizado aos usuários sem nenhum custo adicional para os interessados.
>
> § 1º A oferta dos meios de pagamento observará as seguintes regras:
>
> I– o PIX, quando cobrado ao destinatário da transferência, terá o seu custo suportado pelo gestor da Plataforma do Sistema Integrado de Pagamentos Eletrônicos –SIPE, sem nenhum repasse correspondente aos usuários;
>
> II – os custos da intermediação financeira e/ou de eventual parcelamento por cartão de crédito cobrados pela operadora ou administradora autorizada a funcionar pelo Banco Central do Brasil serão repassados ao usuário e por ele suportados, mediante a inclusão dos valores respectivos no pagamento devido;
>
> III – o custo do boleto, quando esta for a opção do usuário, pessoa jurídica ou física, será incluído no valor devido pela prática do ato, devendo essa tarifa ser especificadamente demonstrada de modo claro e transparente pelo gestor, na Plataforma e no corpo do respectivo boleto;
>
> IV – nas hipóteses autorizadas em lei, quando for adotado o pagamento por meio de faturamento, a fatura relativa aos valores devidos pelos serviços notariais ou registrais será fechada no último dia de cada decêndio, com vencimento no prazo de cinco (5) dias corridos; e

V – no caso de opção pela forma de pagamento por meio de crédito ou financiamento, os juros nominais cobrados pelas instituições de crédito autorizadas a funcionar pelo Banco Central do Brasil, bem como o Custo Efetivo Total (CET), mensal e anual, regulamentado pelas normas de regência destinadas às instituições de crédito, serão também divulgados de modo claro e transparente pelo gestor da Plataforma, permitindo aos interessados comparar os custos e fazer a escolha que lhes for mais conveniente.

§ 2º Quando se tratar de pagamento faturado, assim como previsto no inciso IV do art. 1º e no inciso V deste artigo, vencida a fatura sem pagamento, e decorrido o prazo de dez (10) dias, cumprirá ao titular ou responsável pela serventia expedir certidão correspondente ao crédito, constituindo a certidão título para o protesto extrajudicial e para a ação de execução do crédito (CPC, art. 784, XI).

É adequado, aos olhos dos autores, o entendimento de que são formas de pagamento em meio eletrônico em todas as serventias extrajudiciais aquelas previstas no Provimento 127, sem exclusão de outras que possam ser criadas futuramente.

Cumpre observar ainda nesse ponto a possibilidade, no caso de pagamento por cartão de crédito, inclusive parcelado, de repasse ao usuário da serventia dos custos cobrados pela operadora ou administradora do cartão, quando ofertado um meio eletrônico alternativo de pagamento sem custo adicional. Na doutrina não há posicionamento sobre o tema e hoje existem dois entendimentos: o primeiro deles, comungado pelos autores, com base no artigo 2º, § 1º, inciso II, e artigo 6º, do Provimento 127, é de que podem sim ser repassados, pois seria ofertado um meio de pagamento sem custos adicionais, alternativo ao cartão de crédito. Já o segundo entendimento é o de que, enquanto não houver regramento legal sobre o tema, esse repasse não entraria no conceito de despesas reembolsáveis pelo usuário, e dessa forma não poderia ser cobrado dele.

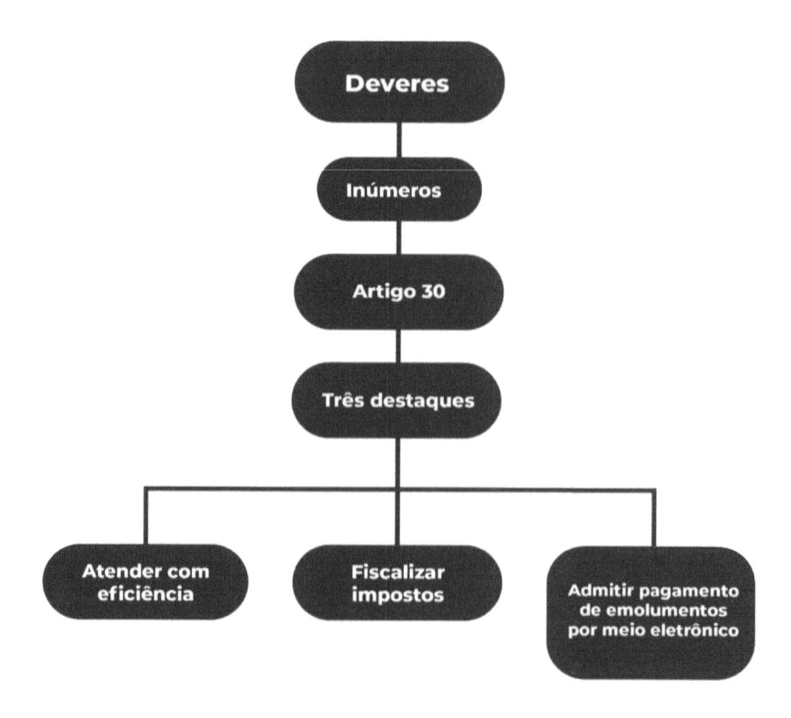

Capítulo XIII
DAS INFRAÇÕES DISCIPLINARES E DAS PENALIDADES (ARTIGOS 31 A 36)

Uma vez estabelecidos os direitos e deveres de tabeliães e registradores, preocupou-se o legislador nos artigos seguintes em determinar quais seriam as hipóteses de infrações disciplinares e penalidades a que estariam sujeitos tais profissionais, e muitas delas estão relacionadas com disposições estabelecidas em artigos anteriores da própria Lei Federal Lei 8.935/94.

Uma serventia extrajudicial é fonte de produção dos mais variados tipos de atos, os quais podem produzir incontáveis espécies de direitos e deveres. Por isso não basta somente o legislador impor nos artigos 31 e seguintes da Lei Federal 8.935/94 um sistema de infrações e penalidades, devendo aqueles que fiscalizam a atividade, como a Corregedoria-Geral do Conselho Nacional de Justiça, Corregedorias-Gerais de Justiça do Estado e os seus respectivos Juízos Corregedores Permanentes, manter atenção em nível elevado, para que a atividade extrajudicial esteja sempre buscando a pacificação social com qualidade na prestação do serviço.

Para tanto, podem realizar correições ordinárias, normalmente feitas uma vez por ano, e extraordinárias, quando necessário para apurar algum fato que gerou a necessidade de um olhar mais próximo do agente fiscalizador. Ambas podem ser feitas presencialmente ou à distância.

No Estado de São Paulo, também existe a seguinte regra, prevista no item 7, Capítulo XIII, do Código de Normas:

> 7. Salvo na Comarca da Capital, o magistrado, ao assumir a Vara de que seja titular, fará, em 30 dias, visita correcional em todas as serventias notariais e de registro sob sua corregedoria permanente, verificando a regularidade de seu funcionamento.

Deve-se frisar que as penalidades impostas com base na legislação têm caráter administrativo e caso constatada relação com as esferas cível e penal, as respectivas Justiças devem ser acionadas para imposição de outras sanções ao tabelião ou registrador.

1. INFRAÇÕES DISCIPLINARES

O artigo 31 da Lei Federal 8.935/94, estabelece o que são infrações disciplinares:

> **Art. 31. São infrações disciplinares que sujeitam os notários e os oficiais de registro às penalidades previstas nesta lei:**
>
> **I – a inobservância das prescrições legais ou normativas;**
>
> **II – a conduta atentatória às instituições notariais e de registro;**
>
> **III – a cobrança indevida ou excessiva de emolumentos, ainda que sob a alegação de urgência;**
>
> **IV – a violação do sigilo profissional;**
>
> **V – o descumprimento de quaisquer dos deveres descritos no art. 30.**

I – a inobservância das prescrições legais ou normativas: utilizando lições do Direito Constitucional, deve-se entender o que no Brasil pode ser classificado como prescrição legal ou normativa. E tão logo é escrita essa frase, na mente dos operadores do Direito, surge a imagem da conhecida pirâmide de Hans Kelsen, notório jurista do século XX. Por ela é criada uma hierarquização das regras existentes no ordenamento jurídico de um País, ajudando a conhecer quais as normas existentes e o seu grau de importância.

No Brasil, temos no topo da pirâmide as normas constitucionais, emendas constitucionais e tratados internacionais de direitos humanos; na segunda camada da pirâmide temos os atos normativos primários, quais sejam, leis complementares, ordinárias, delegadas, medidas provisórias, decretos legislativos, resoluções; e, por fim, temos na terceira camada da pirâmide os atos normativos secundários, que têm fundamento direto nos atos normativos primários e indiretos na Constituição Federal, compostos, por exemplo, de outros tipos de decretos, regulamentos etc.

Especificamente voltado para a atividade notarial e registral, além de tudo citado no último parágrafo, devem os profissionais dessa área observarem ainda os Provimentos publicados pelo Conselho Nacional de Justiça; Códigos de Normas publicados pelo Estados em que trabalharem; e, orientações e jurisprudências criadas pelo Conselho Superior da Magistratura, Corregedoria-Geral de Justiça e Corregedores Permanentes, também dos locais em que estiverem prestando o serviço.

Tal inciso, percebe-se, é genérico. O legislador poderia ter sido mais claro, pontuando que a inobservância mencionada deve ser praticada de forma dolosa, de regras já consolidadas no ordenamento e voltadas especificamente para a atividade notarial e registral.

II – a conduta atentatória às instituições notariais e de registro: pode-se entendê-las como um ente ficto, baseado na história da atividade notarial e registral, ganhando substrato ano após ano de sua existência, para possibilitar uma noção geral de como os profissionais das serventias extrajudiciais devem trabalhar de maneira a dignificar sua função.

Aqueles que deliberadamente optarem por agir de forma a atentar contra tudo o que se espera de um profissional notarial e registral, mesmo sendo tabelião ou registrador, irão, com base no inciso estudado, cometer uma infração passível de punição.

No contexto estudado, lembre-se de que as entidades notariais e registrais vêm ganhando cada vez mais importância no ordenamento jurídico brasileiro. Nacionalmente podem ser citadas a ANOREG (Associação dos Notários e Registradores), ARPEN (Associação dos Registradores de Pessoas Naturais), IRIB (Instituição de Registro Imobiliário do Brasil), CNB (Colégio Notarial do Brasil), dentre outras, e cada Estado também possui as suas respectivas subseções, as quais possuem variadas atribuições, servindo para lutar pelos interesses dos profissionais que atuam na área.

III – a cobrança indevida ou excessiva de emolumentos, ainda que sob a alegação de urgência: conduta das mais reprováveis dentro das serventias extrajudiciais, que deve ser coibida por todos os envolvidos na prestação do serviço cartorário.

Para sanar dúvidas a respeito dos emolumentos, tabelas devem ser expostas na serventia, física e virtualmente, sendo valioso os colaboradores estarem bem treinados para saber mostrar onde as tabelas de custas estão disponíveis para acesso, explicando-as.

O que nunca pode acontecer, pelo desconhecimento dos usuários, é ser cobrada quantia que não esteja prevista nas tabelas, o que enseja o enquadramento na infração prevista nesse inciso.

IV – a violação do sigilo profissional: o sigilo profissional é de extrema relevância para a prestação do serviço notarial e registral e foi intenção do legislador estabelecer uma infração específica atinente ao tema.

Aqui deve ser reiterado que todas as informações recebidas dentro das serventias extrajudiciais, no exercício da função, não podem ser compartilhadas pelos seus titulares e colaboradores, sob pena de cometerem uma infração.

Para visualizar a prática dessa infração, pode-se imaginar um tabelião de notas procurado pela manhã para prestar informações sobre um testamento, recebendo notícias particulares do futuro testador. Na hora do almoço, vai a um restaurante e encontra um amigo. Ao conversar com esse amigo, diz: "você não sabe quem vai fazer um testamento em meu cartório". E começa a tecer comentários sobre as informações que recebeu. Caso isso ocorra, configurar-se-á a infração prevista nesse inciso.

Incontáveis outras situações poderiam servir de exemplo nesse momento, mas o importante é deixar claro que o sigilo deve ser respeitado por todos os que trabalham no serviço extrajudicial, evitando-se o desrespeito ao usuário e possibilitando segurança social para a coletividade.

V – o descumprimento de quaisquer dos deveres descritos no art. 30: o legislador quis com este inciso reiterar a importância dos deveres estabelecidos no artigo 30, pois de nada adiantaria elencar um rol, até o momento, de quinze deveres, se não estabelecesse que a inobservância deles gera a prática de infração passível de punição.

2. PENALIDADES

> **Art. 32. Os notários e os oficiais de registro estão sujeitos, pelas infrações que praticarem, assegurado amplo direito de defesa, às seguintes penas:**
>
> **I – repreensão;**
>
> **II – multa;**
>
> **III – suspensão por noventa dias, prorrogável por mais trinta;**
>
> **IV – perda da delegação.**

O legislador impôs no artigo 32 quatro penalidades para os titulares das delegações e somente a eles.

Os já estudados tabeliães e oficiais interinos designados exercem função de confiança; caso esta seja quebrada, poderão ser afastados de imediato, sem a necessidade de imposição de penalidades.

Os titulares, após regular procedimento, poderão ser penalizados de acordo com o disposto no artigo; porém, os seus colaboradores estarão sujeitos à legislação trabalhista e às determinações prestadas anteriormente pelos notários e registradores a que estejam vinculados. Tais determinações, preferencialmente, devem estar preestabelecidas em portarias, as quais poderão prever as infrações que podem ser cometidas pelos colaboradores e as penalidades passíveis de aplicação.

Ao se deparar com um colaborador que pratica uma infração, deverá o tabelião ou registrador analisar qual o alcance da infração praticada, tomar as medidas para saná-las e aplicar a penalidade que entender mais adequada. Se o colaborador não concordar, deverá buscar na legislação trabalhista amparo a sua discordância.

Retornando à aplicação das penalidades a notários e registradores, o procedimento prévio à penalidade é feito em sede administrativa, assegurado ao titular da delegação todas as garantias constitucionais relacionadas ao devido processo legal, em especial o direito ao contraditório e à ampla defesa:[1]

> Ninguém será privado da liberdade ou de seus bens sem o devido processo legal. Corolário a esse princípio, asseguram-se aos litigantes, em processo judicial ou administrativo, e aos acusados em geral o contraditório e a ampla defesa, com os meios e recursos a ela inerentes.

Entendem os autores que o procedimento para a aplicação de penalidades a tabeliães e oficiais de registro poderia ser mais detalhado na Lei Federal 8.935/94, garantindo aos envolvidos maior segurança em um relevante evento passível de ocorrência em sua carreira profissional.

---

1. LENZA, Pedro. *Direito Constitucional esquematizado*. 17. ed. rev., atual. e ampl. São Paulo: Saraiva, 2013.

Art. 33. As penas serão aplicadas:

I – a de repreensão, no caso de falta leve;

II – a de multa, em caso de reincidência ou de infração que não configure falta mais grave;

III – a de suspensão, em caso de reiterado descumprimento dos deveres ou de falta grave.

Art. 34. As penas serão impostas pelo juízo competente, independentemente da ordem de gradação, conforme a gravidade do fato.

Ainda no tocante ao artigo 32, observa-se, em conjunto com a leitura do artigo 34, que não existe uma ordem de gradação entre as penalidades impostas, o que significa que, a depender da gravidade da conduta do tabelião ou registrador, serão impostas e poderão interromper ou não a prestação do serviço pelo titular da serventia, já que no caso de repreensão e multa não a interrompem, enquanto para a suspensão e perda da delegação ocorre a interrupção.

A primeira penalidade prevista, qual seja, a repreensão, é a penalidade mais branda aplicada aos notários e registradores, oriunda de falta leve, e consiste em uma reprimenda feita pelo Juízo Corregedor Permanente de que a conduta praticada não é adequada, devendo ser evitada em atos futuros.

No caso de reincidência ou de infração que não configure falta mais grave, passa-se à aplicação da segunda penalidade, qual seja, a multa. Esta penalidade merece críticas pelo não estabelecimento de critérios na sua aplicação, como bem pontua Walter Ceneviva:[2]

> Trata-se de pena pecuniária imposta ao oficial. A norma legal comentada é aberta, ou seja, não determina critérios de valoração, nem dá elementos de proporcionalidade entre a falta e a sanção econômica.

A penalidade prevista no inciso III, suspensão por 90 (noventa) dias, prorrogáveis por mais 30 (trinta) dias, será melhor tratada quando do estudo do artigo 36. Aplicada para casos em que é verificado reiterado descumprimento dos deveres ou conduta irregular grave do tabelião ou registrador, visando apuração adequada do que acontece, determina-se o afastamento do titular, que mantém vínculo com a autoridade delegante.

Caso a conduta do notário ou oficial de registros for de extrema gravidade, e não se vislumbre a oportunidade de continuidade no exercício da delegação, é aplicada a penalidade mais grave que existe na legislação: a perda da delegação (maiores detalhes no adiante estudado artigo 35).

Reitera-se que todas as penalidades aqui previstas, sejam as mais leves ou as mais graves, para serem aplicadas, dependem de procedimento administrativo perante o Juízo Corregedor Permanente.

2. CENEVIVA, Walter. Lei dos *notários e registradores comentada*. 9. ed. São Paulo: Saraiva, 2014.

Nesse sentido, é a jurisprudência do Superior Tribunal de Justiça, ao afirmar que é competente o Juiz de Direito Diretor do Foro da Comarca à qual pertence o cartório do titular para conduzir o processo administrativo disciplinar, na sua íntegra:

> RMS 33351/RS
>
> Processual civil e administrativo. Agravo regimental no recurso em mandado de segurança. Processo administrativo disciplinar. Registrador de imóveis. Incompetência da autoridade processante. Não ocorrência. Indeferimento motivado de prova testemunhal. Cerceamento de defesa não evidenciado. Ausência de comprovação de prejuízo. Adequada tipificação da conduta. Descumprimento reiterado de requisições judiciais. Responsabilidade do titular. Afronta à coisa julgada não configurada. Prescrição. Fundamento autônomo não impugnado. Súmula 283/STF.
>
> 1. Os recursos interpostos com fulcro no CPC/1973 sujeitam-se aos requisitos de admissibilidade nele previstos, conforme diretriz contida no Enunciado Administrativo n. 2 do Plenário do STJ.
>
> 2. O Supremo Tribunal Federal, na ADIn 2.602/MG, sedimentou entendimento segundo o qual os notários e registradores não estão enquadrados na definição de servidores públicos em sentido estrito.
>
> 3. O artigo 236 da Constituição Federal é regulamentado pela Lei 8.935/1994, que, por sua vez, remete à lei estadual a definição do juízo competente para fiscalizar o exercício das funções notarias e de registro. No âmbito do Estado do Rio Grande do Sul, a Lei 11.183/1998 atribuiu ao Juiz de Direito Diretor do Foro da Comarca a que pertence o serviço notarial ou de registro a competência para instaurar processo administrativo contra notários e registradores pela prática de qualquer das infrações elencadas na Lei 8.935/1994 e impor-lhes, quando for o caso, a pena disciplinar ali prevista.
>
> 4. *In casu*, o processo administrativo disciplinar foi conduzido, na sua íntegra, pelo Juiz de Direito Diretor do Foro da Comarca de Porto Alegre, à qual pertence o cartório cujo titular é o recorrente, razão pela qual não há falar em incompetência da autoridade processante.
>
> 5. O indeferimento motivado de produção de prova testemunhal, como ocorrido nos autos, não caracteriza cerceamento de defesa.
>
> Precedentes.
>
> 6. A decretação de nulidade de atos processuais pressupõe a efetiva demonstração de prejuízo da parte interessada, prevalecendo o princípio *pas de nulitté sans grief*. Precedentes.
>
> 7. A responsabilidade do titular de Cartório Extrajudicial é pessoal e intransmissível, sendo-lhe assegurado, em conformidade com o art. 22 da Lei 8.935/1994, o exercício do direito de regresso em face de seus prepostos nas hipóteses de dolo ou culpa. Precedente.
>
> 8. A ausência da tríplice identidade entre os processos afasta a alegação de ofensa à coisa julgada. Precedentes.
>
> 9. Ao sustentar a ocorrência da prescrição do processo administrativo disciplinar, o recorrente deixou de impugnar o fundamento adotado pelo acórdão *a quo* no sentido de que, embora estabeleça prazo para a conclusão dos processos administrativos, a Lei Complementar 10.098/1994 faz alusão à comissão designada para o processamento, tratamento que destoa da previsão do art. 18 da Lei 11.183/1998, que firma tal competência ao Diretor do Foro. Essa situação enseja a aplicação da Súmula 283/STF.
>
> 10. Agravo regimental não provido

Art. 35. A perda da delegação dependerá:

I – de sentença judicial transitada em julgado; ou

II – de decisão decorrente de processo administrativo instaurado pelo juízo competente, assegurado amplo direito de defesa.

§ 1º Quando o caso configurar a perda da delegação, o juízo competente suspenderá o notário ou oficial de registro, até a decisão final, e designará interventor, observando-se o disposto no art. 36.

§ 2º (Vetado).

A penalidade mais grave que pode ser imposta a um notário e a um registrador certamente é a do artigo 35 da Lei Federal 8.935/94. A partir do momento que ela acontecer, a delegação outorgada ao titular da serventia irá cessar e, a depender da gravidade, poderão advir outras consequências em esferas cíveis e criminais.

A penalidade da perda da delegação prevista no artigo 35 não se encontra também no artigo 33; não se estabelece expressamente que quando ocorrer uma falta gravíssima, ou a reincidência dela, é aplicada a penalidade de perda da delegação, mas tal fato é presumido. Mais adequado seria um rico detalhamento de hipóteses, conforme raciocínio exposto pelos autores.

Já decidiu o Superior Tribunal de Justiça que o fato de a penalidade de perda da delegação não constar no artigo 33 da Lei Federal 8.935/1994, não impossibilita a sua aplicação. Segundo o Superior Tribunal de Justiça, tal norma traz rol apenas exemplificativo e bastante genérico da gradação a ser observada na fixação das penalidades, razão pela qual não pode ser tido como parâmetro absoluto para eventual exclusão da tipicidade da conduta. Veja-se:

RMS 57836/SP

Processual civil e administrativo. Recurso Ordinário em Mandado de Segurança. Código de Processo Civil de 2015. Aplicabilidade. Processo Administrativo Disciplinar. Violação ao princípio da proporcionalidade e vício de intimação. Questões não suscitadas na inicial. Inovação recursal. Atipicidade da pena de perda da delegação. Inexistência. Formação de comissão processante para apurar as faltas funcionais atribuídas aos notários e registradores do estado de São Paulo. Desnecessidade. Competência do Juiz Corregedor Permanente. Afastamento preventivo do cargo e posterior punição com a perda da delegação. Ausência de *bis in idem*. Recurso ordinário improvido.

I – Consoante o decidido pelo Plenário desta Corte na sessão realizada em 09.03.2016, o regime recursal será determinado pela data da publicação do provimento jurisdicional impugnado. *In casu*, aplica-se o Código de Processo Civil de 2015.

II – As questões relativas à afronta ao princípio da proporcionalidade na aplicação da pena e ao vício de intimação por descumprimento do art. 26, § 2º, da Lei 9.784/1999 não constituem objeto da impetração, porquanto não foram suscitadas na petição inicial, o que configura indevida inovação recursal, inviabilizando o conhecimento do recurso relativamente a esses pontos.

III – O art. 32 da Lei 8.935/1994 estabelece as penas aplicáveis aos oficiais de registro, por grau de gravidade, havendo previsão expressa da perda da delegação, razão pela qual a comprovação de falta gravíssima, como no caso em exame, atrai a incidência da penalidade mais severa.

IV – O fato de a penalidade de perda da delegação não constar no art. 33 da Lei 8.935/1994 não impossibilita sua aplicação. Tal norma traz rol apenas exemplificativo e bastante genérico da gradação a ser observada na fixação das penalidades, razão pela qual não pode ser tido como parâmetro absoluto para eventual exclusão da tipicidade da conduta.

V – Esse lapso técnico cometido pelo legislador jamais poderá levar à conclusão de que a sanção de perda da delegação não possa ser aplicada em nenhuma hipótese no âmbito de um processo administrativo.

> Compreensão diversa tornariam inócuas as normas contidas nos arts. 32, VI, e 35 do apontado diploma, o que não se permite numa interpretação sistemática da matéria, além de desprezar os princípios que regem a Administração Pública, notadamente o da moralidade.
>
> VII – Os oficiais de registro não são funcionários públicos, mas agentes públicos exercentes de serviço público delegado, não estando, portanto, diretamente sujeitos ao Estatuto dos Servidores do respectivo estado. A pretendida aplicação subsidiária dos regramentos previstos na Lei Estadual 10.261/1988, quanto à necessidade de formação de comissão processante, apenas ocorreria no caso de omissão da norma especial, na espécie, as Normas de Serviço dos Cartórios Extrajudiciais, elaboradas pela Corregedoria-Geral da Justiça do Estado de São Paulo, lacuna que não se verificou.
>
> VIII – Assim, não há necessidade de formação de comissão processante, cabendo ao Juiz Corregedor Permanente a condução das sindicâncias e dos processos administrativos disciplinares que envolvam os oficiais de registro a ele vinculados, nos termos da legislação de regência.
>
> IX – O afastamento em caráter preventivo possui natureza acautelatória, não se confundindo com a aplicação da penalidade, porquanto visa apenas impedir a interferência do indiciado na condução do processo disciplinar. Inexiste, portanto, a dupla condenação.
>
> X – Recurso ordinário parcialmente conhecido e improvido.

Com uma maior fiscalização da atividade notarial e registral, tem sido aplicada a penalidade de perda da delegação com frequência não vista em tempos passados. Uma das principais causas de perda da delegação ocorre quando os titulares de serventia extrajudicial deixam de efetuar os recolhimentos obrigatórios previstos na legislação ou praticam ato notarial/registral com tamanha inobservância legal, que não deixam ao Juízo competente outra opção senão retirar o titular de suas atividades.

A análise do § 1º do artigo 35 deve ser feita previamente ao estudo dos incisos I e II. Se o juízo competente se deparar com um caso que configurar a possibilidade de aplicação da pena de perda da delegação, deverá suspender o titular da serventia de suas atividades e nomear interventor para responder pela serventia.

Interessante que no Estado de São Paulo, a regra do § 1º foi relativizada, como pode ser observado no item 28, do Capítulo XIV, do Código de Normas, que utiliza a expressão "poderá":

> 28. Quando o caso configurar, em tese, perda da delegação, o juízo competente, ao instaurar processo disciplinar, *poderá* suspender o notário ou oficial de registro até a decisão final, por decisão fundamentada, e designar interventor. (grifo nosso)

Nesse ponto caminhou bem a legislação federal, pois, para maior efetividade na apuração da falta cometida, é razoável afastar o titular do serviço e todos os seus substitutos que possam atrapalhar a apuração não só da falta que ocasionou o procedimento para a potencial perda da delegação, mas também outros problemas que eventualmente estejam ocorrendo na serventia.

O inciso I, ao estabelecer que a perda da delegação dependerá de sentença judicial transitada em julgado, respeitadas todas as regras processuais existentes, quis observar comando constitucional de que nenhum assunto pode ser excluído de apreciação do Poder Judiciário e uma vez aplicada a pena e esgotados os recursos possíveis, deverá o titular deixar de exercer qualquer tipo de decisão na serventia em que laborava.

Quanto ao exposto, essencial o estudo do conceito de coisa julgada:[3]

A coisa julgada é mencionada na Constituição Federal como um dos direitos e garantias fundamentais. O art. 5º, XXXVI, estabelece que a lei não poderá retroagir, em prejuízo dela. Essa garantia decorre da necessidade de que as decisões judiciais não possam mais ser alteradas, a partir de um determinado ponto. Do contrário, a segurança jurídica sofreria grave ameaça. É função do Poder Judiciário solucionar os conflitos de interesse, buscando a pacificação social. Ora, se a solução pudesse ser eternamente questionada e revisada, a paz ficaria definitivamente prejudicada. A função da coisa julgada é assegurar que os efeitos decorrentes das decisões judiciais não possam mais ser modificados, se tornem definitivos. É fenômeno diretamente associado à segurança jurídica, quando o conflito ou a controvérsia é definitivamente solucionado.

Já o inciso II institui que o juízo competente (leia-se, como já dito, Juízo Corregedor Permanente ou Corregedoria-Geral de Justiça) poderá aplicar a pena de perda de delegação em processo administrativo, assegurado amplo direito de defesa ao acusado.

Em nenhum momento o legislador aparentou ter se preocupado em criar um regramento específico sobre tal procedimento administrativo, que gera a aplicação da perda de delegação. Dessa forma, cada Estado da Federação estabeleceu, pelos seus Códigos de Normas, procedimento para a aplicação da pena de perda da delegação.

Na Bahia, o Código de Normas dispõe nos artigos 14 e seguintes:

Art. 14. Compete aos Juízes Corregedores Permanentes, sem prejuízo das atribuições legais e regimentais das Corregedorias de Justiça e do Conselho da Magistratura, apurar as infrações disciplinares ocorridas nas serventias extrajudiciais, bem como aplicar as penas correspondentes, conforme o prescrito na Lei Federal 8.935/1994.

§ 1º As sindicâncias e processos administrativos relativos às unidades do serviço notarial e de registro poderão ser presididos pelos Juízes Corregedores Permanentes a que, na atualidade do procedimento, estiverem subordinadas.

§ 2º As sindicâncias e processos administrativos que, antes da edição deste provimento já tiverem sido autuados na Corregedoria competente permanecerão sendo processados no respectivo Órgão.

Art. 15. Os Corregedores da Justiça poderão avocar as sindicâncias ou processos administrativos, em qualquer fase, a pedido ou de ofício e, designar Juízes Corregedores, para apuração das faltas disciplinares, com competência para a prática de todos os atos investigatórios, inclusive a elaboração de relatório final. Parágrafo único. Quando se tratar de avocação solicitada pelo Juiz Corregedor Permanente, o pedido respectivo deverá ser minuciosamente fundamentado, com explicitação dos motivos que o justifiquem.

Art. 16. Instaurado procedimento administrativo contra Notário ou Registrador, sob a forma de sindicância ou de procedimento administrativo disciplinar (PAD), imediatamente será remetida cópia do ato inaugural à Corregedoria competente, bem como a decisão final proferida, com ciência do delegado e certidão indicativa do trânsito em julgado. Parágrafo único. Quando, em autos e papéis de que conhecer o Juiz Corregedor Permanente, verificar a exigência de crime de ação pública, remeterá ao Ministério Público as cópias e os documentos necessários, informando também à Corregedoria competente.

Art. 17. Ao término do procedimento, será aplicada ao delegatário a pena cabível, na forma da lei, sendo que a pena de perda da delegação é de aplicação privativa do Corregedor da Justiça, podendo ser proposta pelo Juiz Corregedor Permanente. Parágrafo único. Caso aplicada a pena de suspensão, a ser comunicada à Corregedoria competente para anotações e registro, deverá constar o período da mesma e se é considerada cumprida, em virtude de afastamento preventivo do delegado.

3. GONÇALVES, Marcus Vinicius Rios. Direito processual civil esquematizado. In: LENZA, Pedro (Coord.). *Coleção esquematizado*. 8. ed. São Paulo: Saraiva, 2017.

> Art. 18. Eventuais recursos deverão ser entranhados nos autos originais e estes remetidos à Corregedoria competente para exame de admissibilidade e adoção do procedimento recursal específico de acordo com o Regimento Interno do Tribunal de Justiça da Bahia.
>
> Art. 19. Sem prejuízo da competência dos Juízes Corregedores Permanentes, o Corregedor de Justiça competente poderá aplicar originariamente as mesmas penas, bem como, enquanto não prescrita a infração, reexaminar, de ofício ou mediante provocação, as decisões absolutórias ou de arquivamento, impondo também as sanções adequadas.
>
> § 1°. As representações disciplinares serão sumariamente extintas quando não preencherem os requisitos formais, não forem fundamentadas ou quando for possível identificar, desde logo, a inexistência de irregularidade.
>
> § 2°. Não se verificando a hipótese do § 3°, serão requisitadas informações ao delegatário, e caberá a este prestá-las no prazo de 15 (quinze) dias úteis.

Por fim, alguns autores defendem que a aplicação da pena de perda de delegação em procedimento administrativo depende de decisão final do chefe do Poder Executivo, algo que não se sustenta, sendo pacífico que o Poder Judiciário, respeitados os regramentos internos de cada Estado da Federação, é a autoridade competente para aplicar a pena de perda da delegação.

3. DA INTERVENÇÃO

> **Art. 36. Quando, para a apuração de faltas imputadas a notários ou a oficiais de registro, for necessário o afastamento do titular do serviço, poderá ele ser suspenso, preventivamente, pelo prazo de noventa dias, prorrogável por mais trinta.**
>
> **§ 1° Na hipótese do *caput*, o juízo competente designará interventor para responder pela serventia, quando o substituto também for acusado das faltas ou quando a medida se revelar conveniente para os serviços.**
>
> **§ 2° Durante o período de afastamento, o titular perceberá metade da renda líquida da serventia; outra metade será depositada em conta bancária especial, com correção monetária.**
>
> **§ 3° Absolvido o titular, receberá ele o montante dessa conta; condenado, caberá esse montante ao interventor.**

A suspensão prevista neste artigo, quando aplicada, irá, na maioria dos casos, acarretar a nomeação de um interventor para a análise dos fatos, o qual será o responsável pela serventia extrajudicial ao longo do afastamento do titular. Isso porque, como previsto no § 1°, quando o substituto também for acusado das faltas cometidas pelo titular, será nomeado o interventor. É de extrema raridade uma serventia ser apenada com o titular sendo suspenso (fato de extrema gravidade) e o substituto não ter conhecimento do que estava acontecendo no dia a dia das atividades.

O interventor é uma das figuras mais temidas pelos titulares das serventias extrajudiciais. Tal função, assim como os interinos, também é pautada na confiança entre quem for nomeado e o Juízo Corregedor Permanente e, na grande maioria dos casos, com a intervenção acarretando a perda da delegação pelo titular, o interventor poderá se transformar em interino designado.

Algumas informações sobre a figura do interventor devem ser prestadas: caso o interventor pratique algum ato que gere a quebra da confiança com o Juízo Corregedor Permanente, poderá ser substituído de imediato sem a necessidade de prévio procedimento administrativo.

Da mesma forma, caso o interventor se depare com alguma situação que inviabilize a continuidade de seu serviço, poderá pedir o seu afastamento da função.

O interventor, tal qual os interinos designados, não possui capacidade gerencial plena semelhante à de um titular da serventia extrajudicial, devendo sempre observar os preceitos da Resolução 80 do Conselho Nacional de Justiça.

Em São Paulo, no Capítulo XIV do Código de Normas, há o item 31, que dispõe:

> 31. Aplicam-se ao interventor as mesmas regras do interino, especialmente as que dispõem sobre remuneração, despesas da delegação e precariedade da designação.
>
> 31.1. Não pode ser interventor o cônjuge, companheiro ou parente até o terceiro grau, por consanguinidade ou por afinidade, do titular da mesma delegação.
>
> 31.2. O indicado para responder como interventor por delegação do serviço extrajudicial de notas e de registro deverá declarar, sob pena de responsabilidade, que não se insere nas hipóteses de vedação ao nepotismo, fazendo-o com uso de modelo de "Termo de Declaração" elaborado pela Corregedoria-Geral da Justiça.

No que tange à remuneração do interventor, o Superior Tribunal de Justiça (STJ) já decidiu de maneira distinta do Código de Normas de São Paulo:

> RMS 67503 / MG
>
> Processual civil. Administrativo. Recurso em Mandado de Segurança. Serventia extrajudicial. Afastamento do titular. Designação de interventor. Posterior condenação do titular. Exegese do art. 36, §§ 2° e 3°, da Lei 8.935/1994. Metade da renda líquida da serventia. Levantamento em favor do interventor. Recusa judicial caracterizadora de ofensa a direito líquido e certo. 1. Cuida-se de Recurso em Mandado de Segurança objetivando a reforma de acórdão do Tribunal de Justiça do Estado de Minas Gerais, que denegou mandado de segurança impetrado contra ato do MM. Juiz Diretor do Foro da Comarca de Manhuaçu/MG, consistente no indeferimento de pedido de levantamento de valores formulado pelo impetrante, com base no art. 36, §§ 2° e 3°, da Lei 8.935/1994, em virtude de sua atuação como Interventor do Cartório de Registro de Imóveis da Comarca de Manhuaçu/MG, no período compreendido entre 09.08.2011 e 11.09.2015. 2. *In casu*, o Tribunal de origem firmou compreensão no sentido de que a remuneração do ora recorrente, na condição de interventor da serventia extrajudicial, deve obedecer ao teto previsto no art. 37, XI, da Constituição Federal. 3. Entretanto, os parágrafos 2° e 3° do art. 36 deixam claro que ao interventor caberá depositar em conta bancária especial metade da renda líquida da serventia, sendo certo que esse montante, em caso de condenação do cartorário titular, caberá ao próprio interventor, que terá indiscutível direito ao seu levantamento. 4. Exegese diversa, mesmo que oriunda do egrégio Conselho Nacional de Justiça – CNJ (em patamar administrativo, portanto), não se poderá sobrepor a explícito comando constante de lei federal, tanto mais quando este não padeça de eventual inconstitucionalidade declarada pela Excelsa Corte, como aqui sucede. 5. Nesse contexto, cumpre reconhecer que o ato judicial impetrado, no que recusou o levantamento dos referidos valores pelo interventor, implicou ofensa a direito líquido e certo consubstanciado no art. 36, § 3°, da Lei 8.935/1994. 6. Recurso em mandado de segurança provido, com a consequente concessão da ordem.

Feitas essas disposições acerca do interventor das serventias extrajudiciais, é de extrema relevância ponderar que o *caput* do artigo 36 não impõe a obrigatoriedade de afastamento do titular via pena de suspensão, mencionando que "poderá ser afastado".

Porém, uma conduta aparentemente razoável do Juízo Corregedor Permanente quando se depara com a necessidade de apurar de forma neutra faltas graves que aconteceram no seio da serventia extrajudicial, é enxergar o afastamento do titular e de seu substituto previsto no artigo como necessário, viabilizando uma análise justa e distante de eventuais intromissões do titular.

O artigo não menciona expressamente sobre o afastamento de outros colaboradores da serventia, mas, se for o caso, além do titular e do substituto, outros colaboradores também poderão ser afastados, como escreventes e auxiliares, para melhor apuração da situação investigada.

O prazo previsto no artigo 36 para a aplicação da pena de suspensão é de 90 (noventa) dias, podendo ser prorrogados por mais 30 (trinta) dias, gerando um total de 120 (cento e vinte) dias no máximo. Após esse lapso temporal, deverá ser determinado se é caso de perda da delegação ou retorno do titular e eventuais colaboradores afastados à serventia.

Mesmo durante o período em que estiver afastado, o titular da serventia irá continuar recebendo metade da renda líquida da serventia, devendo a outra metade ser depositada em conta bancária especial, com correção monetária. Caso ele seja absolvido, irá receber a outra metade (depositada).

Caso o titular seja considerado culpado, a quantia será paga ao interventor, havendo discussão quanto à observância do teto remuneratório.

Uma leitura isolada dos §§ 2º e 3º do estudado artigo 36 poderia levar à conclusão de que o interventor nada receberia pelo seu árduo trabalho em caso de absolvição do titular afastado. No entanto, é comum que os Juízos Corregedores Permanentes fixem uma remuneração aos interventores, a qual é garantidora de uma compensação pela atuação; a metade eventualmente recebida no caso de condenação do titular seria um *plus*.

Capítulo XIV
DA EXTINÇÃO DA DELEGAÇÃO (ARTIGO 39)

Uma vez aprovado no concurso público, o titular irá receber a outorga de uma delegação para o exercício de função pública. A citada outorga não é eterna, tampouco se transfere por herança (ideia que, pasmem, ainda ecoa em segmentos de nossa sociedade).

Diz Lourival Gonçalves de Oliveira:[1]

> O término da delegação é denominado pelo legislador como extinção e ocorre por seis diferentes motivos. Por ela é desfeita a investidura havida com o ato inicial de delegação e que habilita o notário ou oficial de registro para o exercício profissional e prática dos atos a ele inerentes. A extinção faz cessar a investidura de forma absoluta e definitiva, questionando sob a ótica criminal os atos posteriormente praticados pelo antigo titular. Ocorre voluntariamente, por fatos da vontade do titular da delegação, nos casos de aposentadoria facultativa ou renúncia e involuntariamente, nos casos de morte, invalidez ou perda nos termos do art. 35.

Para seguirmos os estudos acerca da extinção da delegação, é necessário observar o conteúdo do artigo 39 da Lei Federal 8.935/94:

> **Art. 39. Extinguir-se-á a delegação a notário ou a oficial de registro por:**
>
> **I – morte;**
>
> **II – aposentadoria facultativa;**
>
> **III – invalidez;**
>
> **IV – renúncia;**
>
> **V – perda, nos termos do art. 35.**
>
> **VI – descumprimento, comprovado, da gratuidade estabelecida na Lei 9.534, de 10 de dezembro de 1997.**
>
> **§ 1º Dar-se-á aposentadoria facultativa ou por invalidez nos termos da legislação previdenciária federal.**
>
> **§ 2º Extinta a delegação a notário ou a oficial de registro, a autoridade competente declarará vago o respectivo serviço, designará o substituto mais antigo para responder pelo expediente e abrirá concurso.**

---

1. OLIVEIRA, Lourival Gonçalves de. *Notários e registradores*: Lei 8.935, de 18.11.1994. Lourival São Paulo: Juarez de Oliveira Ed., 2009.

Valendo-nos da explanação do autor citado, será dividido o estudo das causas de extinção em voluntárias e involuntárias.

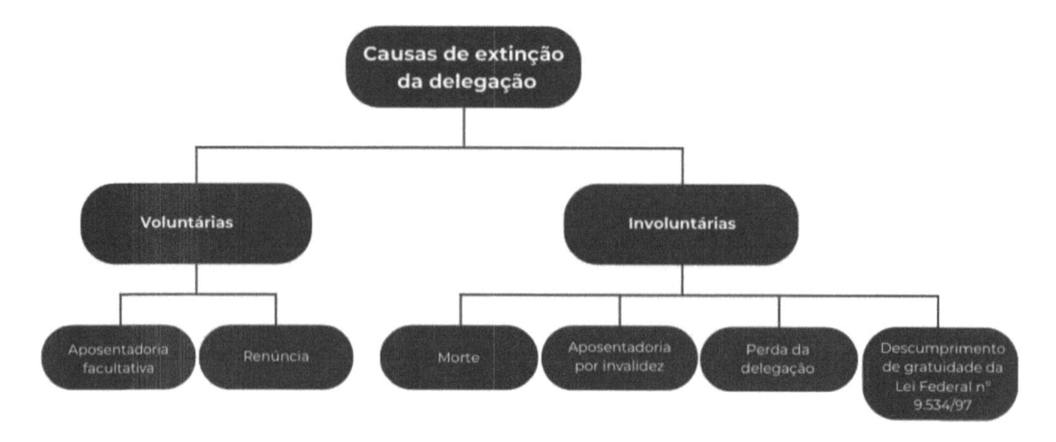

1. CAUSAS DE EXTINÇÃO VOLUNTÁRIAS DA DELEGAÇÃO

1.1 Aposentadoria facultativa

Observada a legislação constitucional e federal que trata do assunto, por serem contribuintes previdenciários, poderão os notários e registradores se aposentar respeitadas as regras de idade e vencimentos. Uma boa dica para aqueles que estão na profissão é fazer um planejamento financeiro para quando forem mais idosos, pois às vezes existirá enorme disparidade entre o que ganham com a sua serventia e o que irão ganhar com a sua aposentadoria.

Recomenda-se a leitura do artigo 40 da Lei Federal 8.935/94:

> **Art. 40. Os notários, oficiais de registro, escreventes e auxiliares são vinculados à previdência social, de âmbito federal, e têm assegurada a contagem recíproca de tempo de serviço em sistemas diversos.**
>
> **Parágrafo único. Ficam assegurados, aos notários, oficiais de registro, escreventes e auxiliares os direitos e vantagens previdenciários adquiridos até a data da publicação desta lei.**

No tocante a esse tema, existiu um grande questionamento, gerador de acalorados debates: aplica-se ou não aos notários e registradores a aposentadoria compulsória, prevista no artigo 40, § 1º, II, da Constituição Federal, que dispõe:

> Art. 40. O regime próprio de previdência social dos servidores titulares de cargos efetivos terá caráter contributivo e solidário, mediante contribuição do respectivo ente federativo, de servidores ativos, de aposentados e de pensionistas, observados critérios que preservem o equilíbrio financeiro e atuarial.

> § 1º O servidor abrangido por regime próprio de previdência social será aposentado:
>
> II – compulsoriamente, com proventos proporcionais ao tempo de contribuição, aos 70 (setenta) anos de idade, ou aos 75 (setenta e cinco) anos de idade, na forma de lei complementar.

No julgamento da Ação Direta de Inconstitucionalidade 2.602, do Estado de Minas Gerais, o Supremo Tribunal Federal estabeleceu que o comando do mencionado artigo não se aplica a notários e registradores, entendimento esse que perdura até os dias atuais. A ementa do julgamento é bem clara:

> Ação Direta de Inconstitucionalidade. Provimento 055/2001 do Corregedor-Geral de Justiça do Estado de Minas Gerais. Notários e registradores. Regime jurídico dos servidores públicos. Inaplicabilidade. Emenda Constitucional 20/98. Exercício de atividade em caráter privado por delegação do poder público. Inaplicabilidade da aposentadoria compulsória aos setenta anos. Inconstitucionalidade. 1. O artigo 40, § 1º, inciso II, da Constituição do Brasil, na redação que lhe foi conferida pela EC 20/98, está restrito aos cargos efetivos da União, dos Estados-membros, do Distrito Federal e dos Municípios – incluídas as autarquias e fundações. 2. Os serviços de registros públicos, cartorários e notariais são exercidos em caráter privado por delegação do Poder Público – serviço público não privativo. 3. Os notários e os registradores exercem atividade estatal, entretanto não são titulares de cargo público efetivo, tampouco ocupam cargo público. Não são servidores públicos, não lhes alcançando a compulsoriedade imposta pelo mencionado artigo 40 da CB/88 – aposentadoria compulsória aos setenta anos de idade. 4. Ação direta de inconstitucionalidade julgada procedente.

Resta evidente que a aposentadoria será uma opção para os titulares das serventias extrajudiciais. Frise-se que há vozes defendendo a possibilidade da aposentadoria voluntária não inviabilizar a continuidade do exercício da delegação.

1.2 Renúncia

O tema renúncia é pouco tratado pela doutrina especializada. Walter Ceneviva ensina:[2]

> A ação de renunciar consiste em recusar, voluntariamente, a continuação dos benefícios e dos encargos próprios da delegação, mediante ato formal, de comunicação escrita, encaminhada à autoridade competente. Trata-se de decisão unilateral, adotada pelo titular, insuscetível de apreciação pela autoridade, salvo para confirmá-la ou, havendo causa para processo disciplinar, instaurá-lo de imediato, antes de expedir o ato extintivo.

Da explanação do ilustre autor, são retiradas duas preciosas lições no tocante ao tema. A primeira delas relacionada ao fato de a renúncia ser uma decisão do titular da delegação, que não pode ser questionada. Outorga e renúncia são faces opostas da mesma moeda: se é uma opção ingressar na atividade, também o é deixar a atividade.

A outra lição é de ser um ato que demanda comunicação escrita a uma autoridade competente, sem necessidade de uma análise desta autoridade quanto aos motivos que levaram o titular a deixar a função. Alguns defendem que a autoridade poderia negar a renúncia e impor procedimento administrativo face ao titular renunciante, se fosse o caso, medida esta que não é a mais adequada.

---

2. CENEVIVA, Walter. Lei dos *Notários e Registradores comentada*. 9. ed. São Paulo: Saraiva, 2014.

Não há dúvidas de que a autoridade competente para recepcionar e confirmar a renúncia é o Juiz Corregedor Permanente, com a devida comunicação para a Corregedoria-Geral de Justiça.

No Estado de São Paulo, não existe procedimento determinado sobre o ato de renúncia. Há simples menção no subitem 10.3, do Capítulo XIV, do Código de Normas, corroborando o entendimento de que a decisão sobre a renúncia é do Juiz Corregedor Permanente:

> 10.3. A comunicação da extinção da delegação deverá, necessariamente, ser instruída com documentos que comprovem a data de sua ocorrência (morte – certidão de óbito; renúncia – decisão da Corregedoria Permanente com a data em que a renúncia foi aceita; investidura em novo concurso – termo de investidura).

2. CAUSAS DE EXTINÇÃO INVOLUNTÁRIAS DA DELEGAÇÃO

2.1 Morte

A primeira causa de extinção involuntária da delegação a ser estudada é a morte. Em nosso país, nos termos da parte inicial do artigo 6º, do Código Civil, a existência da pessoa natural termina com a morte natural, considerada a partir do momento da morte encefálica. E, utilizando os critérios da Resolução do Conselho Federal de Medicina 2.173/2017, isso irá ocorrer:

> Art. 1º Os procedimentos para determinação de morte encefálica (ME) devem ser iniciados em todos os pacientes que apresentem coma não perceptivo, ausência de reatividade supraespinhal e apneia persistente, e que atendam a todos os seguintes pré-requisitos:
>
> a) presença de lesão encefálica de causa conhecida, irreversível e capaz de causar morte encefálica;
>
> b) ausência de fatores tratáveis que possam confundir o diagnóstico de morte encefálica;
>
> c) tratamento e observação em hospital pelo período mínimo de seis horas. Quando a causa primária do quadro for encefalopatia hipóxico-isquêmica, esse período de tratamento e observação deverá ser de, no mínimo, 24 horas;
>
> d) temperatura corporal (esofagiana, vesical ou retal) superior a 35°C, saturação arterial de oxigênio acima de 94% e pressão arterial sistólica maior ou igual a 100 mmHg ou pressão arterial média maior ou igual a 65mmHg para adultos, ou conforme a tabela a seguir para menores de 16 anos:

	Pressão Arterial	
Idade	**Sistólica (mmHg)**	**PAM (mmHg)**
Até 5 meses incompletos	60	43
De 5 meses a 2 anos incompletos	80	60
De 2 anos a 7 anos incompletos	85	62
De 7 a 15 anos	90	65

> Art. 2º É obrigatória a realização mínima dos seguintes procedimentos para determinação da morte encefálica:
>
> a) dois exames clínicos que confirmem coma não perceptivo e ausência de função do tronco encefálico;
>
> b) teste de apneia que confirme ausência de movimentos respiratórios após estimulação máxima dos centros respiratórios;

c) exame complementar que comprove ausência de atividade encefálica.

Art. 3º O exame clínico deve demonstrar de forma inequívoca a existência das seguintes condições:

a) coma não perceptivo;

b) ausência de reatividade supraespinhal manifestada pela ausência dos reflexos fotomotor, córneo-palpebral, oculocefálico, vestíbulo-calórico e de tosse.

§ 1º Serão realizados dois exames clínicos, cada um deles por um médico diferente, especificamente capacitado a realizar esses procedimentos para a determinação de morte encefálica.

§ 2º Serão considerados especificamente capacitados médicos com no mínimo um ano de experiência no atendimento de pacientes em coma e que tenham acompanhado ou realizado pelo menos dez determinações de ME ou curso de capacitação para determinação em ME, conforme anexo III desta Resolução.

§ 3º Um dos médicos especificamente capacitados deverá ser especialista em uma das seguintes especialidades: medicina intensiva, medicina intensiva pediátrica, neurologia, neurologia pediátrica, neurocirurgia ou medicina de emergência. Na indisponibilidade de qualquer um dos especialistas anteriormente citados, o procedimento deverá ser concluído por outro médico especificamente capacitado.

§ 4º Em crianças com menos de 2 (dois) anos o intervalo mínimo de tempo entre os dois exames clínicos variará conforme a faixa etária: dos sete dias completos (recém-nato a termo) até dois meses incompletos será de 24 horas; de dois a 24 meses incompletos será de doze horas. Acima de 2 (dois) anos de idade o intervalo mínimo será de 1 (uma) hora.

A segunda parte do citado artigo 6º, do Código Civil, gera um pouco mais de discussão jurídica, pois a legislação admite casos de presunção da morte para o ausente, de acordo com os artigos 22 a 39, do Código Civil, e para aquelas situações previstas no artigo 7º, do mesmo diploma legal.

Tais procedimentos podem demorar muito tempo para serem finalizados, o que poderia gerar também grande demora na decretação da extinção da delegação. Certo é que, uma vez decretada a sucessão definitiva do ausente e a morte presumida nos casos do artigo 7º, extinta estará a delegação por tais motivos.

2.2 Aposentadoria por Invalidez

A invalidez definitiva, que permite a extinção da delegação, é aquela concedida nos termos do artigo 42 da Lei Federal 8.213/91, que diz:

Art. 42. A aposentadoria por invalidez, uma vez cumprida, quando for o caso, a carência exigida, será devida ao segurado que, estando ou não em gozo de auxílio-doença, for considerado incapaz e insusceptível de reabilitação para o exercício de atividade que lhe garanta a subsistência, e ser-lhe-á paga enquanto permanecer nesta condição.

§ 1º A concessão de aposentadoria por invalidez dependerá da verificação da condição de incapacidade mediante exame médico-pericial a cargo da Previdência Social, podendo o segurado, às suas expensas, fazer-se acompanhar de médico de sua confiança.

§ 2º A doença ou lesão de que o segurado já era portador ao filiar-se ao Regime Geral de Previdência Social não lhe conferirá direito à aposentadoria por invalidez, salvo quando a incapacidade sobrevier por motivo de progressão ou agravamento dessa doença ou lesão.

Poucos observam o que será dito a seguir. A aposentadoria por invalidez é devida enquanto o segurado permanece na condição de inválido. Imagine-se que um titular de delegação fique inválido para o exercício da atividade, é extinta a sua delegação e ele é aposentado. Anos depois este retoma à sua plena capacidade para o exercício da delegação. Tem esse titular direito a retornar a sua delegação? A resposta é negativa, pois o sistema de titularidade de uma serventia é bem determinado legalmente, oferece segurança social, e não poderia ficar à mercê de uma cura que poderia ou não acontecer. Para exercer novamente sua atividade, deverá ingressar por concurso público.

Para Lourival Gonçalves de Oliveira, algo diverso pode acontecer:[3]

> Todavia, não há dúvidas de que a aposentadoria voluntária é um direito e pode ser alvo de renúncia, bem como a aposentadoria por invalidez perdura enquanto durar sua causa, mesmo que se concedida em razão da constatação de invalidez definitiva será passível de revisão. No entanto, já declarada a extinção da delegação, esta é definitiva e não admite retorno, situação legal a merecer cautelosa atenção. Ocorrida a invalidez definitiva e diante da possibilidade de revisão, é admitida a utilização da via judicial para impedir o início, prosseguimento ou desfecho do procedimento administrativo de extinção da delegação, no que o mandado de segurança preventivo com pleito de concessão liminar torna-se oportuno.

Para ambos os casos de aposentadoria, voluntária ou por invalidez, a Lei Federal 8.935/94, no § 1º do artigo 39, faz a seguinte observação: *§ 1º Dar-se-á aposentadoria facultativa ou por invalidez nos termos da legislação previdenciária federal.*

2.3 Perda da delegação

Todos os pontos sobre a perda da delegação já foram tratados nos comentários ao artigo 35 da Lei Federal 8.935/94, mas reforça-se aqui que uma vez perdida a delegação, seu principal efeito é o de extinguir a delegação.

2.4 Descumprimento, comprovado, da gratuidade estabelecida na Lei 9.534, de 10 de dezembro de 1997

A Lei Federal 9.534/97, alterou o artigo 1º da Lei Federal 9.265/96, que regulamenta o inciso LXXVII do artigo 5º da Constituição Federal, e dispõe sobre a gratuidade dos atos necessários aos exercício da cidadania, inserindo o inciso de n. VI:

> Art. 1º São gratuitos os atos necessários ao exercício da cidadania, assim considerados:
>
> VI – O registro civil de nascimento e o assento de óbito, bem como a primeira certidão respectiva.

O direito constitucional dessa gratuidade existe há muitos anos, e essa regra específica, no tocante à extinção da delegação, é voltada para os registradores civis. Tais profissionais têm como principal função possibilitar ao cidadão seu exercício da cidadania de forma plena, com dignidade, e para isso existiu a necessidade de demonstrar a relevância de respeito a essa importante garantia constitucional.

Uma vez comprovado que o registrador civil deixou de observar o comando legal da gratuidade, será aberto procedimento administrativo para gerar a extinção da delegação.

---

3. OLIVEIRA, Lourival Gonçalves de. *Notários e registradores*: Lei 8.935, de 18.11.1994. São Paulo: Juarez de Oliveira Ed., 2009.

REFERÊNCIAS

ALMEIDA, Rachel Leticia Curcio Ximenes de Lima. Comentários críticos à Tese com Repercussão Geral do RE 842.846: A responsabilidade objetiva do estado por atos de tabeliães e registradores. In: DEL GUÉRCIO NETO, Arthur e DEL GUÉRCIO, Lucas Barelli (Coord.). *O direito notarial e registral em artigos*.. São Paulo: YK Ed., 2020. v. IV.

ALVARES, Pércio Brasil; PAIVA, João Pedro Lamana. Registro de títulos e documentos. In: CASSETTARI, Christiano (Coord.). *Coleção cartórios*. 3. Edição. Indaiatuba, SP: Foco, 2020.

ALVES, José Carlos. O protesto de títulos e documentos de dívida: problemas e perspectivas. In: YOSHIDA, Consuelo Yatsuda Moromizato; FIGUEIREDO, Marcelo e AMADEI, Vicente de Abreu (Coord.). *Direito notarial e registral avançado*. São Paulo: Ed. RT, 2014.

AMADEI, Vicente de Abreu. Introdução ao Direito Notarial e Registral. Porto Alegre: Sergio Antonio Fabris Editor, 2004.

ARAI, Rubens Hideo. Limitações da Publicidade do Registro Civil de Pessoas Naturais em Decorrência dos Direitos da Personalidade. In: AHUALLI, Tânia Mara e BENACCHIO, Marcelo (Coord.). *Direito notarial e registral*: homenagem às varas de registros públicos da comarca de São Paulo. São Paulo: Quartier Latin, 2016.

ASSUMPÇÃO, Letícia Franco Maculan; FARIA, Gustavo Machado de. *O novo CPC e o penhor legal em cartório de notas, com notificação do devedor pelo registrador de títulos e documentos*. Disponível em: https://www.anoreg.org.br/site/artigo-o-novo-cpc-e-o-penhor-legal-em-cartorio-de-notas-por-leticia-assumpcao-e-gustavo-de-faria/. Acesso em: 24 fev. 2023.

BENÍCIO, Hercules Alexandre da Costa. *Responsabilidade Civil do Estado decorrente de atos notariais e de registro*. São Paulo: RT, 2005.

BIANCONI, Thiago Lobo. Recentes alterações normativas do protesto notarial: averbações e publicidade. In: DEL GUÉRCIO NETO, Arthur e DEL GUÉRCIO, Lucas Barelli (Coord.). *O direito notarial e registral em artigos*. YK Ed., 2016.

BORGARELLI, Bruno de Ávila; KÜMPEL, Vitor Frederico. As aberrações da lei 13.146/2015. Disponível em: http://www.migalhas.com.br/dePeso/16,MI224905,61044-As+aberracoes+da+lei+131462015. Acesso em: 1º mar. 2023.

BRANDELLI, Leonardo. *Registro de imóveis*: eficácia material. Rio de Janeiro: Forense, 2016.

BRANDELLI, Leonardo. *Teoria geral do direito notarial*. 3. ed. São Paulo: Saraiva, 2009.

BRANDELLI, Leonardo. *Usucapião administrativa*: de acordo com o novo Código de Processo Civil. São Paulo: Saraiva, 2016.

BRANDELLI, Leonardo. Atuação notarial em uma economia de mercado – a tutela do hipossuficiente. *Revista de Direito Imobiliário* n. 52. São Paulo: Instituto do Registro Imobiliário do Brasil – IRIB, jan-jun de 2002.

BUENO, Sérgio Luiz José. Tabelionato de Protesto. In: CASSETARI, Christiano (Coord.). *Coleção cartórios*. São Paulo: Saraiva, 2013.

BUSATTO JR., Carlos. Serviço de protesto de títulos. *Informativo do Instituto de Estudos de Protesto de Títulos*. http://www.1protestodecampogrande.com.br/index.cfm?m=2&pag=corpo_noticia&NoticiaID=141. Acesso em: 22 fev. 2023.

CALDAS, Talita. SCIASCIA, Daniela. *Finanças para cartórios*. Salvador: JusPodivm, 2018.

CAMARGO NETO, Mario de Carvalho; OLIVEIRA, Marcelo Salaroli de. Registro civil das pessoas naturais e a publicidade do estado da pessoa natural. In: DEL GUÉRCIO NETO, Arthur e DEL GUÉRCIO, Lucas Barelli (Coord.). *O direito notarial e registral em artigos*. São Paulo: YK Ed., 2016.

CAMARGO NETO, Mario de Carvalho; OLIVEIRA, Marcelo Salaroli de. Registro Civil das Pessoas Naturais I. In: CASSETTARI, Christiano (Coord.). *Coleção cartórios*. Indaiatuba, SP: Foco, 2020.

CAMPILONGO, Celso Fernandes. *Função social do notariado*: eficiência, confiança e imparcialidade. São Paulo: Saraiva, 2014.

CARVALHO, Afranio de. *Registro de imóveis*. Rio de Janeiro: Forense, 1982.

CASSETTARI, Christiano; Salomão, Marcos Costa. *Registro de imóveis*. In: CASSETTARI, Christiano (Coord.). *Coleção cartórios*. 2. ed. Indaiatuba, SP: Foco, 2023.

CASSETTARI, Christiano. *Divórcio, extinção de união estável e inventário por escritura pública* – Teoria e prática. 8. ed. São Paulo: Atlas, 2017.

CASSETTARI, Christiano. *Elementos de direito civil*. 11. ed. Indaiatuba, SP: Foco, 2023.

CAVICCHIOLI, Gilberto. *Cartórios e gestão de pessoas*: um desafio autenticado. São Paulo: JS Gráfica, 2015.

CENEVIVA, Walter. *Lei dos Notários e Registradores comentada*. 9. ed. São Paulo: Saraiva, 2014.

CENEVIVA, Walter. *Lei dos Registros Públicos comentada*. 16. ed. São Paulo: Saraiva, 2005.

CERQUEIRA, Jorge Otávio Pereira de. Registro de contratos marítimos. In: GONÇALVES, Vania Mara Nascimento (Coord.). *Direito notarial e registral*. Rio de Janeiro: Forense, 2006.

CHAVES, Carlos Fernando Brasil. REZENDE, Afonso Celso F. *Tabelionato de notas e o notário perfeito*. 7. ed. São Paulo: Saraiva, 2013.

CHICUTA, Kioitsi. Os profissionais do direito e a extinção dos serviços notariais e de registro como serviços públicos delegados. O registro de títulos e documentos e o registro civil das pessoas jurídicas. In: DIP, Ricardo Henry Marques (Coord.). *Registros públicos e segurança jurídica*. Porto Alegre: Sergio Antonio Fabris Editor, 1998.

CHOSSANI, Frank Wendel. *Registradores, tabeliães e o concurso público* – Profissionalismo de ponta. Disponível em: https://www.notariado.org.br/artigo-registradores-tabeliaes-e-o-concurso-publico-profissionalismo-de-ponta-frank-wendel-chossani/. Acesso em: 1º mar. 2023.

COUTO, Marcelo de Rezende Campos Marinho. *Usucapião extrajudicial* – Doutrina e jurisprudência. In: EL DEBS, Martha El Debs (Coord.). Salvador: JusPodivm, 2018.

DEL GUÉRCIO NETO, Arthur. Quem não registra não é dono! *Contos e causos notariais*. São Paulo: YK Ed., 2016.

DEL GUÉRCIO NETO, Arthur. Testamento público: aspectos teóricos e práticos. In: DEL GUÉRCIO NETO, Arthur e DEL GUÉRCIO, Lucas Barelli (Coord.). *O direito notarial e registral em artigos*. São Paulo: YK Ed., 2016.

DEL GUÉRCIO NETO, Arthur. *Usucapião extrajudicial*. Disponível em: http://www.blogdodg.com.br/post.php?id=100. Acesso em: 24 fev. 2023.

DEL GUÉRCIO NETO, Arthur; LAMANAUSKAS, Milton Fernando. O protesto de certidões de dívida ativa e a eficiência administrativa. In: PEDROSO, Regina (Coord.). *Estudos avançados de direito notarial e registral*. 2. ed. Rio de Janeiro: Elsevier, 2014.

DEL GUÉRCIO, Lucas Barelli. Assinatura digital de atos notariais. In: DEL GUÉRCIO NETO, Arthur e DEL GUÉRCIO, Lucas Barelli (Coord.). *O direito notarial e registral em artigos*. São Paulo: YK Ed., 2018. v. III.

DINIZ, Maria Helena. *Curso de direito civil brasileiro*. 25. ed. reformulada. São Paulo: Saraiva, 2009. v. 3: Teoria das obrigações contratuais e extracontratuais.

DINIZ, Maria Helena. *Curso de Direito civil brasileiro*. 24. ed. reformulada. São Paulo: Saraiva, 2009. v. 5: direito de família.

DIP, Ricardo. *Prudência notarial*. São Paulo: Quinta Editorial, 2012.

DIP, Ricardo. *Conceito e natureza da responsabilidade disciplinar dos registradores públicos*. São Paulo: Quartier Latin, 2017.

DUARTE, Nestor. *Código Civil comentado* – Doutrina e jurisprudência. In: PELUSO, Cezar (Coord.). 4. ed. São Paulo: Manole, 2010.

FANTI, Guilherme. *Cartórios*: inexistência de personalidade jurídica. Reflexos processuais e extraprocessuais. Disponível em: http://www.irib.org.br/boletins/detalhes/1435. Acesso em: 20 fev. 2023.

FERRARI, Carla Modina; KÜMPEL, Vitor Frederico. *Tratado notarial e registral*. São Paulo: YK Ed., 2017. v. 3.

FERRARI, Carla Modina; KÜMPEL, Vitor Frederico. *Tratado notarial e registral*. São Paulo: YK Ed., 2017. v. 4.

FERRARI, Carla Modina; KÜMPEL, Vitor Frederico. *Tratado notarial e registral*. São Paulo: YK Ed., 2020. t. I, v. 5.

FERREIRA, Paulo Roberto Gaiger. O testamento vital no Brasil. Realidade e prática. In: YOSHIDA, Consuelo Yatsuda Moromizato; FIGUEIREDO, Marcelo e AMADEI, Vicente de Abreu (Coord.). *Direito notarial e registral avançado*. São Paulo: Ed. RT, 2014.

FERREIRA, Paulo Roberto Gaiger; RODRIGUES, Felipe Leonardo. *Ata notarial*: doutrina, prática e meio de prova. São Paulo: Quartier Latin, 2010.

FERREIRA, Paulo Roberto Gaiger; RODRIGUES, Felipe Leonardo. Tabelionato de Notas. In: CASSETTARI, Christiano (Coord.). *Coleção cartórios*. 3. ed. Indaiatuba, SP: Foco, 2020.

FREITAS, Matheus. *Regime tributário dos notários e registradores*. In: EL DEBS, Martha (Coord. Geral). Salvador: JusPodivm, 2018.

GAGLIANO, Pablo Stolze; PAMPLONA FILHO, Rodolfo. *Novo curso de direito civil*. 4. ed. rev. e atual. São Paulo: Saraiva, 2014. v. 6: Direito de família: as famílias em perspectiva constitucional.

GENTIL, Alberto. *Registros públicos*. Rio de Janeiro: Forense; São Paulo: MÉTODO, 2020.

GONÇALVES, Carlos Roberto. *Direito civil brasileiro*. 9. ed. São Paulo: Saraiva, 2012. V. 3: Contratos e atos unilaterais.

GONÇALVES, Carlos Roberto. *Direito civil brasileiro*. 6. ed. São Paulo: Saraiva, 2012. v. 7: Direito das sucessões.

GONÇALVES, Marcus Vinicius Rios. *Direito processual civil esquematizado*. 8. ed. In: LENZA, Pedro (Coord.). São Paulo: Saraiva, 2017.

KIKUNAGA, Marcus Vinicius; KÜMPEL, Vitor Frederico. Mandato em causa própria. *Revista de Direito Notarial*. v. 5. São Paulo: Quartier Latin, dez. 2013 – Anual.

KÜMPEL, Vitor Frederico. *Desvendando o registro de títulos e documentos*. Disponível em: http://www.migalhas.com.br/Registralhas/98,MI186563,71043-Desvendando+o+registro+de+titulos+e+documentos. Acesso em: 24 fev. 2023.

KÜMPEL, Vitor Frederico. *Tabelionato e ofício de contratos marítimos*. Disponível em: http://www.migalhas.com.br/Registralhas/98,MI209294,21048Tabelionato+e+oficio+de+contratos+maritimos. Acesso em: 21 fev. 2023.

LAMANAUSKAS, Milton Fernando. A pedra angular da atividade notarial e registral. In: DEL GUÉRCIO NETO, Arthur e DEL GUÉRCIO, Lucas Barelli (Coord.). *O direito notarial e registral em artigos*. São Paulo: YK Ed., 2016.

LAMANAUSKAS, Milton Fernando. *O acesso à carreira notarial e registral* – algumas reflexões. Disponível em: https://www.notariado.org.br/artigo-o-acesso-a-carreira-notarial-e-registral-algumas-reflexoes-milton-fernando-lamanauskas/. Acesso em: 1º mar. 2023.

LAMANAUSKAS, Milton Fernado. PEDROSO, Regina. *Direito notarial e registral (série universitária)*. Rio de Janeiro: Elsevier Campus, 2013.

LENZA, Pedro. *Direito constitucional esquematizado*. 17. ed. rev., atual. e ampl. São Paulo: Saraiva, 2013.

LOUREIRO, Francisco Eduardo. *Direito de laje e superfície*. Disponível em: https://www.anoreg.org.br/site/artigo-direito-de-laje-e-superficie-por-des-francisco-eduardo-loureiro/. Acesso em: 24 fev. 2023.

LOUREIRO, Luiz Guilherme. *Manual de direito notarial*: da atividade e dos documentos notariais. Salvador: JusPodivm, 2016.

MAZZA, Alexandre. *Manual de Direito Administrativo*. 4. ed. São Paulo: Saraiva, 2014.

MELLO, Celso Antônio Bandeira de. *Curso de Direito Administrativo*. 26. ed. São Paulo: Malheiros Editores, 2008.

MELO, Marcelo Augusto Santana de. *Teoria geral do registro de imóveis*: estrutura e função. Porto Alegre: Sergio Antonio Fabris Ed., 2016.

MIRON, Rafael Brum. *Notários e registradores no combate à lavagem de dinheiro*. Rio de Janeiro: Lumem Juris, 2018.

MORAES, Emanuel Macabu. *Protesto notarial*: títulos de crédito e documentos de dívida. 3. ed. São Paulo: Saraiva, 2014.

NALINI, José Renato. O registro civil das pessoas naturais. In: DIP, Ricardo Henry Marques (Coord.). *Registros Públicos e segurança jurídica*. Porto Alegre: Sergio Antonio Fabris Editor, 1998.

OLIVEIRA, Lourival Gonçalves de. *Notários e registradores*: Lei 8.935, de 18.11.1994. São Paulo: Juarez de Oliveira Ed., 2009.

PEDROSO, Alberto Gentil de Almeida. *Noções gerais dos registros públicos para concurso* – Abordagem de temas e jurisprudência atualizada. São Paulo: YK Ed., 2015.

PEDROSO, Regina. Registro civil de pessoas jurídicas: segurança jurídica para o terceiro setor. In: PEDROSO, Regina (Coord.). *Estudos avançados de direito notarial e registral*. 2. ed. Rio de Janeiro: Elsevier, 2014.

PEREIRA, Antonio Albergaria. *Comentários à Lei 8.935, serviços notariais e registrais*. Bauru, SP: EDIPRO, 1995.

RÊGO, Paulo Roberto de Carvalho. *Registros públicos e notas*: natureza jurídica do vínculo laboral de prepostos e responsabilidade de notários e registradores. Porto Alegre: IRIB: S. A. Fabris, 2004.

RIBEIRO, Luís Paulo Aliende. *Regulação da função pública notarial e de registro*. São Paulo: Saraiva, 2009.

RIBEIRO, Moacyr Petrocelli de Ávila. *Notários e registradores podem ser vereadores?* Disponível em: http://www.notariado.org.br/blog/notarial/notarios-e-registradores-podem-ser-vereadores. Acesso em: 06 mar. 2023.

RODRIGUES NETO, Assuero. *Responsabilidade civil dos delegatários dos serviços extrajudiciais*. Belo Horizonte: Dialética, 2021.

RODRIGUES, Felipe Leonardo. *Ata notarial em sistema extraprotocolar*. Disponível em: https://www.notariado.org.br/ata-notarial-em-sistema-extraprotocolar/. Acesso em: 21 fev. 2023.

ROSENVALD, Nelson. *Código Civil comentado* – Doutrina e jurisprudência. In: PELUSO, Cezar (Coord.). 4. ed. São Paulo: Manole, 2010.

SANTOS, Reinaldo Velloso dos. *Registro civil das pessoas naturais*. Porto Alegre: Sergio Antonio Fabris Ed., 2006.

SANTOS, Reinaldo Velloso dos. *Protesto notarial e sua função no mercado de crédito*. Belo Horizonte: Dialética, 2021.

SARASOLA, Nadridejos; RADIO, Martinez; SANTOJA, Simo. Apud KIEJZMAN, Elsa. Alcance social da função notarial. Trabalho apresentado pela autora, Notária na República Agentina. *V Jornada Notarial do Cone Sul*, realizada de 19 a 23 de outubro de 1987, na cidade de Gramado/RS. Publicação patrocinada pelo Conselho Federal e pela Seção de São Paulo do Colégio Notarial do Brasil, 1987.

SCHOEDL, Thales Ferri. *2243 questões para concursos públicos*. São Paulo: YK Ed., 2015.

SCHOEDL, Thales Ferri. *Responsabilidade penal dos notários e registradores*. São Paulo: YK Ed., 2017.

SILVA, José Marcelo Tossi. Uma visão atual da prestação do serviço público de notas e de registros. In: AHUALLI, Tânia Mara e BENACCHIO, Marcelo (Coord.). *Direito notarial e registral*: homenagem às varas de registros públicos da comarca de São Paulo. São Paulo: Quartier Latin, 2016.

SIQUEIRA, Graciano Pinheiro de. Registro civil das pessoas jurídicas: cautelas elementares e principais questões. In: YOSHIDA, Consuelo Yatsuda Moromizato; FIGUEIREDO, Marcelo e AMADEI, Vicente de Abreu (Coord.). *Direito notarial e registral avançado*. São Paulo: Ed. RT, 2014.

SIVIERO, José Maria. Títulos e documentos e pessoa jurídica – Seus Registros na prática. Edição do autor, 1983, apud SIVIERO, José Maria. A vanguarda do registro de títulos e documentos no Brasil. In: AHUALLI, Tânia Mara e BENACCHIO, Marcelo (Coord.). *Direito notarial e registral*: homenagem às varas de registros públicos da comarca de São Paulo. São Paulo: Quartier Latin, 2016.

TARTUCE, Flávio. *Manual de Direito Civil*: volume único. 3. ed. rev., atual. e ampl. Rio de Janeiro: Forense; São Paulo: Método, 2013.

TARTUCE, Flávio. *Direito civil*. Prefácio Flávio Augusto Monteiro de Barros. 3. ed. rev. e atual. São Paulo: Método, 2008. v. 3: Teoria geral dos contratos e contratos em espécie.

TARTUCE, Flávio; SIMÃO, José Fernando. *Direito civil*. Rio de Janeiro: Forense; São Paulo: Método, 2008. v. 5: família.

TURA, Marco Antônio Ribeiro. Da obrigatoriedade da escritura pública em negócios marítimos. In: DEL GUÉRCIO NETO, Arthur e DEL GUÉRCIO, Lucas Barelli (Coord.). *O direito notarial e registral em artigos*. São Paulo: YK Ed., 2018. v. III.

SITES

http://www.stj.jus.br/internet_docs/jurisprudencia/jurisprudenciaemteses/Jurisprud%C3%AAncia%20em%20teses%2080%20-%20Registros%20P%C3%BAblicos.pdf. Acesso em: 20 fev. 2023.

https://www.legisweb.com.br/legislacao/?id=388823. Acesso em: 20 de fev. 2023.

https://cnbsp.org.br/enunciados/. Acesso em: 21 fev. 2023.

https://www.gov.br/esocial/pt-br/documentacao-tecnica/manuais/mos-s-1-0-consolidada-ate-a-no-s-1-0-09-2021.pdf e

http://normas.receita.fazenda.gov.br/sijut2consulta/link.action?visao=anotado&idAto=94704. Acesso em: 03 mar. 2023.